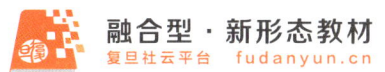

融合型·新形态教材
复旦社云平台　fudanyun.cn

幼儿保育专业系列教材

幼儿早期学习支持

YOUER ZAOQI XUEXI ZHICHI

主　编　周　晶

副主编　韩　燕　钟晨焰　吕　雪

谷银萍　汤艳君

复旦大學出版社

内容简介

本教材系统阐述了幼儿早期学习的知识体系，在帮助学习者了解早期学习相关概念、理论及早期学习过程中表现出的个体差异的基础上，进一步理解幼儿在动作技能、语言、认知、情绪情感和及社会性等方面学习的特点、影响因素，以及如何提供适宜的教育支持。同时，本教材立足幼儿园保教实践，从集体教学、游戏、生活等不同视角出发，对不同场域中幼儿的早期学习特点进行了分析，力争贴近幼儿园保教工作实践，全面反映新时期保教工作的特点与要求。

本教材思路清晰，表述通俗，文例结合，重视教材的应用性与操作性，呈现理论关照实践，贴近、反映保教人员职业要求的特点。并且，有机融入了课程思政，大力落实实践取向，数字资源丰富实用，包括PPT教学课件、教案、课程标准、微课视频、拓展阅读、练习题及参考答案等，可扫描书中二维码或登录复旦社云平台(www.fudanyun.cn)查看、获取。

本教材既可作为幼儿保育专业的教材，也可作为婴幼儿托育、学前教育等专业的教材。

复旦社云平台
fudanyun.cn

复旦社云平台
数字化教学支持说明

为提高教学服务水平，促进课程立体化建设，复旦大学出版社建设了"复旦社云平台"，为师生提供丰富的课程配套资源，可通过"电脑端"和"手机端"查看、获取。

 【电脑端】

电脑端资源包括 PPT 课件、电子教案、习题答案、课程大纲、音频、视频等内容。可登录"复旦社云平台"（www.fudanyun.cn）浏览、下载。

Step 1　登录网站"复旦社云平台"（www.fudanyun.cn），点击右上角"登录／注册"，使用手机号注册。

Step 2　在"搜索"栏输入相关书名，找到该书，点击进入。

Step 3　点击【配套资源】中的"下载"（首次使用需输入教师信息），即可下载。音频、视频内容可通过搜索该书【视听包】在线浏览。

📱 【手机端】

PPT 课件、音视频、阅读材料：用微信扫描书中二维码即可浏览。

扫码浏览

📖 【更多相关资源】

更多资源，如专家文章、活动设计案例、绘本阅读、环境创设、图书信息等，可关注"幼师宝"微信公众号，搜索、查阅。

平台技术支持热线：029-68518879。

"幼师宝"微信公众号

✏️ 【本书配套资源说明】

1. 刮开书后封底二维码的遮盖涂层。

2. 使用手机微信扫描二维码，根据提示注册登录后，完成本书配套在线资源激活。

3. 本书配套的资源可以在手机端使用，也可以在电脑端用刮码激活时绑定的手机号登录使用。

4. 如您的身份是教师，需要对学生使用本书的配套资料情况进行后台数据查看、监督学生学习情况，我们提供配套教师端服务，有需要的老师请登录复旦社云平台（官方网址：www.fudanyun.cn），进入"教师监控端申请入口"提交相关资料后申请开通。

前言 FOREWORD

2021年，教育部印发了《职业教育专业目录（2021年）》，要求中职学校学前教育专业停止招生，转设幼儿保育专业。根据国家教育政策形势的变化，响应教育部落实专业建设中有关职业院校开发或更新专业课程教材的要求，编写、出版高质量的幼儿保育专业教材，以引领、支撑幼儿保育专业建设与人才培养迫在眉睫。作为幼儿保育专业一门必修的专业核心课，"幼儿早期学习支持"在实现幼儿保育专业培养目标中起着非常重要的作用。同时，在托幼一体化的趋势中，保教人员能够在理解幼儿早期学习方式与特点的基础上，提供有意义的教育支持，是幼儿教育质量提升的前提条件。本教材正是在这样的大背景下组织编写的。

本教材以《幼儿园工作规程》《幼儿园教育指导纲要（试行）》《3-6岁儿童学习与发展指南》《幼儿园保育教育质量评估指南》《托育机构保育指导大纲（试行）》等为指导，在注重理论学习的同时，强调基本的保教实践。通过学习，学习者可以了解幼儿早期学习的特点与方式、幼儿早期学习的影响因素，以及科学的教育支持策略，进而树立正确的保教观念，增强对幼儿保教工作的兴趣与自信心。同时，学习者可以通过学习掌握幼儿早期学习的支持策略，进而能够胜任未来的工作。

习近平总书记在党的二十大报告中强调，我们要办好人民满意的教育。全面贯彻党的教育方针，落实立德树人根本任务，培养德智体美劳全面发展的社会主义建设者和接班人。坚持以人民为中心发展教育，加快建设高质量教育体系，发展素质教育，促进教育公平。而课程是教育的核心，教育的变革发展历来是以课程的变革发展为轴心的。本教材充分融入了课程思政的内容，充分体现了党的二十大报告"办好人民满意的教育""落实立德树人根本任务""建设高质量教育体系"的精神与内容。

本教材的一个亮点是以职业能力提升为基本导向，强调保教人员实践应用能力的养成。为了实现这一目的，本教材设计了七个学习模块，前两个模块为"幼儿早期学习支持的意义认知"和"幼儿早期学习的个体差异与适宜性教学"，旨在帮助学习者理解幼儿早期学习的方式与特点，掌握幼儿早期学习中存在的差异及表现，并据此进行有针对性的支持，这是提高支持质量的前提条件。后五个模块分别从幼儿早期动作学习、语言学习、认知学习、情绪情感与社会性学习、不同场景中的学习五个维度介绍幼儿早期学习的内容、特点及影响因素，并在此基础上介绍早期学习的支持策略。七个模块从一般到具体，可以帮助学习者更好地了解幼儿早期学习支持的理论知识，掌握具体的支持策略。

每一模块设有"模块导读""学习目标""内容结构"三个部分帮助学习者初步了解本模块的学习重点。每一模块结束部分又设有"模块小结""思考与实训""岗课赛证"三个部分。其中，"模块小结"归纳、梳理了每一模块的重点内容，帮助学习者快速回顾各知识点。"思考与实训"和"岗课赛证"则呈现选择、判断、简答、实训等题型，帮助学习者巩固每一模块所学的知识，以及运用相关知识分析幼儿早期学习领域存在的问题并进行有效教学活动设计。本教材特别结合了"婴幼儿保育职业技能大赛""保育师""1+X幼儿照护""幼儿园教师资格证"等比赛、考证相关内容，帮助学习者提高分析问题、解决问题的能力，进而在技能大赛、职业资格证考试中获得更好的成绩。

本教材的另一个亮点是进行了立体化的资源配套。每一模块均根据学习目标，以任务的方式系统介绍了幼儿早期学习与教育支持涉及的核心内容。每一任务都有配套的微课、课件、教学设计，能为学习者提供丰富的教学和学习资源。这些资源可以通过扫描二维码查看，非常便捷。

为了凸显教材的专业性与实用性，本教材积极响应"产教融合""园校合作"的倡导，在编写团队的组建上也进行了综合考量，既有高校教师、职业学校教师，也有幼儿园园长及一线教师。编者的这种组合，一方面保证了本教材具有一定的理论深度和专业系统性，另一方面确保了本教材能够联系、指导实践。编写具体分工如下：前言、第一模块、第二模块由周晶编写；第三模块、第五模块由北京市房山区房山职业学校幼儿保育专业韩燕老师编写；第四模块由广东省外语艺术职业学院学前教育学院钟晨焰老师编写；第六模块由江苏理工学院教育学院吕雪老师编写；第七模块由宁波市鄞州区中河街道中心幼儿园汤艳君老师和宁波市海曙区石碶街道艺韵幼儿园谷银萍园长共同编写；全书的统稿、整理工作由周晶负责。在编写过程中，各位老师群策群力，为本教材的撰写付出了大量的时间和精力，在此向各位参与编写的老师表示衷心的感谢。

本教材引用了大量的国内外文献，也引用了一些幼儿园教师的教学活动案例，在此一并表示由衷的感谢！

周　晶

宁波大学教师教育学院

目录 CONTENTS

教学课件

幼儿早期学习支持的意义认知

模块导读

　　学习是教育理论与教学实践研究的主要内容。为了帮助学习者对幼儿早期学习形成综合性、概括性的认识，为理解后续各章内容奠定初步的基础，本章将围绕幼儿早期学习的影响因素，幼儿早期学习的基本活动及其特点，以及有关幼儿早期学习的基本理论进行全面、系统的阐述。

学习目标

1. 能够理解幼儿早期学习的主要方式与特点。
2. 能够了解幼儿早期学习的主要影响因素。
3. 能够运用各种学习理论解释幼儿早期的学习行为。

内容结构

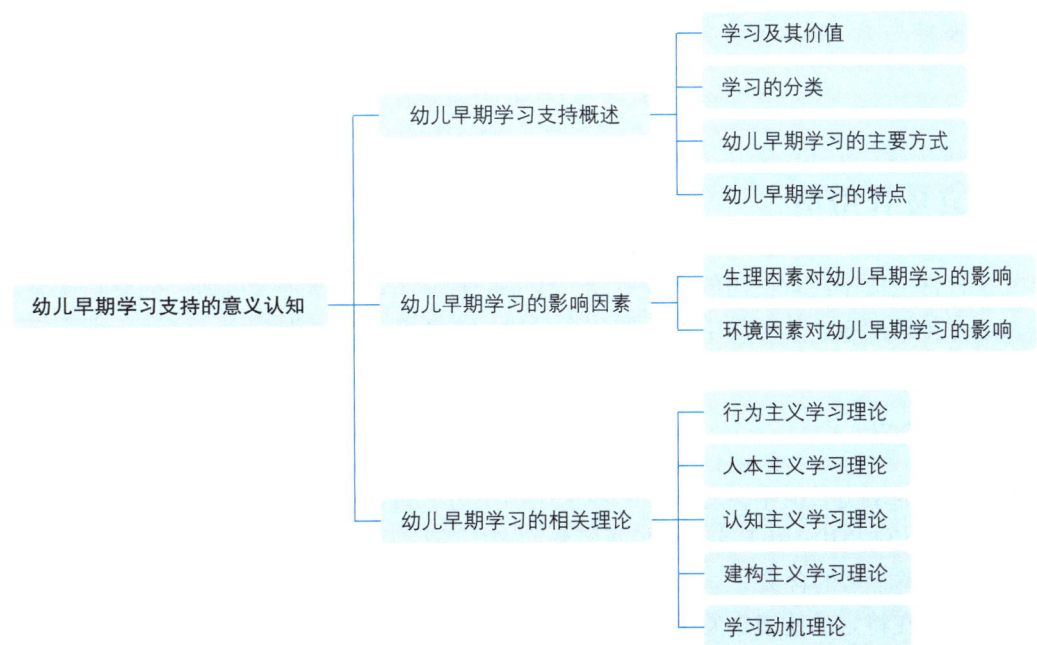

任务一　幼儿早期学习支持概述

案例导入

> 　　贝贝不喜欢吃青菜。今天，老师拿出了一沓漂亮的贴纸，说："谁能把青菜吃光，就能得到自己喜欢的贴纸。"吃完青菜的幼儿都得到了贴纸，贝贝也把青菜吃掉了，拿到了自己喜欢的"公主"贴纸。
>
> **思考**　作为保教人员，你认为幼儿之间发生学习了吗？这种学习的特点是怎样的呢？

　　作为一名保教人员，需要判断幼儿学习的主要方式和特点，并根据幼儿早期独特的学习方式设计高质量的教育教学活动，这样才能为幼儿的学习提供良好的教育支持。在上述案例中，贝贝由于看到同伴吃青菜的行为被教师奖励而产生了吃青菜的行为，当她想得到自己喜欢的贴纸时，就会做出成人期待的行为，这种学习行为属于幼儿阶段典型的模仿学习。

　　从这个案例也可以看出，找到幼儿喜欢的强化物，对于引发幼儿适宜的学习行为至关重要。从这个意义上讲，能够识别、理解幼儿早期主要的学习方式及特点，对于提高保教人员教育支持的质量意义重大。本任务将系统介绍幼儿早期学习的主要方式与特点。

任务要求

　　1. 了解幼儿学习的主要方式与特点。
　　2. 理解掌握幼儿学习方式与特点的重要价值。

一、学习及其价值

　　学习既是日常生活中经常使用的一个概念，也是心理学、教育学等领域研究的重点课题。从狭义的角度讲，学习是指知识、技能的学习，如各个学段的学生都会坐在课堂中，通过上课、听讲、做作业等方式获取知识、习得技能。然而，心理学所研究的学习，其内涵远远超过了知识、技能的范畴。

（一）学习的含义

　　在心理学发展的历史长河中，对学习的界定层出不穷。目前，较为广泛的对学习的定义是：学习是学习者在某种特定情境中，由于练习或反复经验而产生的行为或行为潜能的比较持久的变化[①]。我们可以从下面五点理解学习的含义。

　　第一，学习是在特定的情境中发生的。这种情境不仅是指课堂中的学习情境，还泛指一切个体可以从中获得经验的情境。比如，幼儿在去幼儿园的路上，看到了一位拾荒的老爷爷，爸爸给了他买早

---

① 陈琦，刘儒德. 当代教育心理学［M］.北京：北京师范大学出版社，2007.

饭的钱。显然，这种生活情境中发生的学习是无计划、无组织的，但从这个情境中，幼儿也从爸爸身上习得了对他人的关爱、同情等情感以及助人行为。作为年幼儿童，其学习的发生更多是在真实的日常生活情境中发生的，这是幼儿早期学习区别于其他学段学习的重要特点之一。

第二，学习是由经验所引发的。这里的经验不是我们通常所说的人们在生产生活过程中总结出来的经验，而是指学习者的"经历"，是指学习者通过自身的活动，与外部环境中的人、事、物相互作用获取经验的过程。这种经历可以是学习者动手去做一件事，也可以是观察、模仿他人的活动，还可以是通过阅读、听讲等方式与外界交换信息的过程。比如，幼儿可以观察爸爸的助人行为，学习如何帮助他人；也可以通过听教师讲故事的方式，了解助人的各种表现；还可以在日常生活中，通过实际的助人行为来获得成就感。这些直接或间接的经验，是幼儿学习的主要途径。

第三，学习是需要过程的。学习所导致的行为的变化有时会在短时间内直接通过幼儿的行为表现出来，有时则需要很长的时间才能体现出来。最为明显的例子是幼儿的语言学习，在开口说话之前，幼儿会经历相当长一段时间的语言输入期。良好的学习品质、行为习惯、价值观念等内容的学习同样也需要较长一段时间才会在幼儿身上体现出来，只追求学习的立竿见影之效的教育是短视的。

第四，行为的变化并非必然意味着学习的发生。学习由经验、练习的作用而产生，但不能简单认为任何行为的变化都有学习的发生。有时，人的本能、疲劳、成熟、药物等也会引发行为变化。如，感冒的幼儿在药物的作用下，会有食欲不振、精神萎靡、回避学习等行为，这并不意味着幼儿学会了挑食、不爱学习等不良行为。

第五，学习的内容是广泛的。学习不仅指发生在幼儿园或家庭中有组织、有计划的知识、技能、策略的学习，还包括价值观念、态度、情感、规则等内容的学习。这些往往是传统的教育较为忽视的内容，我们常常关注幼儿学会了数数、运算，学会了用ABB模式的词汇描述日常生活中的事物，学会了唱歌、跳舞，获得了多少张技能证书，等等，而忽略了对人的一生至关重要的价值观、情感、态度、个性、社会性、创造力等学习内容。

（二）学习的价值

学习是学习者在与外部环境相互作用的过程中，形成、充实或调整自己的知识、技能、态度等，这个过程对于学习者的生存与发展具有重要的价值。

1. 学习是学习者和环境取得平衡的条件

任何学习者的生存与发展都离不开一定的环境，环境中的人、事、物是学习者生存与发展必不可少的条件。为了适应环境、改造环境以更好地为自身的学习与发展服务，人必须要学习，学习是人理解外部环境中的信息，以更好地适应环境的必要手段。比如，刚出生的婴儿会慢慢地学会辨认母亲的声音、气味、外貌等特征，以获取生存所必需的食物、爱护等。随着幼儿的长大，他们开始学习数数、认识几何图形等，这种学习使得幼儿可以更好地处理外部环境中复杂的信息，以更好地认识客观世界。同样，学习可以丰富学习者的知识，提高其改造世界的能力。小到生活中的常用工具，大到航空航天技术，都是人类不断学习、不断取得进步的结果。

2. 学习是有机体不断成熟的必要条件

人的生理结构和各项身体机能为学习提供了可能性，在个体发展的一定阶段，学习什么、怎么学习，都要以学习者的生理成熟为前提条件。但是，如果这种与生俱来的生理结构在后天得不到充分的利用，它的机能会逐渐消退。来自动物的实验表明，没有环境的刺激作用和学习活动，有机体正常的成熟是不可能的。关于大脑发展的研究指出，大脑具有自动修剪的机能并遵循用进废退的原则，经常使用的神经元以及神经元之间的连接通路会被保存，而不使用的神经元则会被修剪掉。当学习者进行学习活动时，就会产生活跃的神经冲动和信号传递，脑突触的连接会增强并形成新的脑突触，这是记忆得以存储的原因，也是记忆能力、学习能力提升的脑基础。可见，学习是使大脑"越来越聪明"的秘诀。

3. 学习能激发人脑智能潜力，促进个体心理发展

很多人小时候的学习成绩和学业表现欠佳，但后来取得了巨大的成就。例如，达尔文小时候被认为是低能儿；牛顿小时候学习成绩很差，是学校里公认的差生……是什么使他们在人生的晚些时候取得如此大的成绩呢？是学习使得他们的大脑潜能不断得以发展。从这个意义上讲，活动老、学到老是具有一定的脑科学依据的。

二、学习的分类

为了提高对幼儿学习的认识，有必要对学习进行不同的类别划分，以在了解学习类型的基础上更好地了解学习的规律，进而提高学习效率。

（一）按照学习的主体分类

按照学习的主体分类，学习可以分为动物学习、人类学习和机器学习。

动物学习是指动物为了适应环境变化、满足生理需求而通过直接经验的方式获取个体经验的过程。例如，为了获取食物、避免惩罚，鹦鹉等小动物可以完成拿数字卡片等任务。

人类学习与动物学习则有着本质区别。由于语言工具的存在，人类除了可以通过直接经验的方式获取个体经验之外，还可以通过与人交往等方式习得人类几千年来通过概括、抽象积累下来的知识和经验。例如，通过教师讲解等方式，幼儿知道钻木可以取火、要孝敬长辈等。另外，人类的学习具有一定的主观能动性，人类并不是通过学习消极地适应环境，而是通过积极主动地学习，掌握积极地与环境相互作用的方法，通过改造环境更好地满足自己的学习、工作和生活所需。

机器学习主要是指计算机学习，是人工智能的一个研究领域。

（二）按照学习的结果分类

学习结果即通过学习获得的各种能力或倾向。按照学习的结果分类，学习可以分为言语信息的学习、智慧技能的学习、认知策略的学习、态度的学习和运动技能的学习。

言语信息的学习是指学习者通过学习掌握的是以言语信息形式存在和传递的内容，简言之是一类描述"是什么"的知识。如，幼儿通过学习知道了一年有四季，四季以春、夏、秋、冬的顺序进行交替更迭。

智慧技能的学习解决的是"怎么做"的问题，即心理学中的程序性知识。比如，幼儿通过学习知道如何跳一段广播操，知道怎么把一张正方形的纸分成相同大小的两份或用纸折一只小鸟等。

认知策略是指学习者用来支配自己的注意力、学习、记忆和思维等过程的能力。认知策略的学习是指学习者通过学习掌握了控制自己学习过程的策略性知识。比如，幼儿知道自己做对了，是因为反复试错了几次，最终才找到答案。因此，幼儿明白了在问题解决的过程中不能轻易放弃，要坚持，多试几次也许就能找到问题的答案了。

态度的学习是指学习者通过学习获得了对人、事、物的看法和态度。比如，幼儿通过学习逐渐喜欢上了阅读、体育锻炼等；通过学习，幼儿逐渐形成了对幼儿园、家乡和祖国的认同、热爱等情感，对自己是中国人感到自豪。

运动技能的学习是指学习者通过学习，掌握了跳舞、写字、绘图和使用工具等技能。

（三）按照学习的形式分类

按照学习的形式划分，学习可以分为以教师传授为主的接受式学习和以学习者自主探究为主的发现学习。这是当前幼儿园存在的两种主要的学习方式，前者以教师预设的集体教学为主，后者则是围绕具体问题开展的探究活动，幼儿在探究的过程中运用自己已有的知识和经验，在巩固旧知识的过程中获得新知。

（四）按照学习的意识水平分类

按照学习者在学习过程中的意识水平，可以将学习分为内隐学习和外显学习。内隐学习是指学习者在与环境相互作用的过程中不知不觉地获得了一些有益的学习经验。比如，幼儿在与说不同语言的人进行社会交往时，会不自觉地受到多种语言的影响，在掌握母语的同时还能熟练地使用第二语言。外显学习则是指学习过程中有意识地、明显付出努力的学习。比如，幼儿在学习数学运算的时候，需要记住 10 以内数的各种分解式，然后才能更熟练地进行加减运算。

（五）按照学习的深度分类

按照学习的深度分类，可以将学习分为浅表学习和深度学习。比如，在阅读一篇文章时，浅表学习指的是以记住文章的事实表达和文章内容的学习；而深度学习则是在理解文章中心思想的基础上，使已有知识与特定内容进行批判性互动，在事实和结论之间建立联系的学习。因此，深度学习是指学习者对已有知识和经验进行重组、迁移，以解决问题的一种学习方式；而浅表学习是指学习者的认知水平只停留在浅表的层面，包括简单的信息提取、知识记忆等。比如，幼儿在学习数学的过程中，通过反复地背诵，记住了 10 以内数的分解与组合，这就属于浅表学习。

三、幼儿早期学习的主要方式

幼儿早期学习是指 0～6 岁幼儿在与环境相互作用的过程中获得经验，进而引起个体在情感、个性、认知、能力、态度等方面发展变化的过程。在当前托幼一体化的背景下，越来越多的幼儿园开始为 3 岁以下幼儿提供保教服务，因此本教材将聚焦 0～6 岁幼儿学习的特点、影响因素等，介绍如何根据幼儿早期学习的特点提供有针对性的支持。

幼儿早期的学习方式与其他学段存在明显的差异，这与该阶段幼儿发展的年龄特点有关。作为一名保教人员，了解、尊重幼儿早期独特的学习方式，具有重要的意义。国内外研究者普遍认为，幼儿早期学习的主要方式包括操作学习、观察模仿学习、语言理解的学习和游戏中的学习等。

（一）操作学习

活动视频

幼儿操作数字积木

操作学习是幼儿早期最为重要的学习方式。其内涵是指幼儿通过对客观环境中的物体进行操作、探究，进而获得个体经验的一种学习方式。例如，幼儿通过对不同长度的积木进行比较、排序，知道了积木有不同的长度，可以根据长度的不同对一堆积木进行排序或分类（可扫右侧二维码观看幼儿操作数字积木的视频）。这是幼儿认识客观世界最为重要的一种方式，对于语言能力尚在发展中的幼儿尤其如此。

首先，操作学习是幼儿认识客观世界的主要方式。在操作、摆弄实物的过程中，幼儿获得了对物体物理属性的认识，如热水是烫的，温水是温的，冰水是冰凉的。通过操作，幼儿还获得了对物体间关系的认知，如拍球时的力气大一些球会弹得高一些，拍球的力气小一些球会弹得低一些。

另外，在操作的过程中，幼儿不仅通过自己的感知觉获得对物体的认识——进而锻炼了幼儿感知觉的敏锐性，还通过操作动作改变了物体的形态或部分属性，进而从不同的视角来观察、比较物体，从而获得对物体更全面、深入的认识。

其次，操作是幼儿思维可视化的重要路径。操作可以弥补幼儿早期语言理解和表达的不足，一方面帮助幼儿更好地理解保教人员的语言，另一方面帮助保教人员理解幼儿头脑内部进行的思维过程，进而判断幼儿对知识、概念的理解情况。

例如，在学习物体沉浮的概念时，通过对相同大小、不同重量的物体的操作，幼儿就可以很好地理解重量是影响物体沉浮的一个重要因素。相较于单纯的语言讲解，以动手操作为主的科学实验可以帮助幼儿更好地理解实验中蕴含的科学知识和概念。同样的道理，当幼儿无法用语言来表达自己对知

识、概念的理解时，动手操作是一个很好的辅助方法。比如，在物体沉浮实验中，当教师提问："把相同大小的木块和铁块放进水里，会发生什么？"幼儿很难用科学的语言来回答。当允许操作具体实物时，幼儿就能将自己对该问题的理解通过动手操作直观地表达出来。这是幼儿思维可视化的重要途径，是保教人员观察、了解幼儿现有发展水平的重要手段。

再次，操作是对某些特定学习内容的主要学习方式。幼儿早期学习的内容是纷繁复杂的，其中既包括知识的学习，还包括动作技能的学习，如学习跳舞、游泳、体操、使用工具等内容。这些内容的学习通过语言讲解是难以获得良好学习效果的，只能通过操作学习去掌握。

最后，操作学习是幼儿获得成就感与自我价值感的重要途径。通过操作、摆弄物体，幼儿不仅获得了知识、技能，更引发了物体的各种变化，产生了一系列独特的"作品"，使得幼儿获得了对自身能力和价值感的认识。比如，幼儿使用PVC管搭建了水流通道，将水从操场的一端引入另一端的沙池中。通过动手操作活动，幼儿认识到"是我（们）搭建了通道，将水成功引入沙池的""是我将沙与水混合，成功搭建了不会塌的城堡"等。可以说，动手操作的学习不仅是幼儿获取知识、技能的重要手段，更是幼儿建立自信心、获得成就感与价值感的重要途径。

（二）观察模仿学习

观察、模仿是幼儿学习的主要方式。其内涵是指幼儿利用自己的感知觉，对感兴趣、有价值的行为、态度等进行观察、模仿学习。在日常生活中，幼儿信任的成人，如家长和保教人员都会成为幼儿观察、模仿的对象，其言行举止、道德品质等会对幼儿产生潜移默化的影响，故成人要引起重视。另外，成人树立的幼儿的榜样也会对幼儿产生重要影响。如，保教人员会在集体面前表扬某些幼儿的行为："陶陶把青菜都吃掉了，很棒！"幼儿会把受到表扬的同伴作为自己学习的榜样，并会努力把自己的青菜吃掉。

观察、模仿学习作为一种重要的学习方式，对于幼儿掌握一些无法通过直接经验获得的学习内容具有重要的价值与意义。比如，有一些学习内容是带有一定危险性的，如火灾、地震等灾害事故，如果通过直接体验可能会给幼儿带来不可逆转的伤害，观察、模仿就是一种安全、有效的学习方式。同时，观察、模仿学习还大大提高了幼儿的学习速度，可以帮助幼儿快速掌握人类社会几千年来积累下的大量的学习内容。

然而，这种学习方式也存在一些弊端。有时幼儿会通过观察、模仿习得一些不良的行为，甚至养成不良的行为习惯。如放学后，爷爷奶奶可能会带着幼儿闯红灯。由于幼儿的是非观念也尚在发展中，很难对这些行为的对错进行正确判断。作为保教人员，要对环境中的不利因素进行控制，对幼儿的观察、模仿行为进行适当的引导，从而排除不良的观察、模仿对幼儿学习带来的影响。

（三）语言理解的学习

幼儿也会在保教人员或父母的语言讲解与指导下进行学习。随着幼儿年龄的增长，这种学习方式会慢慢成为其主要的学习方式。一般而言，幼儿会通过倾听、提问、对话等语言交流途径，获得对学习内容的理解。例如，通过对保教人员或同伴语言的倾听，幼儿知道了自己对概念的理解与他人是不同的，进而习得从多元的角度理解某个概念，从而提高学习效率。幼儿也会通过向他人提问的方式，重述自己对概念的理解并获得他人的解释。与他人的对话更是幼儿认知冲突的来源，是幼儿认知、情感、社会性等方面发展的原动力。

但是，幼儿语言理解的学习更多依赖的是感性而非理性的方式。有经验的保教人员会发现，有时候给幼儿讲道理是行不通的，但是通过形象的例子讲述，往往可以收到良好的效果。比如，单纯地给幼儿讲不能挑食的道理，对于帮助幼儿养成良好的进食习惯往往作用不大，如果结合具体事例，给幼儿讲解小兔子因为挑食而身体瘦弱，最终没有逃脱大灰狼捕食的故事，可能收到的效果会更好。

（四）游戏中的学习

游戏是幼儿学习的重要方式。首先，在游戏过程中，幼儿可以通过操作游戏材料，获得对客观

世界的认识。其次，在游戏过程中，幼儿可以与同伴进行社会交往，这是幼儿学习观点采择、去自我中心的过程，也是幼儿形成正确的自我意识的过程。最后，由于有游戏同伴的存在，幼儿不得不在游戏过程中学习有效的同伴交往技能，学习有效的情绪表达与控制方法，发展有效的问题解决能力等。

幼儿游戏的类型是丰富多样的，不同的游戏给幼儿带来的学习与发展价值也是不同的。如，象征性游戏可以有效地促进幼儿象征能力的发展，而结构游戏则可以有效地提升幼儿的建构能力和想象能力。从这个意义上讲，能够辨别并设计不同的游戏，发挥不同游戏对幼儿学习与发展的不同价值，对于提高保育教育质量具有重要的作用。

四、幼儿早期学习的特点

幼儿早期学习会呈现出与其他学段截然不同的特点，这与其年龄发展阶段有关。了解、尊重幼儿早期学习的独特性，对于提高保教人员教育教学支持的针对性和有效性具有重要意义。与幼儿的年龄特点相一致，幼儿早期学习会呈现出以下六个方面的特点。

（一）以兴趣为基本动力

幼儿的学习往往是以兴趣为根本动力的，好玩是其学习的主要原因。对于感兴趣的事情，幼儿会坚持去做，对于不感兴趣的事情，即使成人要求幼儿也不会坚持很长时间。这就需要成人关注幼儿自发的游戏，因为这是其最感兴趣的活动。在游戏中，幼儿会发生无意的、内隐性的学习。如幼儿在操作游戏材料的时候，无意中就会发现材料有材质、大小和轻重之分。他们也会发现同伴有着与自己不同的对客观世界的看法或解决问题的方法，游戏的过程也是幼儿社会化的过程。

除了关注幼儿的自发游戏，保教人员还要注意通过游戏化的教学设计提高教学活动的趣味性，通过引发幼儿参与活动的兴趣和积极性，发挥教学活动在促进幼儿学习方面的重要作用。

（二）以自主为基本特征

幼儿是积极主动的学习者。从呱呱坠地开始，幼儿就积极地与周围的世界发生相互作用，不断建构对客观世界的认识。幼儿不仅积极主动地与客观环境中物的要素互动，更积极主动地与环境中的人互动，通过动手操作和人际交往活动进行学习。

幼儿是积极主动的学习者，这种自主性体现在幼儿对未知事物具有强烈的好奇心和求知欲。任何未知的事物都会引发幼儿主动的探究行为，他们有着强烈的"打破砂锅问到底"的精神，也有着通过动手操作了解客观事物的强烈愿望，这是幼儿学习的内在动力。

然而，幼儿学习的主动性、自主性是常常被忽视，甚至被扼杀的。一方面，成人往往按照成人世界的要求和期望去塑造幼儿，为其制定学习目标、设计学习活动。在学习过程中，与成人期望不同的行为会受到成人的忽视，甚至是否定。比如，在集体教学活动中，幼儿可能会提出与预设不符的一些问题，保教人员会说："这是个好问题，等我们回教室后，再来讨论一下这个问题吧。"或者会说："这真是个好问题，等回家后跟爸爸妈妈讨论一下这个问题吧。"很多时候，幼儿的问题是即时性的，是在特定环境中产生的，回到教室或者家里后，幼儿可能就忘记了这个有价值的问题，因此丧失了对该问题进行深度探究与学习的机会。

另一方面，现实中成人的工作是非常繁忙的，很多保教人员会忙于写观察记录，撰写课题申报书或文章，以及完成各种检查材料等，而无暇理会幼儿提出的有价值的问题，以"就是这样的""没有为什么"等回答搪塞幼儿，甚至随口乱答，从而打击了幼儿学习的主动性和积极性。

（三）以情感体验为基本需求

与其他学段主要依靠语言、文字等抽象符号进行学习不同，幼儿早期的学习主要依靠探究性实践

活动。动手操作实物、直接参与探究的过程是幼儿早期学习的主要特点。在这种学习活动中，幼儿在获取个体经验的同时，获得了自信心、成就感等积极的情绪体验。从这个意义上说，幼儿教育要以为幼儿提供真实的经验和积极的情绪体验为主要任务。无论是教师主导的集体教学活动，还是幼儿主导的游戏与自主探究活动，都应该为幼儿提供尽可能多的动手操作、直接体验的机会。

（四）以具体形象为主要内容

直觉行动思维和具体形象思维是幼儿早期思维发展的主要特点，幼儿通过动手操作具体实物获取个体经验。幼儿早期思维发展的特点决定了以直观形象呈现的学习内容更容易被幼儿理解和接受。比如，在学习轻重等概念时，如果可以提供不同重量的实物，并允许幼儿用手掂一掂、比一比，幼儿就可以更好地理解这些概念所具有的相对性的特点。

但是，强调具体形象的学习并非否定语言讲解的重要作用。在幼儿操作具体实物时，获取的是具体、零散的经验。如果可以将具体形象和语言相结合，通过语言讲解激活幼儿头脑中的事物的表象，则更有利于幼儿理解抽象的概念，并有助于幼儿将学习从经验层面向知识层面转化。还是上述轻重等概念的学习，当幼儿操作材料时，教师可以通过语言讲解，帮助幼儿总结其相对性。例如：当积木 A 和积木 B 比较时，A 比较重。但是，当积木 A 和积木 C 比较时，A 比较轻。所以，当我们把一个积木和不同的积木比较时，这块积木可能是轻的，也可能是重的。

（五）对环境极其依赖

幼儿早期学习受环境的影响很大，环境中的人、事、物都会对幼儿早期学习产生极大的影响。幼儿通过与环境中的各种要素进行互动，获得对客观世界的认识。高质量的环境会对幼儿早期学习产生促进作用，不良的环境则会产生阻碍作用，甚至会对幼儿早期学习产生不可逆的伤害。

环境可以分为物质环境和精神环境。传统的教育对物质环境给予了较多的关注，主张为幼儿早期学习提供生理安全、材料丰富的环境，却相对忽视了对幼儿心理安全需求的满足。幼儿的学习质量在很大程度上依赖向外自主探究的活动，当幼儿处于一个安全、尊重、支持性的心理氛围中，并且知道不会由于自己的各种探究行为而受到保教人员的否定、批评、嘲笑时，幼儿才不会有心理上的压抑感，而产生大量高质量的向外探究的学习行为。因此，教育必须要为幼儿提供高质量的物质与精神环境。

（六）呈现显著个体差异

幼儿早期学习存在非常大的个体差异。这种个体差异不仅表现在学习方式上，也表现在学习的速度与效果上。个体差异是保教人员开展教育教学活动时必须要承认、尊重并加以考量的。关于幼儿早期学习中个体差异的具体表现及尊重个体差异的保育教育活动，本教材的模块二将详细介绍。

任务二 幼儿早期学习的影响因素

案例导入

> 1920 年，在印度一个名叫米德纳波尔的小城，人们找到了两个被母狼抚养长大的狼孩。人们将其带回人类社会，为其取名卡马拉和阿玛拉。据研究，卡马拉被发现时大概七八岁，但是

她只懂得六个月婴儿所懂得的事。回到人类社会后的两年时间里，她艰难地学会了直立，用了六年时间学会了独立行走，但快跑时仍然会四肢并用。卡马拉用了四年时间只学会了六个单词，只能听懂几句简单的话，至死也未能学会讲话。在生命最后的三年里，卡马拉终于学会了在晚上睡觉，也不怕黑暗了。很不幸，在她开始朝着人的方向发展时，卡马拉早早地死去了。据其喂养者估计，卡马拉死去时已经 16 岁左右，不过她的智力只及一个三四岁的孩子。

思考 读了印度狼孩的案例，你如何理解幼儿早期学习的影响因素？或者说，有哪些因素影响了幼儿正常的学习与发展？

印度狼孩虽然是人类，有着正常幼儿学习所需的生理基础，如健康的大脑和身体机能，这为其回归人类社会后的语言、行为学习提供了生理学基础。但是，由于出生后就脱离了正常的人类社会，后天学习环境的缺乏使得其学习与发展受到了极大的限制，最终导致其智力以及各方面的能力都远不及普通幼儿。从这个案例可知，幼儿的学习既需要有生物学基础，又需要高质量环境要素的支持。作为保教人员，理解影响幼儿早期学习的因素具有重要意义，可以帮助自身更好地控制和设计影响幼儿早期学习的因素，进而改善幼儿早期学习的环境，提高教育教学活动的质量。本任务将对幼儿早期学习的影响因素进行系统介绍。

 任务要求

1. 了解幼儿早期学习的影响因素。
2. 理解后天环境要素对幼儿早期学习的重要影响。
3. 能够辩证地看待先天与后天因素对幼儿早期学习的影响。

一、生理因素对幼儿早期学习的影响

（一）大脑发育与幼儿早期学习

随着脑科学和认知神经科学的发展，大脑的结构与脑功能成像技术等领域研究所取得的成果，能够帮助我们更好地观察、理解人脑是如何进行学习和思考，产生各种情绪情感和各种行为的。这些研究结果也为保教人员开展更为有效的教育教学活动，采用更为科学的教育教学方法提供了依据。

1. 大脑生长发育的关键期与学习的关键期

人的大脑从婴儿期到幼儿期处于快速发育和增长状态，并在青年期达到成熟水平。这个生长、发育的过程并非线形的，而是倒 U 形的。这种发展形态与大脑神经突触的生长形态是一致的，即人在出生后的前 20 年里神经突触的密度变化呈倒 U 形，刚出生时密度低，童年期达到高峰，随着人的成年又出现降低趋势。

这种倒 U 形的发展形态说明了一个简单的事实，即神经突触密度与智力水平是直接相关的。从出生到 10 岁左右，随着神经突触数量和联系的迅速增加，与此相关的能力也快速发展。幼儿早期是突触生长的高峰期，也是智力发展的关键期，还是相应内容学习的关键期。如 2～3 岁是口头语言发展的关键期，4～6 岁是图像辨认、形状知觉发展的关键期，5 岁左右是数概念发展的关键期等。

幼儿早期学习存在关键期。处于关键期内的学习速度更快，效果更好。如果错过了关键期，在较晚的阶段想去弥补，则非常困难。想要达到与关键期之内的学习大致相同的效果，所花费的时间、精力将是巨大的。大脑发育及幼儿早期学习关键期对幼儿教育的启示是，要了解幼儿早期大脑发育与特定能力发展的关键期，抓住关键期进行适宜的教育，才能取得良好的教育效果。

2. 大脑的可塑性与巨大的学习潜力

关键期理论同时也表明这一时期大脑的发展尚未定型，其可塑性是非常强的。研究表明，如果早期生活与学习的环境良好，幼儿的大脑具有较好的修复性。当大脑的某一部位受损后，通过适宜的学习与反复训练，大脑的相应区域会产生替代性的功能，从而使得受损的脑功能得到一定程度的修复。

大脑的可塑性也决定了幼儿具有巨大的学习潜力。这种学习潜力一方面表现在幼儿早期的学习速度快，效果好。如幼儿早期除了是众多智能发展的关键期，还是好奇心、求知欲、想象力等重要的非认知因素和学习品质形成的重要时期，此时良好的教育在很大程度上可以预测其未来在认知、语言和智力等方面的发展。另一方面，得益于大脑早期生长发育较强的可塑性，由于脑功能受损所导致的学习障碍的早期诊断和干预取得的效果要好于其他阶段。从这个意义上讲，了解大脑早期的生长发育特点以及各种学习障碍的表现就具有重要意义。早识别、早干预，取得的效果最佳，所需的时间和努力也更少。

（二）大脑功能特异化与幼儿早期学习

脑科学研究表明，人的大脑分为左右两个半球，每个半球具有相对独立的功能。左半脑的部分区域负责对语言信息进行加工，右半脑则负责处理表象信息，进行具体思维、形象思维和创造性思维等。这种特定脑区负责处理特定信息、执行特定功能的现象，被称为大脑功能的特异化或单侧化。

表1-2-1呈现了大脑左右半球在短时间内加工大量信息时负责执行的功能。由表可知，大脑功能的特异化使得大脑的左右脑出现了不同的功能优势。一般而言，大脑左半球更擅长处理言语、序列、数字、理性、逻辑性的信息，因此一个擅长语言、数学、逻辑等学习内容的人更有可能是左半脑占优势。而大脑右半球加工信息的方式是视觉的、整体的、模拟的。一个在空间知觉、直觉、想象等领域表现突出的人，其优势半脑很可能是右半脑。

表1-2-1 大脑左右半球功能的特异化 [1]

大脑左半球	大脑右半球
控制身体右侧	控制身体左侧
以序列的和分析的方式对信息进行加工	以整体的、抽象的方式对信息进行加工
时间知觉	空间知觉
产生口语	通过姿势、面部表情、情绪和肢体语言表达语言
执行不变的和算术的操作	执行推理的和数学操作
积极构造虚假的记忆	根据事实回忆
对事情为什么会发生寻找假设	将事情放置于空间模式中
善于引发注意以应对外部刺激	善于处理内部加工

大脑功能的特异化会影响幼儿早期学习。幼儿早期对不同认知加工方式的选择和偏好在一定程度上受到大脑优势半球的影响。另外，研究表明，幼儿早期学习过程中表现出的学习困难也与大脑两半球的功能有关。在学习过程中，左脑优势的幼儿在处理需要右脑加工的信息时，所需要的时间和付出的努力要比右脑优势的幼儿多很多，收获的学习效果也不佳。大脑功能的特异化对幼儿教育的启示是，

① Carter, R. Mapping the mind [M]. Los Angeles: University of California Press, 1998.

在对幼儿早期学习进行指导时，应充分考虑大脑左右半球的功能优势对学习的影响。对于保教人员而言，能够了解不同幼儿大脑功能的单侧优势，对于理解幼儿在学习过程中的表现具有重要意义，这也是开展差异性教学的前提条件。

同时，有研究表明，在教学过程中要尽量调动大脑左右半脑同时参与学习，以帮助幼儿克服学习困难。比如，有阅读障碍的幼儿，是因为在线性加工上存在困难，而不是在符号加工上存在困难。如果可以结合图画等符号信息进行阅读活动，可以使其较好地理解阅读内容，还能使其建立自信心和对阅读活动的兴趣。

当然，大脑左右半脑功能的特异化也并非是绝对的。事实上，人在问题解决的过程中，都是大脑两半球同时参与的，只不过根据任务的复杂程度以及加工信息的特点不同，两半脑所发挥的作用大小不同而已。比如，我们可以一边开车，一边和旁边的人说话，因为这两个任务是由大脑的不同半球控制的。但是，如果我们在进行复杂的数学运算时，和旁边的人讲话就会影响运算的速度与准确性。

 拓展阅读 | 裂脑人实验

> 大脑功能特异化的研究最早来自神经心理学领域。从 20 世纪 50 年代起，神经外科的医生开始采用切断病人胼胝体（联络大脑左右半脑的物质）的方法对药物治疗无效的癫痫病人进行治疗。这种治疗方法虽然有效地遏制了癫痫病的发作，但是由于大脑左右半脑被分隔开来，左右半球的信息无法及时交换，导致病人出现了行动无法配合的现象，心理学中称其为"裂脑人"。
>
> 裂脑人实验从 20 世纪 60 年代开始，由美国加州理工学院斯佩里（Sperry, R.）教授领衔并取得了众多成果。一系列的实验指出，大脑左右两半球割裂后的病人似乎产生了两个互相分离的意识区。在一个实验中，研究者向裂脑人呈现一张由年轻女人照片的左半部和小孩照片右半部拼成的照片，让他们注视照片的中心，这样这张照片的左半部正好置于裂脑人的左半视野，右半部置于其右半视野，此时要求裂脑人指出并说出看见了什么。结果，裂脑人左手指着年轻女人的照片，嘴里却说看见了小孩的照片。由此可见，由于大脑左右半脑被割裂开，左右大脑各行其是，在相同的一个人身上却出现了两种不同的思维。

（三）大脑生理机制与幼儿早期学习障碍

幼儿早期会表现出非常多与学习相关的问题，如多动、学习困难等，这些学习问题与大脑的生长发育之间存在密切的关系。

1. 多动症与幼儿早期学习

多动症又称注意缺陷多动障碍，是儿童期常见的一类心理与行为障碍。多动症患儿会表现出与年龄和发育水平不相称的注意力不集中和注意力集中时间短暂、活动过度和冲动、延时满足困难，常伴有学习困难、品行障碍和适应不良等问题。多动症不仅会影响幼儿在家庭、学校和校外的正常生活与学习，还会导致幼儿出现持久的学习困难、行为问题以及低自尊、无法正常与人相处等问题。如果不能得到及时的诊断和干预，一些症状会持续到成年时期，从而严重影响患者在学业、工作、家庭生活及社交等多方面的活动质量。

多动症的表现与个体的年龄、心理素质（如个体自我控制能力的强弱）有关。目前，学界普遍认为幼儿早期的多动症有以下五个方面的表现。

（1）注意力缺陷

注意力难以集中或集中时间短暂是多动症的主要表现之一。多动症幼儿的主动注意减退，被动注意增强，表现为极易受到环境中的干扰而分心，注意的转换极为频繁。即使是玩一些有趣的游戏，如搭积木，也会频繁地转移注意力，出现东张西望、注意力不集中的现象。

（2）活动过度

在婴儿期，多动症幼儿就表现出了过度的活动。这些幼儿极为活泼，表现出过分不安和小动作多等行为。在家里或教室里很难静坐，经常在座位上扭动或频繁站起，严重时离开座位在教室里来回走动，严重影响自身和他人的学习。

（3）情绪不稳定，易冲动

情绪不稳定，任性冲动，自我控制能力弱是多动症幼儿的表现。这些幼儿行为唐突、冒失，不考虑行为的后果，经常表现出危险或破坏性行为。对于一些不愉快的刺激与问题情境，经常会做出过分的行为反应。

（4）持续的学习困难

多动症幼儿的智力水平与正常幼儿并无明显异常，但其在学习上会表现出持续的学习困难，这与其注意力难以集中、多动有明显关系。

（5）神经系统异常

有超过半数的多动症幼儿患有神经系统软体征，表现为快速轮替动作笨拙，共济活动不协调。很多幼儿在走直线、闭目站立等任务中表现较差。

关于多动症的形成原因，学界普遍认为与以下两点因素相关。

（1）遗传因素

研究表明，有家族遗传病史的幼儿患多动症的可能性更高。我国学者张宪斌所做研究表明，多动症的发生与遗传因素存在密切相关，父母在年幼时有多动症状的幼儿患多动症的可能性更高。

（2）大脑发育

对于多动症与大脑发育之间的关系，学界有两种不同的看法。一种理论认为，多动症的发生与轻微的脑损伤有关。而脑损伤的出现与多种因素有关，如母亲妊娠期间感染病毒，生活习惯不良，如吸烟、酗酒、滥用药物或药物使用不当，遭遇辐射、外伤、情绪异常等。另外，分娩过程中的难产、工具使用不当等也会造成新生儿脑损伤。第二种理论认为，大脑额叶发育迟缓是导致多动症的主要原因。大脑额叶是负责人的感觉和运动的功能区，该区域发育迟缓的幼儿，其脑电显示出阵发性或弥散性 θ 波活动增加的特点。而 θ 波活动增多一般在睡眠时出现较多，这提示我们多动症儿童存在觉醒不足的问题。

2. 学习困难

学习困难是指智力发展正常的幼儿，由于各类精神卫生问题所导致的学业表现不佳、学业成绩明显落后的症状。这种学业成绩落后的现象在学前阶段就已经明显表现出来，并在小学二年级前后达到高峰。这些幼儿经常表现为注意力不集中，感知觉障碍（分不清左右，如将 b 认读或写成 d 等），知觉转换障碍（听写、阅读困难）等。

关于学习困难的原因，学界认为有以下两点原因。

（1）大脑发育问题

美国研究者艾利斯（Ayres）主张用感统失调来解释幼儿早期的学习困难。该理论认为，大脑所有感觉区如果不能够对同时输入的各种感觉信息进行整合、协调，就会影响幼儿对信息的加工，进而影响其学习能力。该理论认为，学习困难幼儿的大脑无法同时对各种感觉信息进行整合处理，并指导大脑和身体做出适应性的反应，由此就表现出了学习困难。因此，感觉统合训练也成为干预幼儿学习困难或学习障碍的一种常用、有效的方法。本教材将在模块五中对感觉统合失调的表现及感统训练的相关内容进行系统介绍。

（2）心理因素

厌学、焦虑等心理因素也是导致幼儿学习困难的重要成因。随着学业压力的不断下移，即使学前阶段的幼儿也受到了来自家庭、幼儿园以及整个社会的学业压力。很多幼儿在早期就开始接受长时间、大量、抽象的学习。这种与幼儿年龄特点、学习方式严重不符的学习给幼儿带来了巨大的学习压力，从而导致其在学习时产生较大的心理负担和负面情绪。比如，在数学学习过程中，很多家长和教师会提前要求幼儿进行大量的形式运算，这种学习方式与幼儿早期的数学学习方式是不符合的，因此导致幼儿从小就对数学产生了消极的抵触情绪。而这种情绪又会导致幼儿在学习数学内容时自信心不足、参与度不高等问题，进而导致幼儿出现较为严重的数学学习困难。

二、环境因素对幼儿早期学习的影响

大脑的正常生长发育为幼儿早期的学习奠定了生理学基础。然而，脑生理功能只是为幼儿早期的学习提供了一种可能。幼儿早期学习要收到良好的效果，更离不开后天良好环境的支持。幼儿从出生到走出家庭、步入社区，从幼儿园到小学，都在不同的时间段经历着不同的环境。在每个阶段，幼儿都自主、有效、选择性地从环境中吸收对其成长有利的要素，在与环境相互作用的过程中，建构知识，维持自身与环境的和谐，保持自身学习与发展的速度及平衡。但是，作为客观存在的环境，其组成要素纷繁复杂，而且这些要素不会自然而然地以有利于幼儿学习与发展的方式组合在一起，成为促进幼儿早期学习与发展的有利要素，这就要求保教人员能从学习与发展的角度，认识环境中的教育要素。

一般认为，影响幼儿早期学习的环境要素包括三类：人的要素、物的要素、时间与空间要素。

（一）环境中人的要素与幼儿早期学习

人的要素是指环境中与幼儿学习相关的人以及人与人之间的关系。与幼儿早期学习相关的人有幼儿园管理者、教师、家长、专家等，这些不同的群体及其素养会影响到学习活动的质量。

保教人员是幼儿园课程的计划者、实施者、评价者，其立场、态度、能力都会对幼儿产生影响。以幼儿园园本课程为例，当班级幼儿穿着普通鞋子在雨后积水的水坑里踩水坑时，如果你是一位保教人员，你会怎么做？

专化业水平较高的保教人员首先会自问：幼儿的兴趣点在哪里？（对踩水感兴趣还是对我设计的活动感兴趣？）我可以利用幼儿踩水这一游戏情境帮助幼儿学习吗？能够学习什么呢？我怎样帮助他们学习呢？进一步，保教人员会利用自己的专业知识分析幼儿的发展需求以及社会对幼儿发展的期望，从而做出如下判断与反应：首先，通过在小水坑中踩水，幼儿会发现自己的倒影，发现沉淀后的水与泥泞的水有差异，这些都是科学领域的重要内容；其次，幼儿可以用沾满泥水的鞋子在其他平面上踩出小脚印，通过自己的身体进行艺术的创造性表现；再次，幼儿会发现踩下去之后，水坑里的水会由清澈变为泥泞，这是探究自身动作与事件结果之间关系的良好契机……通过这些分析，保教人员会对日常生活中幼儿感兴趣的现象或问题作出价值判断，在此基础上生成幼儿园的课程内容。同样，幼儿在探究过程中也会有新的兴趣点或问题出现，要不要围绕这些问题展开有深度的探究，也需要保教人员做出专业化的判断与决策。

（二）环境中空间及物的要素与幼儿早期学习

活动空间以及空间中提供的活动材料是幼儿早期学习的重要条件和媒介，幼儿园内、活动室内各种材料的布置、利用方式等都会在一定程度上影响幼儿早期学习的质量。例如，活动材料是幼儿操作、互动的对象，材料的种类是否丰富、难易程度是否符合幼儿的发展水平、能否引发幼儿的认知冲突、能否激发幼儿深入探究的欲望等，都会影响幼儿学习活动的效率和结果。因此，保教人员要在创设环境、提供材料的过程中，思考材料的价值与操作方式，合理地利用环境中物的因素。

（三）时间安排与幼儿早期学习

1. 幼儿早期学习的时间规划

时间是宝贵的教育资源。保教人员要将设计好的课程方案付诸实践，并将其转化为幼儿可以获得的有意义的学习经验，都需要以时间为成本。幼儿要获得对现象或问题的广泛的、有深度的了解更需

微课

课程实施中的时间问题

要时间的支持。因此，在幼儿早期学习过程中，如何有效地安排时间是一个重要问题。

2. 幼儿园时间的弹性设计

对时间进行"弹性设计"可以有效解决幼儿园存在的时间问题。所谓的"弹性设计"是指追随教师、幼儿的生理节奏和心理节奏，而不受制于绝对的钟表节奏。如"设计制作天桥"的例子，当幼儿在设计制作了天桥，并产生了进一步验证天桥承重能力的愿望后，保教人员可以通过改变活动与时间安排对幼儿进行支持。因为在项目主题的整合之下，幼儿室内、户外的活动均围绕着相同的探究主题在进行，所以无须严格按照原有的活动安排，强行结束幼儿的户外活动。

任务三　幼儿早期学习的相关理论

案例导入

> 　　有的保教人员认为幼儿通过观察周围人的语言和行为，自己也习得了做事的方法；有的认为幼儿会对自己感兴趣的材料进行操作，在操作的过程中了解材料的特性、用法等；也有的认为幼儿的学习就是对自己感兴趣的问题进行探究的过程。
>
> **思考**　作为保教人员，你认为幼儿的学习是如何发生的呢？

学习是如何发生的？这个问题是学习理论关注的主要内容，也是心理学、教育学中最古老、最核心的研究问题之一。不同的学习理论流派站在不同的理论立场，对"幼儿是如何学习的"这一问题做出了不同的回答。这些不同流派的学习理论为我们理解和支持幼儿的学习提供了理论依据。

与幼儿早期学习相关的理论流派包括行为主义学习理论、认知主义学习理论、建构主义学习理论和人本主义学习理论。近些年，早期教育越来越重视幼儿的自主学习，关注如何帮助幼儿形成主动学习的意识与能力，引导幼儿运用已有知识和经验解决不同情境中的问题，这是学习动机理论与迁移理论主要探讨的问题。本任务遵循学习理论发展的历史脉络，对不同的学习理论进行介绍，并阐述如何运用各种学习理论指导保教人员进行教育教学活动。

任务要求

1. 了解幼儿早期学习相关理论的发展脉络。
2. 理解不同学习理论的主要观点及教育启示。
3. 能够站在不同理论立场解释幼儿早期学习并制订不同的支持方案。

一、行为主义学习理论

行为主义学习理论受到英国联想主义心理学以及洛克的经验论的影响，重视学习过程中环境和经

验的作用，将学习过程看作个体在外部刺激下的反应过程，认为学习过程即在刺激与反应之间建立连接的过程（S-R公式）。

在行为主义发展的过程中，不同的代表人物也提出了有关学习的不同主张，主要包括巴甫洛夫的经典条件作用理论、斯金纳的操作条件作用理论和班杜拉的社会学习理论。下面将遵循行为主义的发展脉络，在介绍行为主义学习理论观点的基础上，介绍其在幼儿早期学习中的运用及教育启示。

（一）巴甫洛夫的经典条件作用理论

苏联生理学家巴甫洛夫是最早研究并提出经典条件作用的学者。在动物实验的基础上，巴甫洛夫指出，一个原先是中性的刺激与一个原来就能引起某种反应的刺激相结合，会引发学习者对那个中性刺激做出反应。在他的实验中，狗看到食物流口水，食物即非条件刺激，食物引发流口水的行为称作非条件作用。但是将食物与铃声在时间上结合出现后，狗听到铃声也会流口水，原来是中性刺激（即不会引发流口水行为的刺激）的铃声就转换为条件刺激，铃声和流口水之间就建立了新的联系，这个过程称为条件作用。新的条件作用不仅能够直接在非条件刺激作用下形成，还可以与另一个中性刺激相结合，进而形成第二级条件作用。比如，狗对铃声建立了稳定的条件作用后，再把铃声和灯光一起呈现，反复几次后，仅仅呈现灯光，也会引发狗流口水的行为反应。同理，还可以进一步形成第三级条件作用。

在美国率先举起行为主义大旗的学者是华生，他将巴甫洛夫的动物研究结果用来解释人的学习，指出学习是以一种刺激替代另一种刺激，建立条件作用的过程。

华生最为经典的实验是婴幼儿恐惧实验。实验被试是一名11个月大的婴儿，首先让他接触中性刺激小白兔，此时该婴儿并未表现出害怕小白兔的行为，相反还想伸手去触摸小白兔。在研究的第二阶段，每当小白兔出现时，研究者就会用铁块用力敲击一段钢轨，从而发出巨响，此时巨响会导致婴儿害怕，所以巨响是引发其害怕的非条件刺激。研究者重复若干次后，发现只要小白兔一出现，该婴儿就表现出了害怕和防御的行为。又重复了若干次后，该婴儿的恐惧表现越来越强烈，随后表现出对任何有毛的东西都感到恐惧，如毛绒玩具、留白胡子的圣诞老人等。

巴甫洛夫的经典条件作用理论指出，中性刺激一旦成为条件刺激，可以起到与非条件刺激相同的作用。该理论对幼儿教育有重要的启示。我们会发现，幼儿对特定的学习内容会有严重的焦虑情绪，比如一些幼儿在学习数学内容时，尚未开始进行问题解决，就已经做出了诸如"我不行，我很笨""太难了，我不会"等反应。究其原因，这种对特定学习内容的焦虑、退缩、回避等行为反应的发生，就经历了一个高级条件作用的过程。幼儿出生时，对所有学习内容都是充满好奇的，但是不适宜的学习方式导致了幼儿在学习这些内容时会遭遇失败。这种失败最初只是一个中性事件，但逐渐会与家长或保教人员的批评等负面评价联系起来，而负面评价本身是引起幼儿焦虑的条件刺激，久而久之，幼儿一遇到特定内容的学习，就会产生焦虑。

（二）斯金纳的操作条件作用理论

斯金纳在对经典条件作用理论进行批判的基础上，提出了操作条件作用理论。该理论从行为类型、强化类型等角度对学习行为进行了解释。

1. 两种行为：应答性行为和操作性行为

根据经典条件反射，学习是刺激和反应之间建立连接的过程。因此，没有刺激，就没有反应。斯金纳对此进行了发展，认为所有行为都可以分为应答性行为和操作性行为两类。在巴甫洛夫的研究中，有机体被动地对环境中的刺激做出反应，如一粒沙子进入人的眼睛，人会流眼泪，这种行为属于应答性行为。斯金纳认为，有机体在环境中会产生诸多自发性行为。比如，被关在箱子里的小白鼠会到处跑动，会用自己的爪子触碰箱子里的各种机关，会用牙齿啃噬东西等，这些行为是在特定情境中出现的随意的或有目的的行为，即操作性行为。

2. 两种强化的时机：伴随性出现的强化和操作后的强化

在经典条件反射中，每次给狗听铃声的时候一定要给狗食物，强化物是伴随着条件刺激同时出现的非条件刺激（即食物）。而在操作性条件作用中，我们只是从各种自发性的行为中，选择了一种我们认为需要建立连接的反应并对其进行强化。如小白鼠在按到了食物槽的开关后，食物会掉下来，此时食物是在按压食物槽开关这一行为之后出现的强化。

斯金纳认为，个体绝大多数有意义的行为都是操作性的，幼儿的学习也是如此。比如，幼儿在进餐过程中可能会有诸多自发性的反应，有的可能会将青菜挑出来，有的可能会吃几口青菜，有的则可能会把青菜吃光。此时，保教人员会对做得好的幼儿进行表扬，并给予其一定的奖励，如奖励贴纸等，此时，吃青菜行为出现的频率就会逐渐上升。保教人员正是通过操作性条件反射作用在塑造幼儿的行为。同样的道理，幼儿的学习习惯、行为规范、规则意识等，都可以通过操作性条件作用来形成。

3. 两种强化：正强化和负强化

对幼儿进行表扬，给予一定的物质奖励，都会引发幼儿积极的情绪体验。然而，并不是所有强化都会伴随积极的情绪体验。斯金纳进一步将强化分为正强化和负强化。正强化是指在环境中增加某种刺激，导致学习者某种行为反应的频率上升。比如，幼儿吃青菜后，保教人员奖励其一张贴纸，这种强化就是正强化。负强化则是指在环境中撤出某种刺激，导致学习者某种行为反应的频率上升。比如，当幼儿破坏了游戏规则，保教人员会暂停其游戏五分钟（暂停游戏对幼儿其实是一种惩罚，但是惩罚不等于负强化）。当幼儿意识到自己的错误后，保教人员撤除了对幼儿的惩罚，允许其回到游戏中，幼儿会学会遵守游戏规则，这种强化就属于负强化。

在实际的教育教学活动中，保教人员会发现幼儿喜欢的活动或对强化物的反应是不同的。有的幼儿很喜欢贴纸，有的幼儿则喜欢乐高玩具，有的幼儿因为教师的一句表扬会高兴一整天。这对保教人员的启示是，在对幼儿的学习进行强化时要考虑幼儿的实际特点，采用不同的强化物。

在斯金纳强化原理的基础上，一些学者提出了代币强化的理念，用于干预、矫正幼儿某些消极的学习行为。代币指的是一种象征性的强化物，小红花、贴纸、印章、虚拟钱币等都可以作为代币。当幼儿出现成人希望的行为时，就可以发给约定数量的代币。幼儿可以用一定数量的代币兑换自己喜欢的奖励物或者活动。这种强化的方式可以在奖励物的数量和质量上，与幼儿行为的数量和质量相对应。比如，保教人员可以和幼儿商定：如果在老师提醒下，有礼貌地跟他人打招呼，就奖励一颗五角星。如果出现了主动打招呼的行为，就可以奖励两颗五角星。十颗五角星可以兑换一面小红旗，五面小红旗就可以兑换想要的礼物了。

（三）班杜拉的社会学习理论

作为新行为主义学者，班杜拉一方面非常强调个体直接行为的结果对后续行为的影响，以及强化在建立反应连接中的作用；另一方面开始关注学习者的认知因素在学习过程中的作用。在此基础上，他提出了社会学习理论。

1. 观察学习与直接学习

班杜拉认为，幼儿有两种学习方式，一种是通过自己的直接行为受到的强化而进行的学习。如，幼儿尝试吃了一口青菜，就得到了一颗五角星，以后其吃青菜的行为频率就会上升，这就是一种直接学习。然而，人类社会积累的知识是海量的，有一些内容的学习还存在危险，这就意味着如果只有直接学习一种方式，幼儿无法在有限的时间内学习所有内容并且还有受到伤害的可能性。另一种更为高效的学习方式即为观察学习，又称替代学习。

观察学习或替代学习是通过观察别人的行为及其结果而进行的学习。幼儿可以通过观察各种各样的榜样的行为及其结果来进行观察学习。如，教师表扬了班级某个幼儿吃青菜的行为，并奖励这个幼儿做一个星期的领操员，那么不吃青菜的幼儿也会产生吃青菜的行为。

2. 学习与表现

班杜拉还将学习与行为表现区分开来，强调知识的获得与可观察的表现是两种不同的过程。一般而言，幼儿知道的可能要比其表现出的多得多。比如，幼儿在学会说话之前，就在与照护者的互动过程中储存了大量词汇，到了一定的年龄段才会开口说话，但是不能因此判断开口说话前的幼儿没有语言能力。又如，幼儿在丰富的文字环境的耳濡目染下，可能形成了对某些字母、数字、汉字的概念，但受制于精细动作的发展，可能无法将其工整、正确地写出来，我们也不能用这种表现否认幼儿的学习。

所以，知识的获得可能是大于幼儿在知识方面的行为表现的，幼儿所知可能大于所做。影响幼儿能否将其所学到的东西表现出来的因素是多样的，如动机、社会压力等。比如，当幼儿看到另一个幼儿因为将玩具扔得到处都是受到了保教人员的批评，可能就会抑制自己想要扔玩具的冲动。

拓展阅读 | 班杜拉关于幼儿习得攻击性行为的实验

班杜拉最为经典的实验是幼儿习得攻击性行为的实验。该实验分为不同的阶段。在实验的第一阶段，幼儿被分成不同的小组观看不同的影片：第一组幼儿看到一个人正在对一个充气娃娃拳打脚踢，这个人因为这些行为受到了奖励；第二组幼儿看到这个人因为拳打脚踢充气娃娃而受到了惩罚；第三组幼儿只看到这个人在对充气娃娃拳打脚踢。实验的第二个阶段，研究者将这些幼儿带到了一个有相同充气娃娃的房间，观看不同组幼儿的行为。结果发现，第一组幼儿出现了最多的攻击性行为，他们也学着影片中那个人的样子，对充气娃娃拳打脚踢。第二组幼儿攻击性行为出现的频率最低，但得知打这个充气娃娃可以得到奖励后，他们也出现了高频率的攻击性行为。这个实验结果告诉我们，第二组幼儿也习得了攻击性行为，之所以没有将其表现出来，是因为在影片的后半段，他们看到行为者受到了惩罚。这个实验结果验证了班杜拉的理论：学习与表现是不同的过程。

在随后的研究中，班杜拉还通过不同攻击性情境的设计，探讨了学习情境对攻击性行为习得的影响。研究结果表明，观看卡通片中的攻击性行为对幼儿产生的影响最大，其次是观看影片，影响最小的是观看现实生活中的攻击性行为。

这一研究结果对幼儿动画作品制作的启示很大，为幼儿设计的动画作品，其中的人物形象、角色语言和行为等要避免暴力和攻击性行为，以避免幼儿模仿学习。同时，也提醒保教人员及家长，如果迫不得已要给幼儿观看动画片，对内容的把控是非常重要的，以避免对幼儿产生消极影响。

二、人本主义学习理论

人本主义学习理论关注幼儿的学习潜能以及高级心理活动，如热情、信念、生命、尊严等在学习中的重要作用。对幼儿教育起到重要影响的人本主义学习理论主要有马斯洛的需要层次理论和罗杰斯的个人中心学习理论。

（一）马斯洛的需要层次理论

马斯洛是人本主义心理学的创始人之一，也是最有代表性的领导人之一。他认为，幼儿成长的内在力量是动机，而动机是由不同性质的需要所组成的，各种需要由低到高构成了金字塔式的需要层次结构。图1-3-1呈现了马斯洛的需要层次理论。

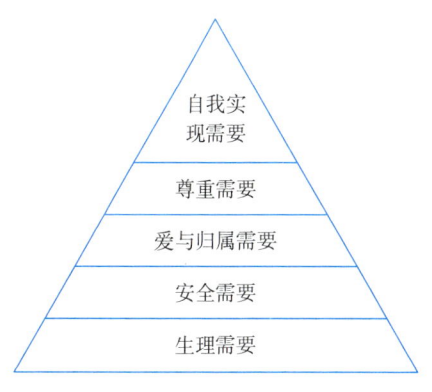

图1-3-1 马斯洛需要层次理论

由图可知，马斯洛将幼儿成长的内在需要由低到高分为五个层次。最低的层次也是最基本的需要，即生理需要，是指与幼儿的生存息息相关的需要，如饿了要吃饭、渴了要喝水、困了要睡觉等。在生理需要得到满足的基础上，幼儿会产生安全需要，即获得生理和心理安全，避免威胁的需要。在安全需要之上，是幼儿的爱与归属感需要，即幼儿有寻求温暖关系的基本需要，包括被他人认可、接纳、关注、欣赏、支持和关爱等。在此基础上，幼儿会进一步产生自尊和被人尊重的需要，如希望得到教师的肯定，从而建立自信心，在同伴群体中有良好的声誉等。最后一层，也是最为高级的需要，即自我实现的需要，指个体在精神层面产生的提高自己人生境界的需求。

马斯洛的需要层次理论对幼儿教育的启示甚大。

一方面，幼儿学习与成长的内在动力是幼儿的内在需求，而非成人对幼儿的期望。这就要求保教人员在了解幼儿内在需求的基础上，设计符合其内在需求的教育教学活动，这样才能充分调动幼儿主动学习的兴趣。

另一方面，幼儿的内在需求是一个由低到高的层次。低级需求满足后，幼儿会产生高级的需求。但是在实际教育教学活动中，保教人员往往更关注幼儿的生理需求而忽视其心理需求，如心理安全、爱与归属感、尊重需要等。但恰恰是这些需要对幼儿早期的学习与发展起着更为重要的作用。这就要求保教人员能够创设支持性的学习氛围，让幼儿在民主、安全、温馨的环境中，自由、自主地探索环境。

（二）罗杰斯的个人中心学习理论

作为人本主义的代表人物，罗杰斯特别关注学习氛围对幼儿学习的影响。他指出，保教人员的真诚、坦率、和谐一致，以及对幼儿的感情和个人意义具有一种设身处地的理解，对幼儿的学习与发展意义重大。罗杰斯从其"来访者中心"疗法出发，提出了"以学生为中心"的教育教学理论，其基本主张包括以下三个方面。

1. 知情统一的全人教育观

罗杰斯认为，在学习过程中，认知和情感共同发挥着重要的作用，教育的目的就是要培养既能用认知的方式学习，也能用情感的方式学习的知情合一的人，即全人教育的概念。

2. 有意义的自由学习观

罗杰斯区分了两种类型的学习，一种是只涉及心智，而不涉及个人意义的无意义学习，即"发生在颈部以上的学习"，这种学习与培养全人无关。另一种学习不仅仅涉及知识的增长、技能的发展，而且是涉及个人兴趣、愿望、需要的有意义学习，是一种与学习者个人经验融为一体的学习，是一种对个体的行为、态度、个性等方面有重大影响的学习。

罗杰斯主张，幼儿的有意义学习是"做"中学，即让幼儿直接面对各种有意义的问题情境，通过与人合作解决问题的过程，发现自己的能力和学习的价值，进而帮助幼儿建立自信心、获得成就感等。

罗杰斯进一步提出，有意义的学习包括四个要素。

（1）学习具有个人参与性

从全人的角度理解，幼儿整个身心都要参与到学习过程中，这种参与既是认知的，也是情感的。

（2）学习是个体自发的行为

即使在幼儿学习过程中，保教人员会创设良好的环境，设计优质的教育活动，但是幼儿的学习必须是自主探究的，即学习的动力要来自幼儿的内在动力。

（3）幼儿的学习是全面的

我们可以从两个层面理解全面学习的概念。第一层含义是幼儿学习的过程应该是全面的，即幼儿既要认知参与学习，也要情感参与学习。第二层含义是指幼儿的学习结果应该是全面的，教育培养出的个体应该是认知、情感、态度、个性及社会性等方面全面和谐发展的人。

（4）学习应以幼儿自我评价为主

作为学习的主体，幼儿是最了解自身学习状况的群体。幼儿自我评价，一方面可以帮助保教人员获得幼儿学习更全面、更真实的信息，另一方面可以调动幼儿作为学习主体的积极性，从而形成自主学习的意识。另外，自我评价的过程也是幼儿对已有知识、经验进行澄清、反思和再现的过程，也有利于知识、技能的巩固。

3. 以幼儿为中心的教学观

罗杰斯认为保教人员的主要任务不是要教给幼儿知识，而是要为幼儿创设支持性的环境，提供各种有价值的学习资源，创设一种安全的、自由的、民主的、温馨的学习氛围，幼儿可以自己决定学习什么、用什么节奏学习、学到什么广度与深度等。

罗杰斯的个人中心学习理论对幼儿教育的影响巨大。相对于教学技巧、专业知识、教育技术等，保教人员最重要的素养在于能否创设有利于幼儿学习与发展的心理氛围。这就要求保教人员在与幼儿相处的过程中，要无条件地关心、关注幼儿，对幼儿有同理心，真诚、平等对待每一个幼儿，尊重幼儿学习与发展的需要等。总之，要以幼儿为中心，保教人员只是幼儿学习的促进者、指导者，幼儿才是学习的主体。

三、认知主义学习理论

认知主义主张在研究人的学习问题时，应该关注个体内部的心理过程。在认知主义学习理论发展的过程中，出现了众多理论分支。对幼儿教育产生重要影响的认知主义学习理论包括信息加工理论、奥苏贝尔的有意义学习理论以及布鲁纳的发现学习理论。

（一）信息加工理论

认知主义学习理论强调幼儿的学习就是获取、加工、保持信息的过程。20世纪70年代，美国心理学家加涅提出了信息加工模型，用来解释幼儿的学习过程（见图1-3-2）。

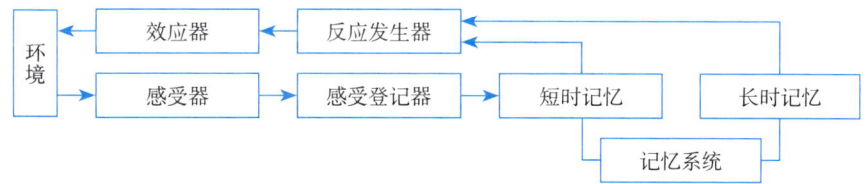

图1-3-2 加涅的信息加工学习过程

根据加涅的信息加工模型，来自周围环境的各种信息，会作用于学习者的感受器，并通过感受登记器进入神经系统。信息在感受登记器中进行编码，进入学习者的记忆系统。当学习者根据一定的线索从记忆系统中提取相关的信息后，这些信息通过反应发生器，使效应器活动起来，就产生了各种行为。这个过程是学习者对环境中的信息进行加工的过程，也是学习的过程。

1. 信息加工的学习理论

在加涅的信息加工模型的基础上，信息加工心理学者提出了加工水平理论和双重编码理论。加工水平理论指出，幼儿在学习过程中，由于对信息的加工水平不同，信息保存的程度也会不同。例如，幼儿可能看到了一棵柿子树，但没有以这棵树为探究对象，此时幼儿对这棵树的加工水平是最低的，可能转眼就忘记了。如果保教人员引导幼儿对这棵柿子树的树干、枝叶、果实等进行细致的观察，那么幼儿就可能记住柿子树的基本特征。如果保教人员继续引导幼儿展开对柿子树更深入的探究，如使用柿子进行染布活动，幼儿对柿子树的加工水平就更进了一步。

双重编码理论则认为信息在人的记忆系统中有表象和言语两种储存方式。这两种方式分别对应情景记忆和语义记忆两种记忆方式。该理论认为，如果幼儿在学习过程中可以同时使用两种记忆方式，记忆的效果最好。这提醒保教人员在开展教学活动过程中，要使用言语和表象两种方式，也就是在语言讲解的过程中，结合使用图片、视频等方式，以帮助幼儿达到最好的记忆效果。

2. 幼儿的三种长时记忆

信息加工理论提出，幼儿有三种长时记忆，分别是情景记忆、语义记忆和程序记忆。

情景记忆描述的是与个体经历相关的记忆，是个体看到的、听到的、做过的事情的心理再现。例如，幼儿会在数数的时候和旁边的小伙伴说："我过生日的时候，蛋糕上也插着五根蜡烛呢。"情景记忆储存的是幼儿经历的事件的表象，因此帮助幼儿形成表象记忆就非常重要。保教人员可以利用具体的形象开展教学活动，视频、图片、实物、图表等都是有效的材料。

语义记忆描述的是以事实和概括性的信息存在的内容。语义记忆是由相互联系的概念组织起来的网络结构。如幼儿学习了各种小动物的特征后，会把小猫和小狗归为一类，因为它们都是哺乳动物。网络结构理论提醒保教人员，如果可以将学习中的新概念与已有的概念或认知结构建立关联，则有利于幼儿记忆的保持。

程序记忆是有关如何做事的过程的记忆。幼儿学习的很多内容，如骑车、游泳、跳舞等技能都是以程序记忆的方式储存的。要促进幼儿的学习，程序记忆同样很重要。例如，保教人员可以在学习动物相关内容时，鼓励、支持幼儿饲养小兔子、小乌龟等小动物，并主动参与到照顾小动物的活动中来，同时对小动物进行观察、做观察记录等，这种学习的方式有助于相关内容在幼儿头脑中的记忆和保持。

（二）奥苏贝尔的有意义学习理论

奥苏贝尔提出的有意义学习理论认为，当新旧知识之间能够建立实质性的联系时，有意义的学习就发生了。由于这种连接的存在，新旧知识之间发生了同化作用。奥苏贝尔进一步提出了三种不同的同化图式。

一是上位学习。在这种学习方式中，新学习的概念的概括程度要高于旧概念。比如，当幼儿学习了萝卜、青菜等概念后，再去学习蔬菜的概念，这种学习就属于上位学习。

二是下位学习。在这种学习方式中，新学习的概念的概括程度要低于旧概念。比如，当幼儿学习了蔬菜的概念后，再去学习萝卜、青菜等概念，这种学习就属于下位学习。

三是组合学习。在这种学习方式中，新旧概念之间既不产生上位学习，也不产生下位学习，它们之间就可能是组合关系。如幼儿学习了萝卜的概念，再去学习青菜的概念，这种学习就属于组合学习。

除了三种同化图式，奥苏贝尔还提出了一个重要的观点：以教师为中心的接受式学习可以是有意义的学习。但前提是，保教人员必须要在新旧知识之间建立有效的连接。

（三）布鲁纳的发现学习理论

布鲁纳主张，幼儿最佳的学习方式是发现学习。所谓发现学习，是指鼓励幼儿通过自己的探索过程获得知识。作为保教人员，其任务不是向幼儿传递知识，而是通过创设环境，支持幼儿进行发现学习。

具体而言，布鲁纳的发现学习理论强调幼儿自主探索学习的过程。在布鲁纳看来，幼儿是积极主动的探究者，在与环境互动的过程中获得对知识的理解。保教人员的任务就是为幼儿创设有利于自主探究的情境，鼓励、支持幼儿通过探究活动建构知识。另外，保教人员需要注意对幼儿的探究过程进行细致观察与适宜引导，以拓展幼儿探究的广度与深度。如幼儿对幼儿园中的柿子树感兴趣，保教人员可以鼓励其在观察的基础上，对柿子与西红柿的异同点进行思考。又如，保教人员可以提出问题："菜地里的蔬菜有了虫害，怎么才能保护蔬菜呢？"通过对这些问题的思考，幼儿提出自己的解决问题方案，讨论方案的可行性，在巩固已有知识和经验的同时，获得新的知识。

此外，布鲁纳的发现学习理论强调学习的内在动机。主动学习是幼儿在好奇心的驱使下，对自己感兴趣的问题进行探究的过程。与其通过外部奖励或排名的方式激励幼儿学习，不如通过创设问题情境，激发幼儿自我挑战的兴趣。这种对未知的好奇、对问题解决的追求，是幼儿学习与发展的内驱力。

四、建构主义学习理论

作为认知主义的进一步发展，建构主义在关注学习者内部学习过程的基础上，进一步提出由于学习者前期知识和经验的差异性，其对客观世界的认识和理解也是不同的。即知识并非客观地存在，而是学习者在前期知识和经验的基础上，通过自身的实践活动主动建构起来的，即知识的建构理论。

建构主义理论在发展的过程中，也先后涌现出不同的学派。对幼儿教育产生深远影响的建构主义学派包括皮亚杰的个人建构主义以及维果茨基的社会建构主义。

（一）皮亚杰的个人建构主义

1. 建构主义的发展观

在发生认识论的基础上，皮亚杰提出了建构主义的思想。他认为，发展在很大程度上依赖于幼儿对周围环境的操作以及与周围环境的积极互动。个体与环境相互作用的建构过程促进了其内部心理结构的不断变化。

在皮亚杰的建构主义思想中，图式、同化、顺应、平衡化是至关重要的概念。在皮亚杰看来，图式是智慧的起点。皮亚杰将其界定为"一个有组织的、可重复的行为或思维模式"。刚刚出生的婴儿，与生俱来具有动作反射，如吸吮、抓握等，这些动作是幼儿生存的基本条件。在这些动作的基础上，幼儿的智慧得以慢慢发展。如，只有几个月大的婴儿看到玩具会伸手去抓，如果玩具在离其有一定距离的床上，婴儿还是会伸手去抓。这一动作就是同化的过程，即利用已有的图式或认知结构去处理环境中新刺激的过程。如果幼儿在反复抓握的过程中，偶然抓住了床单，通过这个动作将玩具拉到自己面前，进而拿到玩具，其就会重复这个动作，这个过程就是顺应，即通过改变认知结构去处理环境中新刺激的过程。

当幼儿遇到环境中的新刺激时，就会出现认知结构的不平衡，个体会通过同化和顺应两种机制处理环境中的新刺激，进而使得认知结构再次平衡。皮亚杰认为，幼儿正是在这种不平衡到平衡的过程中，实现认知结构的不断发展的。

微课

平衡化、同化与顺应

2. 三种知识的获得

皮亚杰认为，幼儿要习得三种知识。一种知识是社会知识，这种知识是通过成人的口耳相传传递给幼儿的，如数字的读法和写法都是约定俗成的知识，成人会教给幼儿，幼儿会在不断重复的经验中习得这类知识。

另外两种知识是物理知识和数理逻辑知识。这两种知识的获得过程见图1-3-3。由图可知，认知主体通过自己的单个动作，与外部环境相互作用，获得了关于客体的物理经验，物理经验经过简单的抽象后，上升为物理知识，即关于客体属性的知识。认知主体通过自己的一系列动作，获得了客体的数理逻辑经验，经过复杂抽象后，上升为数理逻辑知识。举例而言，幼儿拍一下球，球弹了起来，这时幼儿知道了球能够弹起来，球是有弹性的。幼儿在反复拍球的过程中，逐渐知道了拍球的力气大，球弹得高一点，力气小，球弹得低一点。此时，幼儿获得的是球的弹跳高度与力气大小之间关系的知

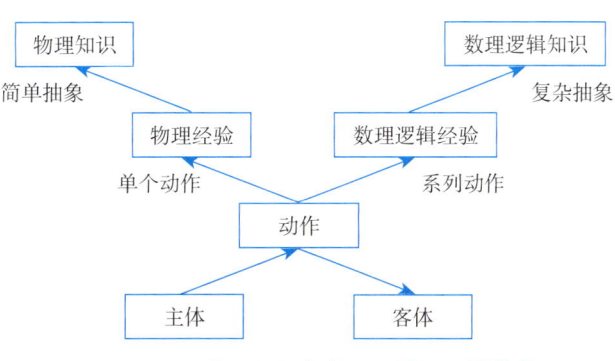

图1-3-3　物理知识与数理逻辑知识的获得

识，即数理逻辑知识。

由此可见，幼儿与环境相互作用的动作是认知发展的关键。皮亚杰曾为幼儿教师提出了三条建议，第一条就是幼儿教师要理解为什么在幼儿园中给幼儿提供大量的操作材料是重要的。幼儿正是通过对环境的操作动作，建构了关于客观环境的知识。

3. 认知发展阶段理论

皮亚杰将人的认知发展分为先后衔接的四个阶段：感知运动阶段（0～2岁）、前运算阶段（2～7岁）、具体运算阶段（7～11岁）和形式运算阶段（11岁以后）。学前阶段的幼儿正处于前两个阶段。

皮亚杰认为，所有幼儿会依次经历这四个阶段，每个阶段都有独特的结构，前一阶段是后一阶段的基础，不能出现阶段的跳跃或前后颠倒。即便如此，幼儿进入不同发展阶段的时间并非是绝对的，也即不同的幼儿进入不同阶段的时间也存在个体差异。

皮亚杰认为，幼儿的认知发展水平是保教人员开展教育教学活动的基础。只有当幼儿达到了一定的发展水平，教育教学活动才能达到理想的效果，即幼儿的发展在前，教学在后。幼儿的发展水平是保教人员设计教育教学活动的依据。

（二）维果茨基的社会建构主义

作为社会建构主义的代表人物，维果茨基则认为幼儿在与成人交往的过程中实现了心理机能的发展。

在教学与发展的关系问题上，维果茨基提出了著名的最近发展区理论和鹰架的概念（见图1-3-4）。由图可知，在幼儿的现有发展水平与幼儿可能达到的发展水平之间，存在一定的区域，这个区域就是最近发展区。保教人员的任务是找到幼儿的最近发展区，并提供处于最近发展区之内的教学支持，即鹰架，如适宜的材料、语言讲解和动作示范等，以帮助幼儿从现有水平向可能的发展水平过渡。幼儿的发展正是在保教人员的教学支持下，实现一个又一个最近发展区内的发展的。

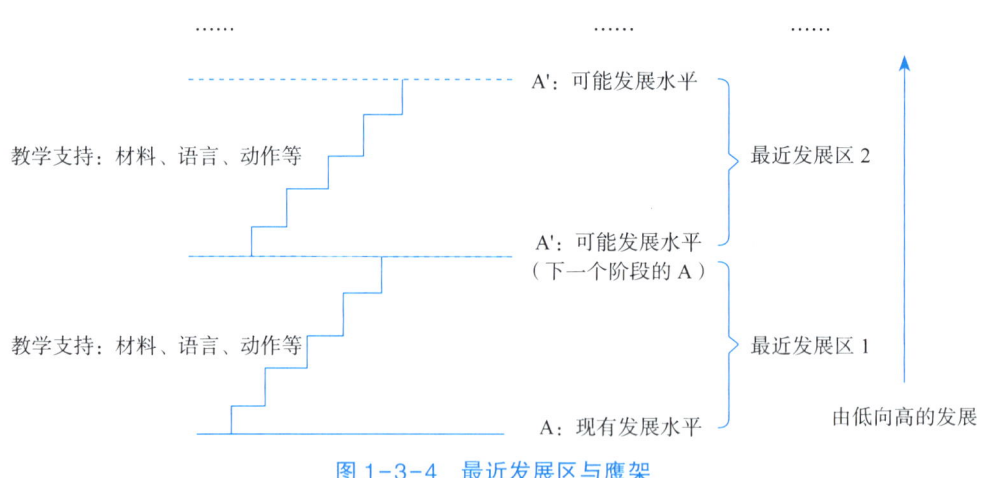

图1-3-4　最近发展区与鹰架

由最近发展区理论和鹰架概念可知，维果茨基认为是保教人员的教育教学活动支持了幼儿的学习与发展，即教学在前，发展在后。

（三）支架教学

围绕保教人员的教学与幼儿的学习之间的关系，建构主义者提出了支架教学的理念。下面是一个保教人员指导幼儿完成拼图的例子，我们可以从中看到保教人员的指导对幼儿学习的重要作用。

天天："这块放不进去。"（试着将一块拼图放在一个错误的地方）

保教人员："这里少了什么？"（指着拼好的部分）

天天："小鱼的尾巴。"（寻找与小鱼尾巴相似的一块，但不正确）

保教人员："你看，这里的拼图哪一块和这个形状很像？"（再一次指向拼图）

天天："这个。"（试一下，好像不对）

保教人员："试着稍稍转动一下。"（在桌面上做了个旋转的手势）

天天："我知道了，是这样的。"（把手里的拼图旋转，顺利放入）

在这个案例中，我们会发现保教人员始终将拼图的问题处于幼儿的最近发展区内——幼儿可以通过自己动手操作，并在保教人员的指导下顺利解决问题。我们也会发现，保教人员为幼儿解决问题提供了多种支持：提问、鼓励、建议、动作等。在互动的过程中，保教人员也在不断地观察幼儿的反应，并决定什么样的支持策略可以帮助幼儿更好地解决问题。

五、学习动机理论

学习是由动机引发的，这是一个不争的事实。学习是一个连续的过程，学习者连续的学习经验之间会产生相互影响，也即学习会发生迁移作用，这也是一个达成共识的事实。那么，学习动机和学习迁移是如何发生的？有哪些因素会影响动机和迁移的发生？这是保教人员先要思考的两个问题，进而才能思考在实践中如何培养幼儿的学习动机并引发有效的学习迁移。本任务将从学习动机和学习迁移的角度阐释幼儿早期的学习与教育支持。

（一）学习动机及其与幼儿学习的关系

学习动机是指引发幼儿的学习活动，引导、维持已引发的学习活动，并促使该活动向某一目标进行的内在动力作用。学习动机对幼儿的学习有重要影响，这种影响体现在以下两个方面。

第一，学习动机与幼儿的学业成绩之间存在显著相关，也即学习动机是影响幼儿学业成绩的重要因素之一，想提高幼儿的学业表现，要关注幼儿的学习动机。

第二，学习动机与幼儿的学业成绩之间并非简单的线性关系，也即并非学习动机水平越高，幼儿的学习成绩越好。动机水平过高，可能会导致幼儿由于焦虑而影响学习成绩。动机水平过低，则无法激发幼儿的学习欲望。因此，保教人员要注意维持幼儿适宜强度的动机水平。

（二）幼儿学习动机的类型与表现

1. 学习动机的类型

按照不同的标准，学习动机可以分为不同的类型。比如，可以将学习动机分为普遍型的学习动机和侧重型的学习动机。前者指幼儿对所有学习内容都具有较强的学习兴趣与欲望；后者则指幼儿只对某些或某种学习内容感兴趣，对其他内容不感兴趣。

比较常用的分类方式，是将学习动机分为外在动机和内在动机。外在动机是指幼儿对学习所带来的外部奖励感兴趣，而非对学习本身感兴趣。例如，学习表现好，就可以得到小红花、玩具、教师的赞扬等。内在动机则是指幼儿对学习本身感兴趣，是由内在的对未知的理解、问题解决所带来的满足而引发的学习动力。

外在动机与内在动机并非二元对立，我们有时会在幼儿身上同时发现两种动机水平都较强，也即一个幼儿既对学习感兴趣，也非常想通过学习活动获得成人的赞赏和奖励。随着年龄的增长，内在动机在引发、维持幼儿学习方面的作用越来越大，因此有经验的保教人员会更多强调内在动机，而逐渐弱化外部奖励在维持幼儿学习方面的作用。

2. 学习动机的表现

幼儿的学习动机主要表现在好奇心、兴趣和诱因等方面。好奇心即幼儿想去了解、弄清楚新奇、

有趣事物的一种原始的内在冲动。幼儿一出生就表现出了对外部世界的好奇心，会用自己的感知觉和动作展开对外部世界的观察、探索、操作，在这个过程中获得对外部世界的了解。这种好奇心虽然是与生俱来的，却与后天的教育息息相关。如果成人不允许幼儿提问，对幼儿的提问不关心、敷衍应对，或者并不支持幼儿对自己好奇的事物进行提问、展开探索，那么幼儿的好奇心就会被遏制在萌芽状态，久而久之就会对新鲜事物失去兴趣而不再好奇好问、好探究了。

兴趣是幼儿表现出的对人、对事、对物的选择性注意的心向。比如，有的幼儿喜欢搭积木，有的喜欢看书，有的喜欢绘画，这种对外部事物的兴趣会促使幼儿产生学习行为。幼儿兴趣的产生、维持和改变与成人的教育方式相关。在有利的环境影响下，幼儿会对原本不感兴趣的内容产生兴趣，如保教人员可以鼓励一个喜欢画画而不喜欢看书的幼儿自主阅读，并在阅读后将自己的感悟画出来，这种方式会激发幼儿的阅读兴趣。当然，如果保教人员经常限制幼儿画画，幼儿可能也会丧失对绘画的兴趣。

诱因是指诱发幼儿产生学习行为的外在原因。如幼儿看了一本图书后，得到了教师奖励的一张贴纸，这会激发其更多的图书阅读行为。当然，如果幼儿的失败经验受到了教师的批评、讽刺，幼儿下次可能会选择回避这个行为。

（三）学习动机理论与幼儿的学习

不同的学者站在不同的理论视角，提出了不同的学习动机理论。本任务中介绍了行为主义、认知主义、人本主义、建构主义等相关的学习理论，各学习理论从不同视角解释了动机的形成。在众多动机理论中，韦纳的三维度归因理论影响最为深远。

表1-3-1呈现了韦纳三维度归因理论的主要内容。韦纳从因素来源、稳定性和可控性三个维度阐述幼儿对成败的归因。其中，因素来源指的是幼儿将自己的成败归因为内部原因还是外部原因。稳定性维度指的是导致成败的原因是否稳定。可控性维度指的是导致成败的原因是否可以控制。由表可知，个人能力是幼儿内部的、稳定的不可控的因素，个人努力是来自个体内部的可控的因素，但却不稳定。学习任务的难度是外部、不可控的，但是对于每个幼儿而言，任务难度是相同的，因此这个因素是稳定的。

表 1-3-1　韦纳的三维度归因理论

因素来源	稳定性程度与可控制性			
	稳定的		不稳定的	
	可控的	不可控的	可控的	不可控的
内部的	—	个人能力	个人努力	健康状况
外部的	—	任务难度	—	运气

韦纳的归因理论对幼儿教育有重要的启示。一方面，幼儿教育的目的是要培养能够积极、主动承担责任的人。因此，当幼儿遭遇挫折或失败时，如果保教人员能够注意引导幼儿进行积极的自我归因，那么幼儿将逐渐学会积极地看待自己的成功或失败，并努力追求成功。另一方面，归因理论站在幼儿的立场，揭示学习活动的成败因素。这个过程可以帮助幼儿形成正确的自我概念，即有时成功是因为自己能力较强，有时是因为自己很坚持、很努力；有时失败是因为任务很难，有时是因为自己不够努力，有时是因为运气不好，等等。正确的归因有利于幼儿找到影响学习活动成败的因素，而非总是将成功归因于自己能力很强，从而忽视努力的重要作用。同样，幼儿也不会总是将失败归因于自己能力不强，进而丧失自信心。

模块小结

　　幼儿早期学习是独特的，幼儿会通过模仿、操作、游戏等方式进行学习并表现出独特的特点。对幼儿学习方式与学习特点的理解，是提高保教人员教育教学活动专业性的前提。幼儿早期学习是复杂的，其学习速度、效果等会受到生理因素和后天环境因素的共同作用。保教人员需要对这些影响因素加以控制，为幼儿早期学习创设更加良好的学习环境。另外，诸多理论站在不同的理论视角，对幼儿早期学习的发生与发展进行了解释，并对幼儿教育产生了重要的影响。保教人员可以从不同的理论视角出发，理解幼儿早期学习的行为，从而为其学习提供良好的支持。

思考与实训

一、单项选择题

1. 根据学习的主体分类，学习可以分为动物学习、人类学习和（　　　　）。
　　A. 智慧技能学习　　　　　B. 机器学习　　　　　　C. 自主学习　　　　　D. 内隐学习

2. 以下学习方式不属于操作学习的是（　　　　）。
　　A. 幼儿跟着老师的动作，一步一步地学习舞蹈动作
　　B. 幼儿一次一次地尝试，终于把拼图放到了正确的位置
　　C. 幼儿用大小不同的碗往桶里装沙子，发现用小碗装满一桶沙子要很久
　　D. 幼儿和自己的小伙伴玩游戏，知道要遵守游戏规则

3. 幼儿在搭积木的过程中，理解了积木的大小与重量的关系，这是因为幼儿的学习（　　　　）。
　　A. 以情感体验为基本需求　　　　　　　　　B. 对环境依赖极大
　　C. 以自主学习为基本特征　　　　　　　　　D. 以具体形象为主要内容

4. 安全基地理论的提出者是（　　　　）。
　　A. 安斯沃斯　　　　　　B. 班杜拉　　　　　　C. 杜威　　　　　　D. 马斯洛

5. 以下属于影响幼儿学习的环境要素的是（　　　　）。
　　A. 教师　　　　　　　　B. 材料　　　　　　C. 活动时间安排　　　D. 以上都是

6. 根据巴甫洛夫的经典条件作用理论，引发狗流口水的非条件刺激是（　　　　）。
　　A. 铃声　　　　　　　　B. 灯光　　　　　　C. 食物　　　　　　D. 色彩

7. 以下属于负强化的是（　　　　）。
　　A. 幼儿吃了青菜后，保教人员奖励其5个游戏印章
　　B. 幼儿遵守游戏规则，保教人员允许其做一天值日生
　　C. 幼儿遵守游戏规则，保教人员允许其从暂停角出来，加入同伴的游戏
　　D. 幼儿说了脏话，保教人员让其到暂停角反思5分钟

8. 以下关于学习的说法，不正确的是（　　　　）。
　　A. 学习需要环境的支持　　　　　　　　　　B. 学习是需要过程的
　　C. 操作是幼儿学习的主要方式　　　　　　　D. 幼儿的学习只包括知识、技能的获得

9. 饿了要吃饭，渴了要喝水，按照马斯洛的需要层次理论，这种需要属于（　　　　）。
　　A. 生理需要　　　　　B. 爱与归属的需要　　　C. 安全需要　　　D. 自我实现需要

10. 根据韦纳的归因理论，属于外部的、不稳定的、不可控的因素是（　　　　）。
　　A. 能力　　　　　　　　B. 努力　　　　　　C. 运气　　　　　　D. 任务难度

二、判断题

1. 幼儿先学习萝卜的概念，然后学习辣椒的概念，这种学习属于上位学习。 （   ）

2. 根据信息加工理论，幼儿对信息加工的水平不同，会影响学习与记忆的效果。 （   ）

3. 根据罗杰斯的观点，保教人员是教育教学活动的中心。 （   ）

4. 班杜拉的社会学习理论指出，学习与学习的外部表现是不同的，有时幼儿学到的内容要经历相当长一段时间才能表现出来。 （   ）

5. 过多的集体学习活动安排不利于幼儿的深度学习。 （   ）

三、简答题

1. 简述幼儿早期学习的主要特点。

2. 简述操作学习对幼儿早期学习的影响。

3. 举例说明皮亚杰理论中三种知识的获得过程。

四、实训题

请在实践过程中收集鹰架教学的案例，并分析教师提供的鹰架的特点是什么。

 岗课赛证

一、单项选择题

1. 萌萌怕猫，当她看到青青和小猫一起玩得很开心时，她对小猫的恐惧也降低了。从班杜拉的社会学习理论的视角看，这主要是哪种形式的学习？（   ）[1]
   A. 替代强化   B. 自我强化
   C. 操作条件反射   D. 经典条件反射

2. 班杜拉的社会认知理论认为（   ）[2]。
   A. 儿童通过观察和模仿身边人的行为学会分享
   B. 操作条件反射是儿童学会分享的重要学习方式
   C. 儿童能够学会分享是因为儿童天性本善
   D. 儿童学会分享是因为成人采取了有效的惩罚措施

3. 教师拟定教育活动目标时，以幼儿现有发展水平与可以达到水平之间的距离为依据，这种做法体现的是（   ）[3]。
   A. 维果茨基的最近发展区理论   B. 班杜拉的观察学习理论
   C. 皮亚杰的认知发展理论   D. 布鲁纳的发现教学论

4. 已有研究指出，口头言语发展的关键期是（   ）[4]。
   A. 2 岁   B. 4 岁   C. 6 岁   D. 8 岁

5. 幼儿的发展是通过（   ）[5]。
   A. 对物体的操作和与人的交往而发展的
   B. 聆听教师讲授知识而发展的
   C. 观察教师的操作过程而发展的
   D. 观看电视卡通节目而发展的

---

① 2020 年下半年幼儿园教师资格考试《保教知识与能力》试题。
② 2015 年下半年幼儿园教师资格考试《保教知识与能力》试题。
③ 2016 年上半年幼儿园教师资格考试《保教知识与能力》试题。
④⑤ 2016 年保育员考试题。

二、判断题

1. 班级保教人员的言语举止对幼儿具有示范性，在潜移默化中感染影响着幼儿。　　（　　）①

2. 幼儿教育的内容是全面的、启蒙的，应从不同角度促进幼儿情感、态度、能力、知识、技能等方面的发展。　　　　　　　　　　　　　　　　　　　　　　　（　　）②

学习反思

---

① 2016 年保育员考试题。
② 2017 年保育员考试题。

教学课件

模块二

幼儿早期学习的个体差异与适宜性教学

模块导读

　　差异现象在幼儿学习中普遍存在。幼儿在已有知识和经验、个性特征、学习风格等方面各不相同，这些差异是保教人员实施教育教学活动时必须考虑的重要方面。了解幼儿早期学习中的差异表现，有助于保教人员针对每一幼儿的学习特点、兴趣与能力等开展适宜性教学。

学习目标

1. 理解个体差异的内涵与表现。
2. 掌握适宜性教学的内涵与主要方式。
3. 能够根据个体差异设计适宜性教学方案。

内容结构

任务一 | 幼儿早期学习中的个体差异

 案例导入

> 贝贝的身高、体重与同龄人基本相仿,但是肢体动作的发展比同龄人慢。4 岁的时候,她还不会左右脚交替一步一步上下楼梯。但贝贝对数字的理解能力很强,教师请她数数,她大声地说:"是要从 1 数起还是从别的数开始数?要怎么数,2 个 2 个数,还是 5 个 5 个数?"
>
> **思考** 作为保教人员,你会如何判断、评估贝贝的学习,又如何有效地对贝贝的学习进行适宜性的支持呢?

为了能够对幼儿提供有针对性的、适宜的、有效的教育支持,保教人员需要了解班级幼儿表现出的个体差异。在上述案例中,贝贝在发展的某些方面与同龄人是有明显差异的,如肢体动作的发展比较慢,这需要保教人员在了解原因的基础上制订有针对性的支持计划,以促进贝贝肢体动作的发展。但同时,保教人员也不能忽视贝贝表现出的优异的数学能力,作为一个 4 岁幼儿,她明显已经掌握了按照数群计数的方法,因此也需要保教人员设计符合其发展水平的数学活动,这样贝贝才无须等待班级里的同伴,而在自己的水平上向前发展。

从上述案例中可以看到,能够对幼儿学习行为中表现出的个体差异进行识别与分析,对于保教人员教育教学质量的提升具有重要的意义。本任务将详细介绍幼儿早期学习中个体差异的内涵及重要价值。

任务要求

1. 了解个体差异的内涵。
2. 理解尊重个体差异的重要价值。

一、幼儿早期学习中个体差异的内涵

微课
个体差异

保教人员经常会为一些问题所困扰:为什么有的幼儿学得又快又好,有的幼儿学得既慢又不能完全理解和掌握?为什么有的幼儿个性活泼开朗、愿意向外界表达自己的想法,有的幼儿则腼腆内向、不善于用语言表达自己的愿望?……这些问题或多或少与教育中的个体差异有关。

幼儿园环境中的个体差异,主要表现为幼儿家庭文化背景的差异、先前知识和经验的差异、学习风格不同等。幼儿的特质、家庭的环境、文化的内涵、先前的群体学习经验等都会影响幼儿的认知能力及品质。因此,承认并重视幼儿学习中的个体差异,保教人员在教育教学过程中就会主动运用各种教学方法。无视幼儿学习中的个体差异,采用统一的教学方法、统一的评估标准要求幼儿,无疑会对幼儿的学习与发展产生负面影响。

对个体差异的界定存在学科之分。在普通心理学中,个体差异指的是个性差异,即个体在稳定的

心理特征上表现出的差异，包括性格、气质、兴趣、能力等方面的差异。教育领域则更着重分析幼儿在幼儿园的学习中所表现出来的个体差异。本教材中所指的个体差异即在教育情境中分析幼儿的个体差异。

具体而言，幼儿学习中的个体差异指的是在幼儿园学习与教学活动中，幼儿在智力、能力、性别、学习风格以及学习志向水平等方面的差异。了解幼儿学习中的个体差异，并据此提供不同的教育支持，是保教人员实施有效教学的重要条件。

二、尊重个体差异的重要价值

在幼儿教育实践中，尊重幼儿学习的个体差异具有非常大的价值与意义。

（一）有助于提升教育教学质量

全美幼教协会（National Association for the Education of Young Children，以下简称 NAEYC）指出，教师在决定什么样的教育对幼儿有益的过程中，必须掌握三类重要的知识①。

第一类知识是有关幼儿发展与学习的知识。这类知识描述的是幼儿在不同的年龄所应该具有的不同的发展及学习特质。这类知识能够帮助教师对各个年龄段的幼儿有一般性的、概括性的了解，知道什么样的活动、教材、互动对幼儿是安全、健康、有趣的，并且是能力所及的，同时还具有挑战性。

第二类知识是有关幼儿个别发展状况的知识。这类知识可以帮助教师了解一个群体中每个幼儿的特质、兴趣及需要，并据此提供有差异性的教育内容、教学方法等。

第三类知识是有关幼儿所处的社会及文化的知识。这类知识可以帮助教师了解幼儿的生活背景，包括幼儿所处的社会及家庭文化，一方面确保教师提供的活动与学习经验对每个幼儿而言是有意义的、与其现实生活是有关联的，另一方面显示幼儿园、教师对幼儿及其家庭的尊重。

NAEYC 还明确指出，对个体差异的忽视或关注不够，是当前幼儿教育存在的最大问题。"幼儿园教育方式仍然无法真正重视个体差异，并配合幼儿的差异调整教育方式，明知每个幼儿都不同，却要求每个幼儿要在同一时空、用同样的方式学习。"可见，承认并尊重幼儿学习中的个体差异，是提高保教人员教育教学质量的前提与保障。

（二）有助于实现幼儿富有个性地学习与发展

尊重幼儿的个体差异已经成为当代幼儿教育的趋势。《3—6 岁儿童学习与发展指南》（以下简称《指南》）、《幼儿园教育指导纲要（试行）》（以下简称《纲要》）等文件明确强调要尊重幼儿发展的个体差异，促进幼儿富有个性地发展。在教育过程中，保教人员只有在关注全体幼儿的同时，重视幼儿的个体差异，因材施教，有针对性地采取最有效、最合理的活动与方式，才能促进每个幼儿在自己的节奏上富有个性地发展。

（三）有助于实现培养创新型人才的伟大目标

创造性是儿童的一种重要能力，也是社会发展对人才素养的要求。对于幼儿而言，创造力主要表现为对认知对象有不同的看法和认识，而这种认识是建立在幼儿已有知识和经验基础上的。从这个意义上讲，尊重幼儿学习中的个体差异，允许幼儿在学习中发表不同的意见、提出不同的见解，可以为幼儿创造力的发展提供自由、宽松的环境。这有利于培养创新型人才伟大目标的实现，对于提高人才素养和国家竞争力具有重要价值。

---

① Bredekamp, S. & Copple, C. 幼教绿皮书：符合孩子身心发展的专业幼教［M］. 洪毓英，译. 新竹：和英出版社，2000.

（四）有助于发挥幼儿教育的社会福利功能

幼儿教育同时具有教育性和福利性双重属性。福利性是指幼儿教育要能够解决家长的后顾之忧，这不仅指幼儿教育的可获得性和费用的可承受性，更指能够保证教育质量，尊重幼儿的个体差异，实现幼儿的幸福成长。下面的案例展示了尊重幼儿个体差异，对于家长和家庭的重要性。

> **案例：一封家长的来信**[①]
>
> 班上有一个幼儿每次吃饭都是最后一名，教师没有认识到这是幼儿的个体差异现象，而是要去"矫正"她的行为。教师在家园联系册中写上要求，请家长予以配合。几天后，家长给教师回了信。
>
> "每次都盼望着阅读家园联系册，但今天看完老师们的来信，心情十分沉重。……从另一个角度来看，吃饭不好似乎也受先天不足的限制，给各位老师确实增添了很多麻烦。除歉意之外，请各位老师能给予更多帮助。同时，诚挚地请求各位老师在吃饭的问题上少给孩子一点批评。或许我的观点并不正确，但我认为：对孩子一生的成长来说，足够的自信、健康的心态才是最为重要的。如果从小因先天的因素，如吃饭慢之类，而习惯于做'最后一名'，习惯于被批评，或许有些不值。是否可以多给孩子一些鼓励，多创造一些机会让她不至于每一次吃饭都是最后一名？"

上述案例一方面表明幼儿之间存在个体差异，且这种差异表现在学习与发展的方方面面。另一方面，这个案例也表明了作为保教人员，尊重个体差异对于家长及其家庭的重要意义。尤其是当今社会，幼儿是家庭中绝对的核心，在幼儿园的表现以及保教人员对幼儿的评价会对家庭产生重要影响。一方面，家长会因此担心幼儿的学习与发展状况，从而影响其工作和生活质量。另一方面，对幼儿个体差异的忽视，会导致家长丧失对保教人员乃至幼儿教育的信心，这对于家园合作质量的提升也是不利的。

任务二 ｜ 幼儿早期学习中个体差异的表现

 **案例导入**

> 一位幼儿教师说："做老师太难了！班级里约三十个孩子，每个孩子都不一样，有的擅长语言表达，有的闷不吭声；有的说一遍就懂了，有的要讲好多遍；有的喜欢看图画书，有的喜欢听你讲故事……要抓住每个孩子的兴趣、需要开展教学，对老师的要求太高了。"
>
> **思考** 看了这个案例，你是如何理解"做幼儿教师太难了"这句话的？

---

① 陈帼梅，姜勇.幼儿教育心理学［M］.北京：北京师范大学出版社，2007.

《指南》明确指出，教师要帮助幼儿在自己的节奏上富有个性地发展。要实现这个教育目标，幼儿教师需要判断班级里幼儿的差异性——不同的兴趣、需要、发展水平和能力强项等，进而制订有针对性的教育教学计划，这样才能支持不同的幼儿实现个性化的发展目标。

然而，正如案例中教师所讲，这确实是一件要求极高的事，根本原因就在于幼儿个体差异的表现是多元的。如果教师无法通过幼儿的学习行为判断其个体差异，就无法理解幼儿千差万别的学习行为的根源所在，因此也就无法灵活调整自己的教育教学，这无疑会影响教育教学的质量以及幼儿学习的质量。

从这个角度讲，能够在教育教学过程中识别幼儿个体差异的具体表现，对提高保教人员教育支持的质量具有重要价值。幼儿学习中的个体差异主要表现在学习能力差异、学习类型差异、认知方式差异和性别差异等。本任务将系统介绍幼儿学习中个体差异的具体表现。

任务要求

1. 理解个体差异的具体表现。
2. 能够识别学习行为中各种差异的实质。

一、幼儿学习能力差异

学习能力是指幼儿在学习过程中表现出的有利于学习的能力，包括智力、先前知识与经验、创造力等。从智力的角度讲，学习能力又可以分为一般能力和特殊能力。

（一）一般能力

人类在从事不同的活动时，都会用到这样一些能力：观察力、记忆力、抽象概括力、想象力和创造力等。这些是人类的一般能力，也就是我们常说的智力。智力的发展具有以下三个特征。

1. 智力发展的速度有快慢之分

心理学研究表明，从出生到5、6岁是智力发展最为迅速的时期，一般在25岁左右达到顶峰状态，此后会随着年龄的增长出现下降的趋势。智力发展的规律性提示我们，幼儿早期是智力发展的关键期，这一阶段幼儿教育的质量对智力发展的影响是巨大的，因此需要引起保教人员的关注。

2. 智力商数有高低之分

通常我们可以通过智力测验来获得自己的智力商数（即智商），以此判断自己智力水平的高低。有的幼儿智商非常高，也有的幼儿智商偏低。但总体来说，智商的分布在人群中是呈正态分布的，智力超常和智力低下的人都只是少数，大部分幼儿的智商都处于中等水平。

虽然大部分幼儿的智力发展处于中等水平，但也有少数幼儿处于智力曲线的两端。而集体教学只能满足中间部分幼儿的发展需求，对于两端的幼儿，提供有针对性的补偿教育是必要的，这是所有幼儿在班级中都有适合自己水平的学习机会的重要保证。

3. 智力的发展有早晚之分

李白五岁颂六甲、十岁观百家，莫扎特五岁能作曲，而达尔文在年幼时期被认为是智力低下的，后来却成为了"进化论"的创始人……这些现象说明智力发展的时间有早有晚，这也提示我们，不少幼儿的智力发展是在较晚的年龄才表现出来的，任何对幼儿学习中的不良学业表现草率地下定论、贴标签的行为都是不恰当的。

（二）特殊能力

除了智力，人还有一些其他方面的能力，如跳高运动员的爆发力、弹跳力、身体协调能力，画家的色彩鉴别力、形象记忆力和想象力，音乐家的节奏感、乐谱的记忆力等，这些就是特殊能力，它是在某种专业活动中表现出来的能力。更多时候，幼儿之间的能力差异主要表现在特殊能力方面。

美国哈佛大学著名教育家和心理学家霍华德·加德纳提出的多元智能理论就反映了幼儿在特殊能力方面的差异。加德纳研究指出，每个人至少存在八种智能，分别是语言智能、逻辑－数学智能、空间智能、身体－运动智能、音乐智能、人际智能、内省智能和自然观察智能（见表2-2-1）。

表 2-2-1　加德纳的多元智能理论 [1]

智力维度	界　　定	典型人群
语言智能	对声音、节奏、单词的意思和语言的不同功能的敏感性	诗人、剧作家、新闻播报员、记者及演说家
逻辑－数学智能	能有效地运用数学、推理和假设的能力	科学家、会计师、工程师及电脑程序员
空间智能	能以三维空间的方式思考，准确地感觉视觉空间，并把所知觉到的表现出来。对色彩、线条、形状及空间关系敏锐	室内装潢师、建筑师、航海家、侦察员、向导、艺术家及飞行员
身体－运动智能	能巧妙地运用身体来表达想法和感觉，能灵活地运用双手生产或改造食物的能力	演员、运动员、舞蹈家、外科医生及手艺人
音乐智能	能觉察、辨别、改变、欣赏、表达或创作音乐的能力	作曲家、乐师、乐评人、歌手及善于感知的观众
人际智能	善于觉察并区分他人的情绪、动机、意向及感觉，具有有效与人交往的能力	政治家、社会工作者及成功的教师
内省智能	能正确建构自我的能力，知道如何利用这些意识察觉、做出适当的行为，并规划、引导自己的人生	神学家、哲学家及心理学家
自然观察智能	对生物的分辨观察力，即对自然景物敏锐的注意力	考古学家、收藏家、农夫及宝石鉴赏家

这八种智能在不同的幼儿身上，发展优势不同。3岁幼儿的智能优势已有明显差异，有的幼儿擅长语言，有的擅长数学，有的擅长空间或视觉等。保教人员应发现并尊重这种差异，从而确保教育支持的高效率和高质量。

二、幼儿学习类型差异

（一）学习类型的内涵及特点

学习类型又叫学习风格或学习方式，主要包括认知风格、学习策略、内外控制点、焦虑水平、兴趣和态度等。在日常生活中，有的幼儿对问题总有自己独特的想法，会自己做出决定，有的则需要在教师或同伴的帮助下形成对问题的看法；有的幼儿喜欢看书，有的喜欢听故事，有的喜欢摆弄材料等，这都是学习类型上的差异。

关于学习类型的概念，学界并没有统一的界定。不同的研究者站在不同的理论视角，做出了不同的界定。有的学者认为学习类型是一种学习方式或学习倾向，有的则认为是一种学习方法或策略，也

---

[1] 陈琦，刘儒德.当代教育心理学［M］.北京：北京师范大学出版社，2007.

有的认为学习类型是一种学习的行为表现。

有学者对学习类型进行了综合分析，指出学习类型具有以下四个特点：

① 学习类型直接参与学习活动，并影响学习效果。

② 学习类型是认知主体对学习情境的一种特殊反应倾向或习惯方式。

③ 学习类型的差异通过个体的认知、情意、行为习惯等方面表现出来。

④ 学习风格一旦形成，具有相对的独特性和稳定性。

（二）学习风格的不同类型

在学习过程中，幼儿会通过不同的感觉通道来获得信息。有的幼儿通过读（看）来学习，有的幼儿通过听来学习，还有的幼儿通过身体动作来学习。一般来说，感觉通道的差异指的就是幼儿对学习过程中的视觉信息、听觉信息、动觉信息等的偏好程度。根据感觉通道的差异，幼儿的学习风格可以分为三种类型。

1. 视觉型

这种类型的幼儿对视觉信息的刺激最为敏感，当学习内容以图像的形式出现时，学习的效果最好。例如，当幼儿学习词汇时，看着图画书中圆圆的灯笼、圆圆的苹果等具体形象，更容易理解"圆圆的"这一词汇的意思。又如，当幼儿学习、理解数字 5 的含义时，面前同时呈现 5 个苹果、5 个香蕉的实物或图片，此时幼儿可以更好地理解数字的含义。

2. 听觉型

这种类型的幼儿对听觉信息的刺激最为敏感，他们对语言、声响和音乐的接受力和理解力较强。所以当学习内容以音乐、语言的方式出现时，学习的效果最好。我们经常看到有的学生一边学习，一边戴着耳机听音乐，有的学生学外语时，喜欢多听多说，这种学生就是听觉型的学习者。很多幼儿也善于通过听觉通道进行有效的学习。例如，幼儿在理解沉浮概念的时候，往往不是通过看视频或书籍中的实验信息，而是更喜欢通过教师的语言讲解，理解为什么有的物体会沉下去，有的物体会浮起来。

3. 动觉型

这种类型的幼儿对动觉信息的刺激最为敏感，他们喜欢通过操作材料进行学习，对于能够亲身参与、动手操作的学习活动更感兴趣。所以，当允许他们全身运动、体验和实验时，学习的效果最好。例如，在理解沉浮概念的时候，幼儿动手操作不同的物体，如用手掂一掂相同大小的两个物体的重量，进而发现重量是影响沉浮的重要因素。

这三种学习风格并非独立存在，事实上每个幼儿都可能使用多种不同的学习方式，但使用的程度与效率是不同的。保教人员要细心观察幼儿学习过程中表现出的学习风格差异，鼓励、支持幼儿以自己擅长的方式展开学习，以保证学习的最佳效果。

拓展阅读

了解自己的学习风格，对于提高学习效率具有重要作用。目前，国际上有多种用于判断学习风格的工具，可以登录相关网站，了解自己的学习风格。

1. 认知风格测试。请按照以下网址尝试登录网站（http://www.engr.ncsu.edu/learning-styles/ilsweb.html），完成"所罗门学习风格自测问卷"，判断自己的学习风格。

2. 控制点测试。请按照以下网址尝试登录网站（https://www.jinchutou.com/p-4217334.html），完成相关内容，判断自己是内部控制者还是外部控制者。

3. 左右脑偏好测试。关于左右脑偏好的测试量表有很多，请按照以下网址尝试登录网站（http://www.web-us.com/brain/braindominance.html），完成相关任务，判断自己的左右脑偏好类型。

三、幼儿学习中的性别差异

（一）性别差异

微课

性别差异

性别一词在英文中有"sex"和"gender"两种表达方式，分别代表不同的含义。前者是生物学概念，指的是由染色体和激素所决定的人的性征。后者则是心理文化上的概念，指的是特定文化所认定的适用于男性和女性的心理特征和行为方式。这两种表达方式说明性别差异的形成需要一定的生物学基础，但是也会受到社会文化的影响。

比如，男孩的攻击性和侵犯性较强，这可能是符合社会期望的，父母在教养男孩的过程中会要求他"打回去"，对其攻击性行为等"不听话"的表现容忍度更高。社会对男性和女性的期望也会反映在父母与幼儿的互动过程中，如我们期望男孩要独立、有主见、有进取心、坚强等，女孩则要温柔、文静、有耐心等，所以我们要求"男儿有泪不轻弹"，女孩则"要有女孩的样子"。家长在服饰、玩具材料，甚至是学习内容选择上，也会表现出较强的性别差异，如会为男生买小汽车、奥特曼玩偶、刀枪棍棒等玩具，而给女生的玩具则多为娃娃、毛绒玩具、烹饪工具等。男女幼儿在性别方面的差异，就这样在日积月累的生活事件中逐渐养成。

（二）幼儿学习中性别差异的具体表现

1. 性别差异影响幼儿认知学习

性别差异会影响幼儿某些知识与技能的学习速度。例如，在身体发育方面，女孩的发育比男孩更快、成熟更早，学龄前的女孩更善于跳跃，做节律运动以及保持身体平衡。在语言方面，女孩开口说话更早，更擅长用语言表达自己的想法。另外，女孩的阅读和写作发展得比男孩早，在数学运算方面也比男孩好。然而，男孩在数学推理、心理旋转、空间想象等任务中的表现好于女孩。

2. 性别差异影响幼儿社会性发展

在社会性学习领域，幼儿也存在显著的性别差异。一般认为，男孩的独立性表现没有女孩好。女孩在轮流意识、合作性及自我控制等方面的表现显著优于男孩，在社会技能、自我概念、意志品质、道德品质和社会认知方面的表现优于男孩，但是在社会适应和社会情绪两个方面则与男孩没有显著差异。从总体上看，幼儿早期男孩和女孩在社会性发展方面还是有显著差异的，女孩在社会性发展的大多数方面略优于男的。

📋 **拓展阅读**

两性之间的很多差异与男女两性的不同生活经历相关，其中社会对个体的期望和要求所造成的性别差异更为重要。社会期望和要求会影响个体的学习态度、学习期望，从而进一步影响到学业表现。例如，人们通常认为物理、化学、数学等学科是男性主宰的领域，女生学不好。大量研究表明，教师在对待男性和女性学生时存在差异，一般来说，男生受教师的关注比女生多，从学前到大学，女生受到注意的时间比男生要少 1 800 小时，这种现象在数学、化学等学科中更为突出[①]。而且，男生也有更多的机会与教师互动，诸如得到教师的反馈、表扬、指导以及倾听等。例如，当女生回答问题错了时，教师说："很好，至少你努力了。"但是当男生回答错了时，教师会说："仔细想想，你一定能做出来。"

教育中广泛存在着性别偏向问题。即使按照性别公平化准则编写的教材，也存在微妙的

---

① Sadker, M., & Sadker, D., & Klein, S. The issue of gender in elementary and secondary education［J］. Review of Research in Education, 1991,（17）: 269-334.

语言偏向。有研究者对各个国家教学材料进行了调查研究，指出无论是发达国家，还是发展中国家，不仅故事中的男性人物居于多数，而写这些人物所承担的角色也较多是政治家、军人、科学家和作家等，且比例远远高于女性。女性从事的职业则主要是教师、护士等。女性也更多从事诸如打扫房间、做饭等传统家务，男性则很少从事家务劳动。

社会对个体的期望以及教育中的性别偏向可能是造成男女两性差异的重要原因。作为保教人员，要克服自身的性别刻板印象，对男生和女生拥有相同的教育期望，这是实现教育公平的重要保障。

任务三 适宜性教学与幼儿早期学习

案例导入

在投放区域材料时，某保教人员提供了低、中、高三种难度的材料并设计了不同的操作规则。这样，班级里的幼儿就可以根据自己的实际情况，选择适合的材料进行操作。

思考 看了这个案例，你是如何理解该保教人员的做法的？

由于个体差异的存在，即使是相同年龄段的幼儿对相同内容的理解和掌握也是不同的。为了保证不同发展水平的幼儿都能够在自己的节奏上向前发展，保教人员需要在了解幼儿个体差异的基础上，为幼儿提供不同难度的学习内容，允许幼儿用自己喜欢的方式进行学习。在上述案例中，该保教人员在设计区域活动时，提供了三种不同难度的材料并设计了不同的操作规则，这种做法就可以支持不同发展水平的幼儿根据自己的实际情况，选择适合自己的材料，进而在自己的节奏上向前发展。这个案例也向我们表明，为幼儿提供发展适宜性的教学，在提高保教人员教育教学质量，进而促进幼儿高质量地学习与发展方面具有重要价值。本任务将主要介绍如何根据幼儿的个体差异，提供适宜的教育支持。

任务要求

1. 理解适宜性教学的内涵。
2. 能够根据幼儿的个体差异，提供适宜的教育支持。

一、适宜性教学的内涵

适宜性教学来源于 NAEYC 于 20 世纪 80 年代提出的发展适宜性教学的理念（Developmental Appropriate Practice, 以下简称 DAP）。1987 年，NAEYC 发表了《符合孩子身心发展的专业幼教》声明，明确提出发展适宜性教学的两个含义：适应儿童发展的幼儿教育应该具有年龄适宜性和个别差异性。随着研究的逐渐深入，人们对幼儿学习中表现出的差异的认识不断加深，NAEYC 发展适宜性教学的内涵中补充了文化适宜性的概念，指出符合幼儿身心发展的专业幼儿教育必须符合幼儿及其家庭所处的文化及特殊的需要。

（一）年龄适宜性

年龄适宜性，即教育要与教育对象的年龄特点相适应。有关幼儿学习与发展的理论和研究表明，幼儿在身体、认知、情感、社会性等方面的学习与发展是存在规律性的，也即存在一个普遍的可以预测的生长和变化的规律。高质量的幼儿教育应该尊重幼儿学习与发展的年龄特点，做到教育内容、教育方式等与年龄特点相适宜，既不保守落后，也不肆意拔高。比如，在早期数学教育领域，保教人员要通过适宜的数学教育帮助幼儿获得幼小衔接所需的数学知识与技能，但是在内容和方法上必须符合幼儿的年龄特点。机械地要求幼儿数数、做加减运算并不能帮助幼儿更好地理解数学知识，反而会造成幼儿对数学学习丧失兴趣与自信心。

（二）个体适宜性

个体适宜性，即教育要与每个幼儿的发展特点相适应。每个幼儿在学习与发展的速度与节奏、兴趣与需要、能力与效果等方面均具有与他人不同的特点。高质量的幼儿教育应该根据这种个体差异灵活调整教育环境、教育内容、教学方式等，以满足个体幼儿的兴趣、需求和能力。

关注个体差异的适宜性教学，是 NAEYC 关于幼儿学习与发展的最为重要的内容。其提出的幼儿学习的十二条原则中，有三条是与关注个体差异的适宜性教学相关的[1]。

"幼儿间的个别差异至少有两种：个别发展状况的差异与个体独特性的差异。每一个幼儿都是一个独特的个体，每个人的发展模式、开窍的时间点、人格、脾气、学习类型、成长经验及家庭背景都不同。所有幼儿都有其长处、需求及兴趣。有些幼儿则在学习与发展方面有特别的需求或能力。即使同龄的幼儿之间也有极大的差异。因此，幼儿的年龄只能作为发展成熟度的粗略指标。"从这段有关发展适宜性教学的论述中可以看到，NAEYC 提出的发展适宜性教学强调尊重幼儿学习中的个体独特的差异，而这种差异并非年龄的差异性，更多强调的是个体差异性。

（三）文化适宜性

文化适宜性，即教育要与每个幼儿及其家庭所处的文化背景相适应。随着我国国际竞争力的不断提升，越来越多的保教人员会接触到来自多元文化环境的幼儿。加之我国本身就是一个多民族的国家，各地区、各民族也有不同的文化。这意味着保教人员需要重视、尊重文化背景的差异对幼儿学习与发展产生的重要影响。一个高质量的幼儿教育环境，除了要满足不同文化的不同需求外（如为有不同饮食需求的幼儿提供代餐），还要鼓励幼儿对性别、种族、文化、能力发展以及残疾等问题进行探索。

二、对适宜性教学的思考

（一）适宜性教学是一种有关教学的理论框架

适宜性教学并非一种课程，也不是一套僵化的期望标准。适宜性教学是一种理论框架，一种教育哲学。它要求保教人员在开展教育教学活动的过程中必须关注以下两个问题：一是幼儿是如何学习与发展的，二是每个幼儿独特的兴趣、需求等。好的教育一定是既面向全体幼儿，又能满足每个幼儿差异化的需求的。适宜性教学为保教人员提供了一个设计教育教学的理论框架，符合适宜性教学的做法一定是有助于幼儿的学习与发展的。

---

① Bredekamp, S. & Copple, C. 幼教绿皮书：符合孩子身心发展的专业幼教［M］. 洪毓英，译. 新竹：和英出版社，2000.

（二）适宜性教学界定了幼儿园课程的目标

课程不等于幼儿的学习与发展，课程也不能仅仅来自幼儿。判断一个幼儿园教育质量好坏的标准不能仅仅考虑幼儿自身的学习与发展，还需要综合考虑保教人员在帮助幼儿成为未来社会合格的公民方面所作出的努力。在这一点上，适宜性教学主张通过教育过程培养符合社会发展要求的公民。因此，发展适宜性教学强调高质量的幼儿园教育必须有陈述清楚的教育目的或目标。这个目标是保教人员和幼儿共同努力的方向，但是目标的设计应该是与幼儿发展的年龄特点、个体差异以及文化相适应的。

（三）适宜性教学明确了保教人员和幼儿之间的关系

发展适宜性教学并不是反对保教人员的教学，一味地以幼儿为中心。高质量的幼儿教育一定是一个由保教人员仔细思考和设计的"有准备的环境"。适宜性教学强调幼儿在这个环境中，积极主动地参与学习活动，在保教人员的支持下承担起学习的责任。保教人员在幼儿主动学习的过程中，则应该发挥支持者、引导者等角色。

（四）适宜性教学面向的是全体幼儿

适宜性教学强调教育要面向全体幼儿，反对任何形式的文化偏见。每个社会都有备受推崇的主流文化，但是不能将其作为否定、忽视文化差异的理由。适宜性教学应该是符合幼儿及其家庭文化背景和需求的。

三、适宜性教学的主要方式

目前，适宜性教学的主要方式有以下两种。

（一）补偿教育模式

我们可以从三个层面理解补偿教育模式的含义：一是从文化的角度来讲，适宜性教学强调为处境不利的幼儿提供补偿教育；二是从班级整体层面来讲，适宜性教学要为不同发展水平的幼儿提供适应其发展水平的教育；三是从幼儿个体层面来讲，适宜性教学要为有特殊发展需求的幼儿提供差异性的教育。

1. 文化层面的补偿教育模式

在任何社会中，都有在经济上和社会地位上处于不利地位、无法享有受教育权利或无法接受高质量教育的幼儿，文化层面的补偿教育指的就是为这部分处境不利的幼儿提供的确保其受教育权利的教育模式。

该教育模式以"文化剥夺理论"为基础，认为经济上处于贫困状态的幼儿，之所以在学校难以获得学业上的成功，是由于其在语言、阅读、认知、社会性、情感等方面的能力不足所导致的。而这种能力不足的根本原因是他们的社会和文化背景的限制。要从根本上改变这种"经济和文化上的贫困—发展迟缓—学业表现不佳—就业失利—贫困"的恶性循环，有必要为其提供补偿教育，以弥补处境不利幼儿在语言、认知等方面的发展不足。

2. 整体层面的补偿教育模式

一般情况下，教师设计的教学活动能够符合大部分幼儿的发展水平。但从智力的发展特点可知，班级里还存在"两端"的幼儿，一端的幼儿发展水平较高、速度较快，另一端的幼儿发展水平较低、速度较慢。从这个角度讲，补偿教育模式指的是教师需要为发展水平较强和较弱的幼儿提供符合其发展水平的学习内容和活动。例如，在本任务的案例中，保教人员投放了三种不同难度的材料，处于两端的幼儿就可以根据自己的情况选择适合自己的材料。

3. 个体层面的补偿教育模式

通常情况下，每个幼儿在某一方面具有发展的优势，而在另一方面则会有所不足。个体层面的补

偿教育模式指的是从幼儿的发展优势出发，为其提供补偿教育，以提高幼儿在弱项上的表现。比如，某幼儿阅读能力较弱，教师可以舍弃以文字为媒介，转而以视频、录像等方式辅助幼儿的学习。一旦通过这种方式获得成功后，会唤起幼儿作为一个有能力的学习者的信心，同时又会帮助幼儿产生学习兴趣的迁移。

（二）个别化教育方案

个别化教育方案最初用于特殊儿童的干预与矫正，通过为其提供个别化的、有针对性的教育方案，实现特殊儿童在某一方面发展缺陷上的改进与提升。随着教育领域对幼儿学习与发展的个体差异的关注，该方案逐渐在教育领域中应用，其关注点就在于为每个幼儿的发展提供个别化的、适宜的教育活动与教学方案。

精熟学习（也称"掌握学习"或"完全学习"）是个别化教育方案的典型代表。这种学习方案由美国心理学家布鲁姆提出，指的是幼儿必须掌握本阶段的学习内容，才能进入下一阶段继续学习。没有达到发展要求的幼儿要接受额外时间的教学指导，直至达到标准为止。

在那些发展水平较弱的幼儿接受额外的教学帮助的同时，那些发展水平较强的幼儿可以充实相同或相似的学习内容。这种学习的优点是可以帮助较弱的幼儿达到一般的发展标准，缺点是要花费大量时间，而额外的时间则要从其他地方挤出来。但是，如果学习内容是该阶段幼儿必须掌握的基础性的内容时，采用精熟学习的方式是非常必要的。

在个别化教育中，保教人员的策略包括以下三种。

1. 调整幼儿的学习步调

在传统教育中，课程与教学设计是面向全体幼儿的，幼儿的学习内容与学习速度是一致的。因此，传统的教育是难以满足学习速度较快或较慢的幼儿的需求的。个别化教育方案要求教师根据幼儿的学习状况灵活调整教学设计，允许幼儿根据自己的节奏，自定步调去学习。同时，对于那些有特殊需求的幼儿，教师可以为其提供练习或补习的机会。

2. 提供多样化的教材

教材是教师开展教育教学活动的脚本。个别化教育模式强调将教材中的内容根据幼儿的特点设计成不同程度的版本，以满足不同水平幼儿的实际需求。另外，教材也可以分为多种，如练习册、补充教材等。

3. 调整保教人员的角色

传统的教育中，保教人员是绝对的权威，是知识的传递者，幼儿则是知识的接受者，这导致幼儿对保教人员过分依赖。个别化教育方案则强调保教人员以包容、尊重的态度对待幼儿，通过支持性的环境创设引导幼儿主动学习，做幼儿主动学习的支持者、协助者、引导者。

保教人员要提供个别化的教育支持，对幼儿已有发展水平的判断是至关重要的。在个别化教育方案中，对幼儿评价最为常用的方法是档案袋评价。保教人员可以为班级里的每个幼儿设立档案袋，在判断幼儿现有学习与发展水平的基础上，为其提供个性化的、有针对性的教育支持。

 拓展阅读

　　档案袋评价法（Portfolio Evaluation）是真实性评价的一种重要方法，它通过收集并分析幼儿的作品，对幼儿的学习与发展做出评定，是一种在幼儿的学习和发展过程中给幼儿提供帮助的教学方法。档案袋用于收藏幼儿的学习作品，这些作品显示幼儿在某一领域或某些领域的能力、努力程度、成就和成长。档案袋是幼儿自选（包括保教人员建议的作品）、保教人员挑选或师幼共同选择的材料，它应该包括有关幼儿设定的学习目标和为达到这个目标所取得的进步的描述。

模块小结

　　幼儿学习的个体差异是幼儿在学习中表现出的学习能力、学习风格和性别等方面的不同。第一，幼儿在智力水平和发展速度上存在差异，其能力强项也是不同的；第二，幼儿的学习风格不同，其擅长的获取学习内容的通道也是不同的；第三，男女幼儿在性别上存在发展速度和发展优势的差异。个体差异是影响幼儿学习速度和学习效果的重要因素。为了提高保教人员教育支持的质量，识别、理解和尊重幼儿学习中的个体差异并据此提供适宜性的教学是非常重要的。这既是提高幼儿学习效率的有力保障，也是保教人员获得专业发展的有效途径。

思考与实训

一、单项选择题

1. 人的学习能力分为一般能力和（　　　　）。
   　A. 特殊能力　　　　　　B. 观察力　　　　　　C. 表达能力　　　　　　D. 记忆力

2. 多元智能理论强调了幼儿能力强项的差异，其提出者是（　　　　）。
   　A. 韦纳　　　　　　　　B. 加德纳　　　　　　C. 布鲁纳　　　　　　　D. 皮亚杰

3. 某幼儿特别喜欢一个人安静地看图画书，对图画书中内容的理解力明显高于其他幼儿，该幼儿的学习风格是（　　　　）。
   　A. 视觉型　　　　　　　B. 听觉型　　　　　　C. 书面型　　　　　　　D. 动觉型

4. 适宜性教学的内涵包括（　　　　）。
   　A. 年龄差异性　　　　　B. 文化差异性　　　　C. 个体差异性　　　　　D. 以上都是

5. 教育应该考虑到不同家庭的教育需求，这种理念符合（　　　　）的要求。
   　A. 年龄差异性　　　　　B. 文化差异性　　　　C. 个体差异性　　　　　D. 以上都是

6. 以下不属于智力发展特点的是（　　　　）。
   　A. 智力发展有高低之分　　　　　　　　　　B. 智力发展有快慢之分
   　C. 智力发展有早晚之分　　　　　　　　　　D. 相同年龄段的幼儿智商高低是一致的

7. 某幼儿能够根据音乐节奏进行身体律动，对音乐的理解和表达能力与其他幼儿相比，表现出较高的水平，该幼儿的智能强项是（　　　　）。
   　A. 音乐智能　　　　　　B. 语言智能　　　　　C. 空间智能　　　　　　D. 内省智能

8. 精熟学习的概念由美国的心理学家（　　　　）提出。
   　A. 布鲁纳　　　　　　　B. 杜威　　　　　　　C. 布鲁姆　　　　　　　D. 格塞尔

9. 研究表明，在社会学习领域，女童整体发展水平要高于男童，这表明幼儿的学习与发展存在（　　　　）。
   　A. 文化差异　　　　　　B. 性别差异　　　　　C. 个体差异　　　　　　D. 年龄差异

10. 某幼儿教师为每个幼儿提供了一个档案袋，用于收集幼儿的个性化学习与发展的信息，并根据不同的学习特点进行个别化指导，这种模式属于（　　　　）。
   　A. 资源利用模式　　　　　　　　　　　　　B. 补偿教育模式
   　C. 治疗模式　　　　　　　　　　　　　　　D. 个别化教育方案

二、判断题

1. 男女幼儿的性别差异是由生理基础造成的。　　　　　　　　　　　　　　　　　（　　　　）

2. 尊重个体差异是提高教育支持质量的前提。 （　　　）

3. 幼儿在学习过程中仅会使用单一感觉通道。 （　　　）

4. 为幼儿提供代餐是符合适宜性教学理念的。 （　　　）

5. 某教师在益智区设置了难度不同的游戏，这是符合适宜性教学理念的。 （　　　）

三、简答题

1. 简述性别差异的形成原因。

2. 简述个体差异对教师教育教学产生的影响。

3. 简述适宜性教学的主要方式。

四、实训题

请观察幼儿教师的某次教学活动，分析其是否考虑到了幼儿学习的差异。

岗课赛证

一、单项选择题

1. 教师要根据幼儿的个体差异进行教育，下列现象不属于幼儿个体差异的是（　　　）[①]。

A. 某幼儿往常吃饭很慢，今天为了得到老师的表扬，吃得很快

B. 有的幼儿吃饭快，有的幼儿吃饭慢

C. 某幼儿动手能力很强，但语言能力弱于同龄儿童

D. 男孩通常比女孩表现出更多的身体攻击性行为

2. 下列针对幼儿个体差异的教育观点，哪种不妥？（　　　）[②]

A. 应关注和尊重幼儿不同的学习方式和认知风格

B. 应支持幼儿富有个性和创造性地学习与探索

C. 应确保同校幼儿在同一时刻达成同样的目标

D. 应对有特殊需要的幼儿给予特别关注

二、论述题

论述教师尊重幼儿个体差异的意义与举措[③]。

学习反思

_____

_____

_____

_____

---

① 2016年下半年幼儿园教师资格考试《保教知识与能力》试题。

② 2018年下半年幼儿园教师资格考试《保教知识与能力》试题。

③ 2016年上半年幼儿园教师资格考试《保教知识与能力》试题。

模块三

幼儿早期动作学习与支持

模块导读

　　早期动作学习是影响幼儿身体和心理健康成长的重要因素。一方面，幼儿基本动作及运动技能的学习与发展有助于其神经系统的健康发育；另一方面，幼儿学习各种动作技能的过程，不仅是身体协调性、灵活性、平衡性及身体素质提高的过程，也是生活自理能力和良好意志品质发展的过程。了解幼儿早期动作学习的内容与特点，分析影响动作学习的因素，提供个性化的支持，是幼儿园日常保教工作的重要内容。

学习目标

1. 了解幼儿早期动作学习的概念、类别、发展规律、途径和指导原则。
2. 掌握幼儿早期动作学习的影响因素、发展进程与指导要点。
3. 能够分析和判断幼儿早期动作的发展状况，并提供有针对性的支持。
4. 养成基于幼儿动作发展规律设计教育活动的科学育儿理念。

内容结构

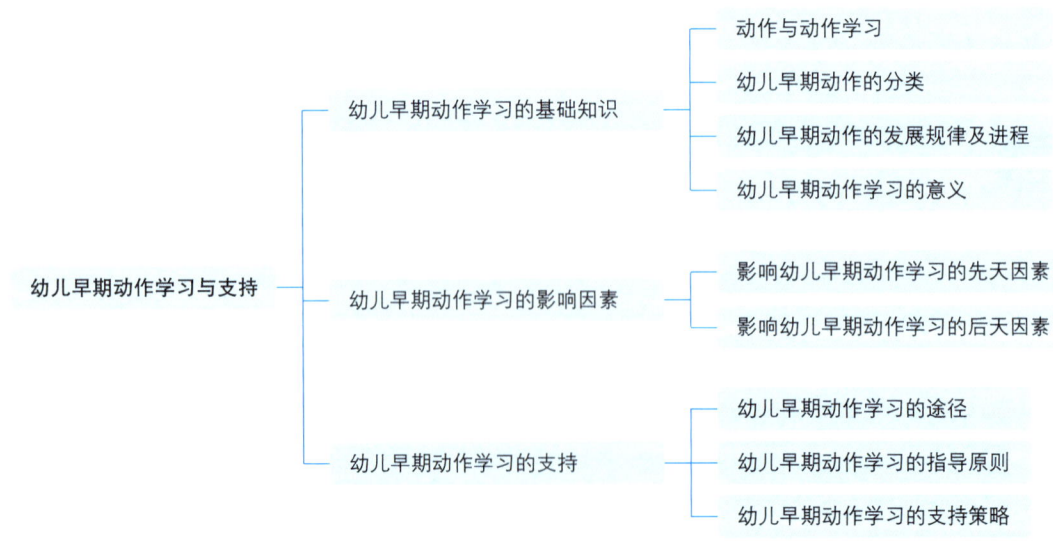

任务一 幼儿早期动作学习的基础知识

 **案例导入**

> 2岁8个月的小凯九月份刚入托。月底的家长会后，主班教师就小凯在园期间的整体表现同家长进行了详细沟通。其中关于动作的记录如下：精细动作的发展表现为能独立使用勺子进餐，且很少掉食物残渣；能自主穿脱短裤和袜子；能正确使用剪刀，且相对流畅地剪出粗直线条；会撕纸；能在教师引导下完成对边折纸和对角折纸。粗大动作的发展表现为两脚交替上下楼梯且需教师搀扶；骑自行车时蹬半圈而非满圈；玩滑板车时右脚踩在踏板上依靠左脚连续点地获得动力，而非单脚点地后双脚踏在板上滑行；走平衡木时怕摔倒不敢走，需要教师牵着手才敢向前走几步。
>
> **思考** 作为保教人员，你能否判断出案例中的教师是从哪些方面对幼儿的动作发展进行评价的？小凯的动作发展在同龄人中处于怎样的水平？

幼儿早期动作的发展水平直接反映出身心发育水平，并影响其个性的形成。案例中的保教人员从精细动作和粗大动作两方面对幼儿的动作发展进行了观察和记录。通过手的抓握、手眼协调以及手指、手指与手掌、手掌与手腕动作的整体表现，判断小凯的精细动作发展较好；而其脚部动作的协调性、连贯性，下肢的力量性以及运动自信等方面有很大的进步空间。

作为保教人员，能够识别、判断幼儿早期动作的发展水平，进而提供有针对性的支持，有助于促进幼儿的动作学习，提升幼儿的身体素质，进而使其实现全面和谐的发展。

 **任务要求**

1. 了解幼儿早期动作的分类与发展规律。
2. 掌握幼儿早期动作的发展进程。
3. 理解幼儿早期动作学习的重要意义。

一、动作与动作学习

关于动作的解释有多种说法。动作可以是全身或者身体某一部分的活动，也可以是由单个动作引起的一系列运动反应的统称，还可以是具有一定动机和目的并指向一定客体的运动系统。

同样，动作发展可以是由神经系统、肌肉协调控制的身体动作的发展，主要指行走的动作、手的抓握能力和动作技能的提高与改善[1]；也可以是运动器官、神经系统和心理系统在一定环境要求和条件作用下的协同活动过程与结果[2]；还可以是婴幼儿从抬头、抓握、翻身到走路、跑跳等，一切需要身体

---

[1] 唐敏，李国祥.0～3岁婴幼儿动作发展与教育［M］.上海：复旦大学出版社，2011.
[2] 代娅丽，胡红梅.婴幼儿动作发展与训练［M］.重庆：西南师范大学出版社，2021.

微课

幼儿早期动作的分类

肌肉活动的运动发展过程[①]。无论是哪种观点，都可以归纳出：动作的发展必然包括个体感觉运动器官的参与、神经系统的调控和心理活动的影响。

幼儿动作的获得过程即动作的学习过程。参照格赛尔"成熟势力说"理论，幼儿早期动作的学习应当建立在生理成熟的基础上，通过适宜的环境和教育刺激，不断丰富幼儿的经验储备。同时，保教人员应当基于幼儿的身心发展现状，按照从易到难的顺序，从单一的动作开始，逐渐提升幼儿动作学习的难度和复杂程度，以便激发幼儿动作学习的自信心和成就感[②]。

二、幼儿早期动作的分类

按照参与动作的肌肉群的大小，可以将幼儿早期动作分为精细动作和粗大动作两类。

精细动作又称小肌肉群动作，指由手部、眼部、嘴部和脸部的小肌肉群控制而产生的动作。幼儿早期的精细动作特指由手指、手指和手掌、手掌和手腕组成的系列动作以及手眼协调动作，包括按、压、捏、抠、撕、扯、穿珠、抓握、拼搭、嵌套、写和画等。

粗大动作又称大肌肉群动作，指由头颈部肌肉群、腰部肌肉群以及四肢肌肉群参与控制的动作，包含基本姿势（坐、跪、站立、蹲等）、移动技能（爬行、行走、跑步、跳跃和滑行等）和技巧动作（投掷、抛接、推拉、跳跃、翻滚、旋转、弯曲、扭转等）。

三、幼儿早期动作的发展规律及进程

尽管幼儿个体的动作发展表现出个体差异性，但就整体而言，幼儿早期动作的发展具有一定的规律性和相对固定的发展进程。

（一）幼儿早期动作的发展规律

幼儿早期动作的发展一般遵循以下六条规律。

1. 整体分化规律

整体分化规律指幼儿的动作从整体动作向分化动作发展。婴幼儿最初的动作是全身性的泛化动作，表现出笼统性、弥漫性和无规律的特点。随着神经系统、肌肉系统、骨骼系统的发育成熟，以及幼儿对动作的反复练习，动作逐渐分化并呈现出局部化、准确化和专门化的特点。动作分化后的幼儿在受到外界的刺激时，可以做到仅调动身体的相关部位做出反应，而抑制无关部位的动作。如托班幼儿在画直线的时候会全身紧绷、手腕僵硬、不由自主地张嘴，身子和头也沿着所画直线的方向同步位移，而中班幼儿则能在轻松画出直线的同时，不伴有其他身体部分的动作。

2. 首尾规律

首尾规律指动作的发展从身体的上部开始，逐渐发展到身体的下部。幼儿的头部动作发展较早，如竖头、抬头。随后躯干部位的动作开始发展，如俯撑、翻滚、坐和爬。接下来，幼儿下肢的动作开始发展，如站立和行走。这也是为什么一般情况下，幼儿先学会借助手臂力量匍匐爬行，之后逐渐用大腿、膝盖和手进行手膝爬行，最后学会手足爬行[③]。

3. 近远规律

近远规律指动作的发展从靠近身体中线的部分开始，越接近躯干的部位动作发展越早，如头、颈、躯干的动作先发展，接着发展远离身体中线的肢端动作，如胳膊、腿的动作，最后发展躯体边缘部分的动作，如手的精细动作和脚部的动作。

①③ 戴耀华、王书荃、王小萍、陈宝英.玩出大能力：0～3岁婴幼儿早期运动发展指南［M］.北京：中国妇女出版社，2019.
② 王登峰.浅析如何促进婴幼儿动作的学习与发展［J］.河南教育（幼教），2020，51（03）：32-35.

4. 大小规律

大小规律指大肌肉动作的发展早于小肌肉动作的发展。从四肢动作的发展来说，胳膊和腿的动作先发展，手和脚的动作后发展。如婴儿在够取物体的时候，一开始是移动肩肘，整条手臂和手掌一起移动去够物体，之后慢慢学会用整个手掌去抓握，最后学会用手指和手腕一起去拿捏、抓取物体。

5. 无有规律

无有规律指从无意动作到有意动作。婴儿最初的动作是无意识的、本能的反应，如无意中碰到了玩具而使玩具发出响声。随着心智的不断成熟，幼儿动作的目的性和有意性越来越高，他们会为了听玩具发出的响声而有意摆弄、晃动玩具。

6. 正反规律

正反规律指正向的动作先发展，反向的动作后发展。如婴幼儿先学会朝前走，后学会倒退着走；先学会抓握，后学会松开。

（二）幼儿早期动作的发展进程

幼儿早期动作的发展有早有晚，有快有慢，呈现出一定的顺序性和相对固定的发展进程。前一个动作的发展常常是为下一个动作的发展做准备的。

3 岁前，幼儿以发展精细动作和走、跑、跳、钻、爬、攀登、投掷等基本动作为主。3～6 岁的幼儿以继续发展走、跑、跳、爬、投、踢、旋转和翻滚等基本动作技能为核心。同时，具有一定的身体平衡能力，动作协调、灵敏，具有一定的力量和耐力，也是这一阶段幼儿动作学习与发展的重要内容。

参照《指南》及其他相关内容，幼儿早期动作的发展进程可参见表 3-1-1。由表可知，幼儿早期动作的学习与发展包括精细动作和粗大动作两方面。不同年龄段的幼儿在精细动作和粗大动作上呈现出不同的发展表现和特点，这些不同的发展表现和特点规定了不同年龄段幼儿应该达到的发展水平，也是保教人员制订适宜的教育教学活动、提高教育支持适宜性的依据。

表 3-1-1　幼儿早期动作的发展进程 [1]

年龄段	精细动作发展的表现	粗大动作发展的表现
2 岁	1. 会用拇指和食指的指端对捏 2. 会用纸绳穿 1～3 个珠子，并用另一只手将线拉出 3. 能用汤匙吃饭，能一只手拿杯喝水，泼洒较少 4. 能叠放 6 块积木 5. 能一次连续翻书 3～4 页 6. 会握笔涂鸦，能临摹画出 2～3 厘米的竖线或横线 7. 能将玩具摆放整齐 8. 能脱掉外衣，会穿脱鞋子，会关门和开门	1. 行走时步态稳，能快速步行并控制方向 2. 能单手扶杆自己上下楼梯（5～8 级） 3. 能双足同时跳离地面 2 次以上（双脚同时离地，同时落地），但跳的动作不协调，不会屈膝，也不会重心前移 4. 能连续跑 3～4 米且较稳 5. 会踢球，能不扶物向 2～3 个方向踢球（180 度以内） 6. 会骑四轮车 5. 能在倾斜的平面攀爬 6. 能双手向前投掷物品 7. 能在固定位置向前推动物品 [2]
2 岁 1 个月至 2 岁 6 个月	1. 能每分钟穿上 4～6 颗珠子 2. 会用 10 块积木造塔，会用 3 块积木搭桥，会用 6 块积木造"金字塔"（三层分别为 1、2、3 块） 3. 能来回倒物体 4. 能拧开和盖上不同的瓶盖与盒盖，能套上 6～8 个套碗或者套桶	1. 身体变得灵活，基本上掌握了跳、跑、攀登等复杂的动作 2. 能不扶着支撑物单足站立 2 秒 3. 能从大约 25 厘米的高处跳下 4. 能自己扶着栏杆上楼，两脚交替一步一级 5. 能自己扶着栏杆下楼，双足踏一台阶 6. 可用双足立定跳远 15 厘米

① 中华人民共和国教育部.3—6 岁儿童学习与发展指南［M］.北京：首都师范大学出版社，2014.
② 代娅丽，胡红梅.婴幼儿动作发展与训练［M］.重庆：西南师范大学出版社，2021.

（续表）

年龄段	精细动作发展的表现	粗大动作发展的表现
2岁1个月至 2岁6个月	5. 能解开衣服上的按扣，能脱裤子和短袜，会拉末端封闭的拉链 6. 学画十、写1和0	7. 会接滚来的球和反跳的球 8. 学走10~25厘米高的平衡木
2岁7个月至 3岁	1. 会自己洗手、洗脸，会自己用汤匙吃饭且吃得比较干净 2. 会画圆和正方形 3. 会画人的2~4个部位 4. 拇指能分别与其他四指对碰，能用手指捏面塑或橡皮泥 5. 能按缝纫机在纸上轧的图形撕纸 6. 能拿剪刀将纸剪开或剪成纸条 7. 能将方形纸折成长方形及三角形 8. 会用筷子夹枣或花生米 9. 能按要求的颜色、形状间隔穿珠子 10. 能将铅笔屑、彩纸、不干胶碎片粘贴在画好的纸上，成为简单的粘贴画	1. 动作敏捷，能快跑 2. 会单足跳跃、两脚交替跳 3. 会自己扶栏杆下楼梯，一步一阶 4. 能跳过10~15厘米高的障碍物 5. 能钻过高度为自己一半身高的洞穴 6. 能举手过肩投球，有方向 7. 能接住1~2米远抛来的球 8. 会骑脚踏三轮车并拐弯 9. 会在10~15厘米高的平衡木上做简单的动作 10. 能登上3层的攀爬架
3~4岁	1. 能用笔涂涂画画，能画出封闭的圆形，会描横线、竖线以及圆圈 2. 能用剪刀沿直线剪，边线基本吻合 3. 能熟练地用勺子吃饭	1. 能双手抓杠悬空吊起10秒左右 2. 能单手将沙包向前投掷2米左右 3. 能单脚连续向前跳2米左右 4. 能快跑15米左右 5. 能行走1公里左右（中途可适当停歇） 6. 能沿着地面直线或在较窄的低矮物体上走一段距离 7. 能双脚灵活交替上下楼梯 8. 能身体平稳地双脚连续向前跳 9. 分散跑时能躲避他人的碰撞 10. 能双手向上抛球
4~5岁	1. 能沿边线较直地画出简单图形，或能边线基本对齐地折纸 2. 能沿着轮廓线剪出由直线构成的简单图形，边线吻合 3. 会用筷子吃饭	1. 能双手抓杠悬空吊起15秒左右 2. 能单手将沙包向前投掷4米左右 3. 能单脚连续向前跳5米左右 4. 能快跑20米左右 5. 能连续行走1.5公里左右（中途可适当停歇） 6. 能连续地自抛自接球 7. 能在较窄的低矮物上平稳地走一段距离 8. 能以匍匐、膝盖悬空等多种方式钻爬 9. 能助跑跨跳过一定距离，或助跑跨跳过一定高度的物体 10. 能与他人玩追逐、躲闪跑的游戏
5~6岁	1. 能根据需要画出图形，线条基本平滑 2. 能沿着轮廓线剪出由曲线构成的简单图形，边线吻合且平滑 3. 能熟练使用筷子 4. 能使用简单的劳动工具或者用具	1. 能双手抓杠悬空吊起20秒左右 2. 能单脚连续向前跳8米左右 3. 能单手将沙包向前投掷5米左右 4. 能快跑25米左右 5. 能连续行走1.5公里以上（中途可适当停歇） 6. 能连续拍球，连续跳绳 7. 能躲避他人滚过来的球或扔过来的沙包 8. 能以手脚并用的方式安全地爬攀爬架（网）等 9. 能在斜坡、荡桥和有一定间隔的物体上较平稳地行走

四、幼儿早期动作学习的意义

幼儿动作的学习能够促进其认知、健康、社会性等方面的发展。这是因为动作的发生、发展能够提升幼儿动手动脑解决问题的能力，促进大脑认知功能的完善和发育。在动作学习与发展的过程中，幼儿不停地与周围的人和物互动，其社会交往能力和社会适应能力也在不停地发展和提升。与此同时，身体机能也在各种动作中得到了锻炼和提升，体质得到了提升，环境适应能力得到了提高。

（一）有助于神经系统的正常发育

幼儿早期动作的学习有助于幼儿神经系统的发育。幼儿在动作学习的过程中获得了丰富的感知和经验。这些感知和经验刺激大脑释放神经递质，增强了神经网络的连接，促进了大脑细胞数量的增加和大脑功能的完善。动作的协调性和平衡性的发展又促进了小脑的发育。

（二）促进身体的健康发育

运动能够加速新陈代谢，增强肠胃的蠕动和消化液的分泌，促进幼儿对食物的消化和吸收。运动过程中血液循环加快，为心肌提供了更多的营养。在运动中，呼吸深度的增加提升了肺活量和最大摄氧量，这有利于肺部组织的发育和呼吸功能的完善。此外，运动能够促进幼儿骨骼的生长、肌肉的粗壮和肌力的增加，提升关节的灵活性、动作的协调性和灵活性，进而帮助幼儿完成各种复杂的动作。

运动还能够增强幼儿的体质，使幼儿更快适应外界环境的变化。另外，运动也能够提升幼儿免疫力，帮助幼儿抵抗常见疾病。

（三）有利于心理的健康发展

幼儿的动作学习往往是通过游戏的形式进行的。在运动游戏中，幼儿需要与同伴沟通、商量、合作才能保证游戏的顺利开展。这个过程要求幼儿从自我中心的思维模式逐步过渡到考虑旁人的感受和体验，进而促进同理心和共情力的发展。

在运动游戏中，幼儿需要鼓起勇气尝试不同的动作和项目。遭遇失败时，幼儿需要克服身体的疼痛和心里的愤怒、挫折。成功时，幼儿会获得愉悦、兴奋、满足和成就感等积极情绪。这个过程不仅磨炼了幼儿坚韧、顽强、拼搏的意志品质，也让幼儿变得越来越自信，有利于其个性和社会性的发展。

任务二 幼儿早期动作学习的影响因素

 案例导入

在看完老师对小凯运动的观察记录后，小凯妈妈主动说起了家里的情况："我和孩子的爸爸两人都不喜欢运动，工作也都特别忙，所以我们很少带孩子进行户外运动。小凯会走路之后，一直由姥姥照看。姥姥年纪大了腿脚不方便，天气好的时候会带着小凯一起步行到离家400米的菜店买菜，回来的时候也会领着孩子到小区的体育广场玩一会儿健身器材。但姥姥害怕孩子磕碰到，通常玩一小会儿就带着孩子回家了。更多的时候，姥姥会陪着孩子在家读书、搭积木、涂涂画画。由于住的楼层比较高，小凯出门主要是乘坐电梯，基本没有走过楼梯。"

> **思考** 作为保教人员，你觉得哪些因素会影响幼儿的动作学习与发展？

由上述案例可知，幼儿早期动作的学习与发展会受到先天因素和后天因素的共同影响。具体而言，小凯动作的发展受到了父母运动基因、动作锻炼机会和家长教养态度三方面的综合影响。本任务将从先天因素和后天因素两方面对幼儿早期动作学习与发展的影响因素进行系统介绍。

任务要求

1. 了解幼儿早期动作学习的影响因素。
2. 能够结合幼儿的动作表现和运动能力，分析影响幼儿动作学习的因素。

幼儿早期动作的学习与发展受先天因素和后天因素的共同作用和影响。先天因素包括遗传素质、生理成熟度、健康状况和感官经验的统合，后天因素则包括环境、营养状况、学习与训练。在不同因素的作用下，即使是同一年龄段的幼儿，也会在动作行为、动作发展速度和运动能力等方面表现出明显的个体差异。

一、影响幼儿早期动作学习的先天因素

（一）遗传素质

遗传素质指人从上代继承下来的解剖生理特点，如机体的结构、形态、感官和神经系统等方面的特点。遗传素质是幼儿早期动作学习与发展最基本的自然物质前提，也是幼儿动作发展出现个体差异的最初基础。如我国著名篮球运动员姚明女儿的身高远超同龄人，这是因为她从父母那里继承了高个子的基因。

微课
格赛尔双生子爬楼梯实验

（二）生理成熟度

格赛尔的双生子爬楼梯实验说明生理成熟程度是动作学习的基础。只有在生理成熟基础上进行的学习才能取得成效。研究表明，在成熟的早期、中期或者晚期对幼儿进行训练都会成功，但成熟早期是开始学习和训练的最佳时期，效果最好。成熟中期开始训练比晚期训练效果好，成熟晚期开始训练比不训练要好一些。但要注意，生理成熟度不是决定动作发展的唯一因素，生理成熟水平相当的个体在动作发展方面也存在着差异性[1]。

（三）健康状况

健康状况一方面指个体出生时具有完整的生理结构、健全的脏器功能，另一方面指具有较强的抵抗力。健康的身体状况有利于幼儿早期动作学习与发展，健康状况欠佳或患有先天疾病的幼儿，其动作的学习与发展会受阻或停滞。如因出生时缺氧造成的重度缺氧缺血性脑病患儿或者先天性脑瘫患儿，其动作发展大概率会落后于正常幼儿。体质弱、经常生病的幼儿由于运动少，动作的发展也可能落后于同龄人。

---

① 唐敏，李国祥.0～3岁婴幼儿动作发展与教育［M］.上海：复旦大学出版社，2011.

（四）感官经验的统合

通过感官系统将感觉信息送到大脑做统合、分析，然后再由大脑发出指令使运动系统做出相应反应的过程就是感官经验的统合（简称"感统"）。感统发育好的幼儿，其动作的精细程度、运动的幅度以及运动的协调性、灵活性都高。感统失调的幼儿，其动作的精细程度、运动的幅度、运动的协调性和灵敏性均存在不同程度的滞后或异常。

二、影响幼儿早期动作学习的后天因素

（一）环境

环境包括自然环境、社会环境和幼儿家庭的教养环境。

1. 自然环境

自然环境指人类生存和发展所依赖的各种自然条件的总和，包括地理位置、地形、气候、空气质量和水资源等。如我国黑龙江省的北极村，一年中积雪天数长达两百天，当地幼儿有更多的机会接触冰上运动，所以他们的冰上运动技能会发展得早且好。

2. 社会环境

社会环境指人们生存的人文环境，包括社会政治环境、经济环境、文化环境和心理环境等。一般来说，政治稳定、经济发达、文明程度高的地区的家长，更重视幼儿身体素质的培养，以及幼儿早期动作的发展和运动能力的提升。不同的地域文化也会对幼儿早期动作发展产生影响，如我国内蒙古地区，摔跤骑射文化在牧民中盛行，该地区幼儿的摔跤、骑射等运动能力普遍要比其他地区的幼儿好。

研究表明，拥有丰富游戏材料（树木、花草、灌木、石子、沙子、大型综合运动器械和设备等）和活动场地（小土坡、水泥路、草坪、开放运动区、开放大厅等）的环境（自然的和人工的），对幼儿动作的发展、体能及身体运动能力的发展有促进作用[①]。幼儿在拥有大草坪等开放空间的环境中，会出现更多走、跑、跳、攀爬、抓、扔、拦、滑、坐和躲藏等身体运动，这有利于幼儿大肌肉运动能力的发展。

3. 幼儿家庭的教养环境

幼儿家庭的教养环境包括家庭物质环境和家庭精神环境。

家庭物质环境指家庭的居住场所、居住面积、居住条件等。一般来说，活动空间较大、活动区域干净整洁、地面平坦硬实，温度适宜的家庭居住环境，更利于幼儿爬、走、跑、蹦、跳等动作的发生和发展。

家庭的精神环境指幼儿的父母等主要抚养者的兴趣、爱好、文化程度、教养态度以及教育理念等。这些因素共同决定着家长是否重视幼儿早期动作的学习与发展，是否愿意陪伴和鼓励幼儿进行运动，能否为幼儿早期动作学习提供所需的锻炼机会、活动场地和运动器械等。有的家庭运动氛围比较强，家长喜欢运动，也乐意带着幼儿一起参与自己喜欢的运动。在日积月累的运动中，幼儿的动作发展、运动能力以及运动自信都比缺乏这种环境的幼儿发展得好。家长的教养态度也会对幼儿早期动作学习产生影响。如持忽视型教养态度的家长很少参与幼儿的成长，对幼儿的动作表现、运动水平和活动需求都不了解，更谈不上对幼儿动作学习的引导和支持。处于这种家庭环境中的幼儿，动作发展、运动兴趣和运动自信会存在不足。

（二）营养状况

营养不良或者营养过剩都会对幼儿早期动作学习与发展产生不良影响。如重度营养不良的幼儿因

---

① 郭学毅. 环境元素对幼儿身体运动能力发展的影响［J］. 教育实践与研究，2015（1）：13.

为精神萎靡、不爱活动导致参加锻炼的机会少，肌肉萎缩和肌张力低下又导致他们运动时动作的力度、速度和灵敏度均落后于普通幼儿。营养过剩的肥胖儿因为体重原因，在动作的灵敏度、速度等方面也会落后于普通幼儿。

（三）学习与训练

幼儿的动作技能是后天习得的。幼儿动作技能的熟练程度，会影响其运动能力的发展。在生理成熟的前提下，使用恰当的器械和玩具，组织幼儿进行大量的运动实践类游戏活动，能够促进幼儿动作技能和运动能力的发展。

任务三　幼儿早期动作学习的支持

 案例导入

在分析了幼儿早期动作学习的影响因素后，保教人员给小凯妈妈出了这样的建议：尽量由父母带幼儿到户外活动，加深父母对幼儿动作发展及运动能力的了解；延长户外活动时间，丰富活动项目，可多带幼儿爬楼梯、骑自行车、单腿站立、滑滑板等；增加攀爬类活动，强化下肢的力量和协调性；当幼儿出现胆小或者畏难情绪时多引导，多鼓励；如果条件允许，等幼儿再大点时到专业的幼儿体能训练机构进行强化训练。

思考　作为保教人员，你觉得可以通过哪些途径和方法来提升小凯的动作技能和运动能力？

在日常工作中，保教人员既要对幼儿的动作发展状况进行分析、判断，也要结合幼儿的个体差异，为其动作学习提供个性化的教育支持。本任务将从幼儿早期动作学习与发展的途径、指导原则和支持策略三方面介绍与幼儿早期动作学习支持相关的内容。

 任务要求

1. 了解幼儿早期动作学习的指导原则。
2. 掌握幼儿早期动作学习的支持策略。
3. 能够根据幼儿早期动作发展的表现，有针对性地进行支持。

微课

幼儿早期
动作学习
的途径

一、幼儿早期动作学习的途径

（一）日常生活活动

日常生活活动是幼儿早期动作学习的重要路径。日常生活活动包括日常生活技能（如洗手、洗脸、

刷牙、吃饭、喝水、穿脱衣服和鞋袜、拉拉链、系鞋带、剥果皮等），家务劳动（如整理玩具、收拾书架、端盘子、清洗果蔬、擦桌子、扫地、洗袜子、叠衣服、叠被子、浇花、扔垃圾等）以及日常出行方式（如步行、骑车、走楼梯等）[①]。幼儿经常参加日常生活活动，能够锻炼爬、走、跑、跳、投掷、抓、握、捏、拍等基本动作，提高动作的平衡性、协调性和灵敏性，同时也能够锻炼生活技能，提高生活自理能力。

另外，保教人员也可以将散步、取快递等活动利用起来，增加幼儿的身体活动，促进幼儿早期动作的学习与发展。

（二）户外活动

户外活动包括玩耍嬉戏和体育活动两类。玩耍嬉戏指充分利用日光、空气、水、场地等自然条件，由幼儿自主生成或由成人和幼儿共同参与的荡秋千、骑自行车、走路、跑步、爬山、跳绳和游泳等全身性的运动。这类活动能够有效地促进幼儿基本姿势、移动技能和技巧动作的发展，综合提升幼儿的身体素质。

体育活动指由家长或者保教人员组织的，以培养幼儿的运动兴趣、发展幼儿基本动作技能、全面促进幼儿身心健康为目的的一系列体育运动，包括拍球、扔沙包、跳房子、推小车、滑冰、踢球、体操和韵律操等多种形式。活动形式越多样，活动的挑战性越适宜，对幼儿学习与发展基本动作技能的促进作用越大。

（三）游戏活动

游戏活动主要指在家或托幼机构中进行的捏泥、剪纸、搭积木、拼插、穿珠子、折纸等操作类的活动，这类活动能有效促进幼儿手部精细动作和手眼协调能力的发展。

二、幼儿早期动作学习的指导原则

以保教人员应当遵循一定的原则对幼儿的动作及动作技能进行科学指导，以促进其动作的学习与发展。

（一）安全性原则

在对幼儿早期的动作学习进行指导时，首先需要遵循安全性原则。遵循安全性原则，要做到以下三点：一是为幼儿的动作学习创设安全的运动环境，如选择符合幼儿身高且较安全的运动器械，布置铺有软垫或塑胶的活动室地面；二是为幼儿的动作学习提供安全的活动材料，如舀豆子游戏中的豆子应该是经过辐射灭活、干燥且大颗粒的豆子；三是提供安全专业的陪护，如保教人员能够对幼儿活动的类型、强度、时段、时长、服装要求及活动中的游戏玩伴等因素进行综合判断和预测，并根据不同的情况给予必要的防护[②]。

案例

安全性原则

（二）愉悦性原则

运动产生的积极愉悦的情绪体验能够激发幼儿继续参与活动的兴趣，提升活动的积极性和自主性。实践证明，幼儿熟悉、感兴趣、能够熟练操作、难度适中且能够获得成功体验的运动更容易吸引幼儿的注意和兴趣[③]。

---

①② 罗冬梅，赵星，陈皆播.《学龄前儿童（3～6岁）运动指南》指导手册［M］.北京：科学出版社，2021.
③ 唐敏，李国祥.0～3岁婴幼儿动作发展与教育［M］.上海：复旦大学出版社，2011.

（三）适宜性原则

在指导幼儿进行运动或动作技能练习时，应遵循适宜性原则。适宜性原则指保教人员提供的运动游戏或动作技能的练习活动应该与幼儿的生理成熟相匹配。指导幼儿进行动作技能练习时，应从其真实的动作发展水平出发，按照从易到难、从简单到复杂的顺序推进。

（四）差异性原则

即使是相同年龄段的幼儿，其动作技能的发展也会存在较大的差异性。差异性原则指在指导幼儿进行运动或动作技能练习时，应综合考虑遗传、成长环境、个性、运动经验等因素，制订个性化的活动方案，为幼儿的运动或动作技能练习提供个性化的教育支持。

三、幼儿早期动作学习的支持策略

保教人员可以通过游戏活动和有针对性的运动实践活动来促进幼儿动作的发展。具体说来，保教人员需要结合幼儿的年龄特征和动作发展的实际情况，筛选有针对性的锻炼方法和游戏活动来促进幼儿动作及运动能力的发展。需要注意的是，时刻保障幼儿的安全和健康始终是实施幼儿运动类实践活动的首要原则。

以下将围绕幼儿手部精细动作、走、跑、跳、投掷、钻、爬、攀登等基本动作以及平衡动作，介绍具体的支持策略。

（一）促进幼儿手部精细动作学习的支持策略

当活动主体为2～3岁的幼儿时，保教人员可以采用拍、敲、揉或团、拧、抓、捏、穿、剥、插、拨、扣、夹、画、剪、折等方法锻炼幼儿的手部精细动作。穿珠子、打地鼠、夹豆子、喂娃娃吃饭、手指操、涂鸦、拨珠子、团泥球、搭积木、剪纸贴画等手工游戏，剥蛋壳、洗手、拧瓶盖、脱衣服、拉拉链、握勺子、浇花、收拾玩具、铲土、捡石子等生活活动，有助于幼儿单指的灵活性，指间、指与掌的协调性，手眼协调性等动作技能的发展。需要注意的是，保教人员应尽可能将自然物、废旧物和常见物作为幼儿活动的操作材料，在确保这些材料的安全性后投放给幼儿使用。在日常生活中，保教人员要尽可能多地创造条件和机会，促进幼儿从单指动作向多指动作过渡，最终实现手的动作的灵活协调。

当活动主体为3～4岁的幼儿时，保教人员可以通过基本动作技能训练、画简单的几何图形、剪纸、涂色、拼图、穿脱衣服、扣解扣子等活动，锻炼幼儿手部的精细动作、手眼协调性和绘画书写能力。需要注意的是，保教人员应尽可能地将这些锻炼活动分散在幼儿的日常生活活动中。对幼儿在活动中的表现也要多鼓励、多引导，保护幼儿参与活动的自信心和兴趣。

当活动主体为4～5岁的幼儿时，保教人员可以通过提高活动的难度，如画出含多个身体部位的人物形象、剪曲线形轮廓、系鞋带、用钥匙开锁等，进一步强化和提升幼儿手部的精细动作能力、手眼协调能力和绘画书写能力。

当活动主体为5～6岁的幼儿时，保教人员可以通过基本动作技能训练、绘画、剪纸、用积木搭建物体、用筷子、描红、写自己的名字、拼图等活动，继续巩固和提升幼儿手部的精细动作能力、手眼协调能力和绘画书写能力。

（二）促进幼儿走的动作学习的支持策略

当活动主体为2～3岁的幼儿时，保教人员可以利用踮脚尖走、蹲着走、走圈、走平衡木、跟着儿歌做动作、走楼梯等方法，让幼儿在模拟动物踮脚尖走或蹲着走、画线走圈、走平衡木、边唱儿歌《小老鼠，上灯台》边做动作等活动中，对幼儿相关动作技能进行锻炼和强化。活动中，保教人员可以调整走圈的大小、行走的速度与难度、儿歌节奏的快慢来激发、维持幼儿的活动兴趣。

当活动主体为3～4岁的幼儿时，保教人员可以利用直线走、圆圈走、曲线走、纵队走、听指令走等方法，在"我会看红绿灯""美丽的小区""开火车""好玩的小路""去郊游"等活动中，锻炼幼儿的走姿（上身挺直、自然地走，不要求整齐），强化幼儿走路的基本动作。在活动中，保教人员需要明确告知幼儿走路的要领，如稳步走，遇到障碍物时要调整步子的大小和快慢等，随时纠正幼儿错误的走路动作，如驼背、内八字、外八字、不摆臂等。

当活动主体为4～5岁的幼儿时，保教人员可以利用听口令走、绕障碍物走、大步走、列队走、在平衡木上走等方法，通过"蚂蚁搬豆""小羊过河""绕山寻宝""木头人"等游戏活动，关注幼儿行走时的姿势，要求轻松、自然、有节奏地走，行走时上体挺直、上下肢协调，两臂自然前后摆动，落地要轻。在活动中，保教人员需要注意幼儿协同行走的节奏感和注意力。

当活动主体为5～6岁的幼儿时，保教人员可以通过变换队形（蛇形、螺旋形、左右转弯）走、窄道走、负重走、负重蹲着走等方式，组织"我是小军人""贪吃蛇""口令操""两人三足"等游戏活动，关注幼儿行走时的姿势，要求步伐均匀、精神饱满、有节奏地走。在活动中，保教人员要关注幼儿协同行走的能力，随时提醒幼儿保持好队形，改善纵队能走齐、横队走不齐的现象。

（三）促进幼儿跑的动作学习的支持策略

当活动主体为2～3岁的幼儿时，保教人员可以利用自由奔跑、听口令跑跑停停、追逐跑等方法，通过组织"老鹰抓小鸡""木头人"等活动，引导幼儿能倒退跑和越过简单的障碍物跑，奔跑时要目视前方、身体放松、跑得稳，并基本保持身体的平衡。需要注意，2岁左右的幼儿跑步时会出现身体左右摇晃、双臂绷直的姿势，保教人员要近距离做好防护并注意避让。等幼儿跑步姿势协调了，可逐渐加快其跑步的节奏和速度。

当活动主体为3～4岁的幼儿时，保教人员可以利用直线跑、圆圈跑、听信号自由跑、一个跟着一个跑的方法，在"丢手绢""贪吃蛇""木头人"等运动游戏中，锻炼幼儿跑步的基本动作，尤其是奔跑时两臂自然弯曲地前后摆动。这一阶段幼儿的跑步活动以慢跑或中速跑为主，保教人员要注重激发幼儿参与跑步的兴趣，不强调跑步时的速度和节奏。

当活动主体为4～5岁的幼儿时，保教人员可以利用听信号跑、曲线跑、绕障碍跑、后踢腿跑、四散追逐跑、接力跑等方法，通过"老狼老狼几点了""龟兔赛跑""老鹰抓小鸡"等游戏活动，进一步强化和锻炼幼儿跑步时的姿势，要求上下肢协调，跑动较轻松、自然。在活动中，保教人员要提醒和纠正幼儿的跑步动作与呼吸动作，提醒幼儿遵守游戏规则、注意安全。

当活动主体为5～6岁的幼儿时，保教人员可以利用斜坡跑、接力跑、躲闪跑、"两人三足"跑、折返跑、高抬腿跑、窄道上跑、跨步跑等方式，组织"捉尾巴""小红帽与大灰狼""捉迷藏"等游戏活动，提升幼儿奔跑时的速度和动作的敏捷性、灵活性。在活动中，保教人员可以通过跑步竞赛锻炼幼儿跑步时的反应速度。同时，及时调整幼儿的运动量，做好热身和放松运动，并提醒幼儿注意安全。

（四）促进幼儿跳跃动作学习的支持策略

当活动主体为2～3岁的幼儿时，保教人员可以利用原地跳跃、立定跳远、单脚跳跃、助跑跳等方法，组织"跳台阶""小蛙跳""跳蹦床"等游戏活动，引发幼儿对跳跃类游戏的兴趣。通过活动中的练习，使其能做到双脚跳离地面，能连续跳跃，跳跃时不摔倒。由于幼儿的年龄较小，保教老师应当做好安全防护，时刻关注幼儿的安全，注意跳跃的时间不宜过长，高度不宜过高。在活动过程中，保教人员应当反复示范，加深幼儿对动作的理解和记忆。保教人员也可以采用佩戴头饰、播放背景音乐、分组、增加活动道具等方式来提升活动的趣味性，进而提高幼儿活动的积极性。

当活动主体为3～4岁的幼儿时，保教人员可以利用原地单双脚跳，原地向上、向前跳，双脚行进间跳，直线跳，高跳下，蹦跳等方法，组织"小跳蛙""小猴摘桃"等运动游戏来锻炼幼儿跳的基本动作。

当活动主体为4～5岁的幼儿时，保教人员可以利用单双脚行进间跳、助跑跨跳、连续开合跳、立定跳远、高跳下、曲线跳、原地纵跳、两脚交替跳等方法，通过"快乐的小跳蛙""袋鼠蹦蹦跳"等游戏活动，进一步强化和锻炼幼儿跳跃时的姿势，同时关注幼儿跳跃时的屈膝摆臂和落地动作。在活动中，保教人员要加强对幼儿的安全教育和保护，并注意障碍物的高度和活动的难度。

当活动主体为5～6岁的幼儿时，保教人员可以利用助跑跨跳、立定跳远、直线两侧行进跳、高跳下、不同方向变换跳或转身跳、跳绳、跳皮筋等方法，在"跳房子"、跳皮筋、跳绳等游戏活动中，进一步锻炼幼儿跳跃动作的协调性，提升蹬伸有力、有一定节奏感的跳跃技能。在活动中，保教人员重点关注幼儿跳跃过程中上下肢动作协调性的练习。

（五）促进幼儿投掷动作学习的支持策略

当活动主体为2～3岁的幼儿时，保教人员可以采用抛、抛接、投等方法，组织幼儿进行丢沙包、扔纸球、投篮、传接球等游戏活动，引导幼儿学会挥动大臂进行简单的投掷动作。由于幼儿的年龄较小，初期的投掷动作不协调，多为向下扔物且投掷方向不稳定，锻炼时可以从近距离投掷较轻的物体开始练习。

当活动主体为3～4岁的幼儿时，保教人员可以利用互相滚接大皮球、双手抛球、原地双手拍皮球、滚球状物等方法，组织拍球、滚球、抛球、丢沙包等运动游戏，初步锻炼幼儿滚、接、抛、拍皮球的动作。此时，幼儿投掷时的表现为出手方向和角度不稳定、投掷距离近，活动时依然应以激发幼儿的参与兴趣为主，同时关注幼儿双臂和腰部肌肉力量的发展。

当活动主体为4～5岁的幼儿时，保教人员可以利用单手正面肩上投轻物、原地自抛自接球、两人对抛对接球、左右手拍球、双手接球、投圈套物等方法，通过扔纸飞机、投球、拍球、套圈等游戏活动，进一步强化和锻炼幼儿投掷的姿势，引导幼儿初步掌握正面肩上挥臂投掷动作。受年龄的限制，幼儿在投掷过程中容易出现自抛自接球和单手拍球动作连贯性较差的现象，保教人员需加强对幼儿在投掷方向、投掷速度、投掷准确性方面的指导和锻炼。

当活动主体为5～6岁的幼儿时，保教人员可以通过两人抛球接球、肩上挥臂投准、原地变换形式拍球或转圈拍球、行进间拍球、拍球接力赛、沙包投远、沙包投准等方式，组织幼儿进行"花样拍球""小小篮球运动员""快乐运球"等运动类游戏。在活动中，保教人员要帮助幼儿掌握锻炼单手侧面肩上投掷、快速挥臂、协调用力的投掷能力。

（六）促进幼儿钻、爬、攀登等基本动作学习的支持策略

当活动主体为2～3岁的幼儿时，保教人员可以充分利用日常生活中的环境和器材，在安全的前提下，组织幼儿进行下楼梯、钻山洞、爬攀爬架等游戏活动，引导幼儿学会双脚交替一步一级台阶地上下楼梯。对幼儿在活动中表现出的进步应当多鼓励、多肯定。

当活动主体为3～4岁的幼儿时，保教人员可以利用手膝直线爬、圆圈爬、爬斜坡、攀爬架爬上爬下等方法，组织幼儿进行"蜗牛快递员""熊猫爬架"等游戏活动，学会手膝爬，能在攀爬架上爬上爬下且悬吊10秒左右。在活动中，应以幼儿熟悉的动物模仿游戏为主，锻炼低头钻或爬过障碍物且不碰触障碍物，以及手脚协调地手膝爬的能力。

当活动主体为4～5岁的幼儿时，保教人员可以利用侧面钻过60厘米的圆圈或拱门、手脚快速爬、手脚爬离地面20厘米高的障碍物、横着爬、匍匐爬、攀爬架爬上爬下、双手握杠悬垂等方法，通过"我是小军人""小鼹鼠钻洞""快乐的小蟹""上蹿下跳的小猴"等游戏活动，引导和教会幼儿侧身钻、手脚爬，手脚熟练地依次向上向下攀登多个台阶和抓握攀爬架悬吊15秒左右。在游戏活动中，保教人员应将多种动作相结合，增加活动的趣味性。保教人员还要注意障碍物的高度和难度，确保活动器材的安全和活动过程中的防护。另外，保教人员应对幼儿低头缩身匍匐爬和手脚爬等多种形式的钻爬能力进行适度锻炼和强化；应多鼓励胆小的幼儿，对其适当降低攀爬的高度或缩短抓杠悬吊的时间。

当活动主体为5～6岁的幼儿时，保教人员可以通过钻山洞，熟练地侧身爬、倒退爬、转圈爬，攀爬架协调、灵活地攀爬，双手握杠悬垂等方式，组织幼儿进行"小鼹鼠钻洞""爱爬高架的熊猫"等攀爬类游戏活动。这些活动有助于锻炼和培养幼儿协调、灵敏、长时间地钻爬、攀登和悬吊的能力，以及创新、合作游戏的能力。在活动中，保教人员应注重提升幼儿钻、爬、攀登动作的熟练性、协调性和灵活性，培养幼儿的竞争和合作意识，鼓励幼儿大胆创新，自主创造新的钻、爬、攀登游戏。

（七）促进幼儿平衡动作发展的支持策略

当活动主体为2～3岁的幼儿时，保教人员可以充分利用螃蟹走、走平衡木、单脚站立、双脚交替下楼梯等多种活动形式，组织幼儿参加"金鸡独立"、儿歌表演操、踢球入门、越过障碍物跳、走平衡木、"抬大轿"、骑三轮车等活动，培养和锻炼幼儿单脚站稳、保持平衡的能力。在活动中，保教人员应教会幼儿双臂伸直放在身体两侧，从左到右或从右到左双脚移步横着走，直至能较平稳地走平衡木为止。在组织幼儿进行这类活动时，应注意将动作训练与日常生活活动结合起来，并为幼儿提供安全的防护措施和活动设施。在活动中，保教人员应多鼓励和表扬幼儿。为了提高幼儿对此类活动的参与度，一开始可将平衡木放在平地上，随着幼儿能力的提升，逐渐增加平衡木的高度和坡度。

当活动主体为3～4岁的幼儿时，保教人员可以结合走直线、走平行线、走窄道、走斜坡、走平衡木等多种方法，组织幼儿开展"小羊过河""长龙走"等游戏活动。这些活动旨在激发幼儿练习平衡动作的兴趣，并支持幼儿初步掌握走平衡木、单脚站立和原地旋转的基本方法。在活动中，当幼儿出现退缩行为时，保教人员应耐心引导幼儿，对其动作的进步进行肯定和鼓励。

当活动主体为4～5岁的幼儿时，保教人员可以利用单脚站立、走窄道、闭目行走、原地旋转、走平衡木、直体翻滚等方法，组织幼儿参加走平衡木、"盲人摸象"、转圈圈等活动。在活动中，保教人员应侧重锻炼幼儿上身挺直、身体平稳、上下肢协调的运动姿态。

当活动主体为5～6岁的幼儿时，保教人员可以利用单脚站立、走窄道、闭目行走、原地旋转、走平衡木、前翻滚等方法，组织幼儿进行走平衡木、"盲人摸象"、转圈圈、翻跟头等运动游戏。此时，保教人员的指导要点为引导幼儿保持上身挺直、步子均匀、上下肢协调、动作自然的运动姿态。

 拓展阅读 | 如何判断体育类游戏活动中幼儿的活动量

保教人员可以通过观察幼儿参加体育活动前后的面色、出汗量、呼吸、动作、注意力的集中情况，以及对指令反应的灵敏度等方面的变化，来判断运动量是否合适。一般来说，幼儿在活动后表现出轻度疲劳或中度疲劳的现象，说明幼儿的活动量是适宜的。如果幼儿在活动后非常疲倦，说明幼儿的活动过量了。此时保教人员可以采用缩短活动时间、减少活动项目、降低活动难度等方式来调节幼儿的运动量。

当运动量适中时，幼儿会感到适度疲劳。活动中，幼儿的面色会稍微变红，出汗不多，呼吸中速，呼吸的频率加快；幼儿的情绪愉悦，能够集中注意力，通过协调、准确的动作和轻稳的步态完成活动。活动后，幼儿的饮食状况良好，食欲增加，能够较快入睡，睡眠质量良好。

当运动量稍大时，幼儿会感到过度疲劳。活动中，幼儿的面色会变得非常红，出汗较多，呼吸显著加快、加深；略有倦意，对保教人员的口令和示范能够集中注意力听讲和跟做，但注意力不够稳定，反应稍显滞后。此时幼儿动作的协调性、准确性和速度均降低。活动后，幼儿的精神略有不振或情绪一般，进食时的食欲一般或食欲降低，入睡较慢，睡眠质量一般。

当运动量过大时，幼儿会感到非常疲劳。活动中，幼儿的面色会变得十分红或者苍白，大量出汗，呼吸急促、表浅、节奏紊乱；精神疲乏，注意力分散，反应迟钝，动作失调、步态不稳，用力颤抖。活动后，幼儿的精神恍惚、心悸、烦躁，难以入睡或睡眠不安；食欲降低，进食量减少，严重者会出现恶心、呕吐的现象。

为了保护幼儿的健康，保教人员在组织幼儿进行户外体育活动时要充分尊重幼儿生长发育的规律，注重培养幼儿参与活动的兴趣。一方面，在活动的设计和实施过程中关注运动量的适宜性；另一方面，严禁以任何名义进行有损幼儿健康的比赛、表演或训练。

 模块小结

幼儿早期动作学习与发展具有一定的规律性和顺序性，但受遗传、环境、营养、学习与训练等因素的共同作用，又具有明显的个体差异性。了解幼儿早期动作学习与发展的规律，知道其进程，能从基本动作、运动技能、身体素质三方面对幼儿早期动作学习与发展表现进行判断，分析相关影响的因素，是制订个性化的训练策略，促进幼儿动作学习与发展的必备知识和技能。

思考与实训

习题测试

一、单项选择题

1. （　　　）幼儿能够连续跳绳，连续拍球。
   A. 2～3 岁　　　　　　　B. 3～4 岁　　　　　　　C. 4～5 岁　　　　　　　D. 5～6 岁

2. 幼儿早期动作发展首先从头部和躯干的动作开始，其次是双臂和腿部的动作，最后是手的精细动作和足部动作。这一规律是（　　　）。
   A. 从整体到局部的规律　　B. 首尾规律　　　　　　C. 近远规律　　　　　　D. 大小规律

3. （　　　）幼儿能单脚连续向前跳 2 米。
   A. 2～3 岁　　　　　　　B. 3～4 岁　　　　　　　C. 4～5 岁　　　　　　　D. 5～6 岁

4. （　　　）幼儿能根据自己的意愿画出各种形状的组合图形。
   A. 2～3 岁　　　　　　　B. 3～4 岁　　　　　　　C. 4～5 岁　　　　　　　D. 5～6 岁

5. 以下不属于幼儿早期动作发展规律的是（　　　）。
   A. 先正后反　　　　　　　　　　　　　　B. 由远及近
   C. 从上到下　　　　　　　　　　　　　　D. 先泛化后集中

6. 以下不属于4～5 岁幼儿大动作发展内容的是（　　　）。
   A. 单手向前投掷沙包 2 米　　　　　　　B. 悬吊 15 秒左右
   C. 快跑 20 米左右　　　　　　　　　　　D. 单脚连续跳 5 米

7. 先学坐再学跑，说明幼儿早期动作学习与发展具有（　　　）规律。
   A. 遗传性　　　　　　　　　　　　　　　B. 个体差异性
   C. 不平衡性　　　　　　　　　　　　　　D. 方向性和顺序性

8. 以下（　　　）游戏可以锻炼2～3 岁幼儿运动的平衡性。
   A. 金鸡独立　　　　　　　　　　　　　　B. 丢沙包
   C. 青蛙跳　　　　　　　　　　　　　　　D. 扶栏杆上下楼梯

9. 以下（　　　　）游戏可以促进幼儿拇指、食指和中指的抓握能力。

  A. 翻书　　　　　　　　　　B. 打地鼠　　　　　　　　　C. 折纸　　　　　　　　　D. 拧瓶盖

10. （　　　　）是幼儿早期动作学习与发展的物质基础和前提。

  A. 遗传素质　　　　　　　　　　　　　　　　B. 营养物质

  C. 学习与训练　　　　　　　　　　　　　　　D. 幼儿的兴趣和爱好

二、判断题

1. 幼儿早期动作的发展情况能够反映其神经系统的发育是否正常。　　　　　　　　（　　　）

2. 格赛尔的双生子爬楼梯实验说明学习才是影响幼儿早期动作发展的首要因素。　（　　　）

3. 为了让幼儿做出规范、整齐的韵律操，我们可以利用增加活动强度、延长活动时间、加快音乐节奏的方法来训练幼儿。　　　　　　　　　　　　　　　　　　　　　　　　　　（　　　）

4. 捡豆子、系扣子、握勺子的训练属于幼儿大肌肉动作的发展。　　　　　　　　（　　　）

5. 在对幼儿进行动作指导时，要关注幼儿积极愉悦的情绪体验。　　　　　　　　（　　　）

三、简答题

1. 简述幼儿早期动作学习与发展的规律。

2. 简述影响幼儿早期动作学习与发展的因素。

3. 简述幼儿早期动作学习与发展的指导原则。

四、实训题

请为"案例导入"中的小凯设计一个大动作发展游戏，包括游戏名称、游戏目的、游戏时间以及游戏的方法和注意事项。

💡 岗课赛证

单项选择题

1. 儿童动作的发展是从上部运动发展到下部运动，这表明动作发展规律是（　　　）[1]。

  A. 首尾规律　　　　　　B. 大小规律　　　　　　　C. 近远规律　　　　　　D. 小大规律

2. 学前儿童先会走、跑，后会灵活地使用剪刀，这说明儿童动作发展具有（　　　）[2]。

  A. 整体局部规律　　　　B. 首尾规律　　　　　　　C. 大小规律　　　　　　D. 近远规律

3. 婴儿动作发展的正确顺序是（　　　）[3]。

  A. 翻身→坐→抬头→站→走　　　　　　　　B. 抬头→翻身→坐→站→走

  C. 翻身→抬头→坐→站→走　　　　　　　　D. 抬头→坐→翻身→站→走

4. 下列哪一种活动的重点不是发展幼儿的精细动作能力？（　　　）[4]。

  A. 扣纽扣　　　　　　　　　　　　　　　　B. 使用剪刀

  C. 双手接球　　　　　　　　　　　　　　　D. 系鞋带

5. 关于直立行走动作发展的描述，正确的是（　　　）[5]。

  A. 儿童的直立行走动作是在无意动作基础上产生的

---

[1] 2015 年下半年幼儿园教师资格考试《保教知识与能力》试题。

[2] 2015 年下半年幼儿园教师资格考试《保教知识与能力》试题。

[3] 2022 年上半年幼儿园教师资格考试《保教知识与能力》试题。

[4] 2021 年上半年幼儿园教师资格考试《保教知识与能力》试题。

[5] 2020 年上半年幼儿园教师资格考试《保教知识与能力》试题。

B. 儿童的直立行走动作是在有意动作基础上产生的

C. 儿童身体动作发展的趋势是翻身、抬头、坐、站、走

D. 行走是本能的动作，无有意运动的成分

6. 4～5岁幼儿能双手抓杠悬空吊起（　　　）秒左右[①]。

  A. 10   B. 15   C. 20   D. 25

7. 4～5岁幼儿能单脚连续向前跳（　　　）米左右[②]。

  A. 5   B. 3   C. 8   D. 10

8. 4～5岁幼儿能连续行走（　　　）公里左右[③]。

  A. 2   B. 1.5   C. 1   D. 2.5

9. 在提醒下能保持正常站姿、坐和行走姿势是幼儿在（　　　）岁的典型表现之一[④]。

  A. 3～4岁   B. 4～5岁   C. 5～6岁   D. 6～7岁

10.《幼儿园工作规程》规定，幼儿每日户外活动时间不少于2小时，寄宿制幼儿园不少于3小时，其中体育活动时间不少于（　　　）小时。

  A. 1   B. 1.5   C. 2   D. 3

学习反思

---

①②③ 2015年河北省教师资格证考试《保教知识与能力（幼儿园）》试题。
④ 2021年贵州省特岗教师幼儿园岗招聘笔试题目。

模块四

幼儿早期语言学习与支持

PPT

教学课件

模块导读

　　作为人与动物的主要区别之一，语言承载、传承着人类的智慧和社会文明。了解幼儿语言学习的内涵、价值、影响因素，有助于保教人员树立科学的语言教育理念，以及全面地认识幼儿的语言学习环境。同时，掌握幼儿早期语言学习的基本特点，并据此为幼儿的语言学习提供有效的支持，对促进幼儿语言发展，提高幼儿园保教质量有重要价值。

学习目标

1. 理解幼儿早期语言学习的内涵、价值与影响因素。
2. 能够根据幼儿早期语言学习的基本特点提供有效的支持。
3. 形成以幼儿为中心的意识，愿意主动观察幼儿早期语言的发展水平。
4. 为人师表，自觉讲好普通话，做到文明、友善、大方地与人沟通，为幼儿的语言学习提供积极的榜样，树立为幼儿的语言发展创设良好环境的职业责任感。

内容结构

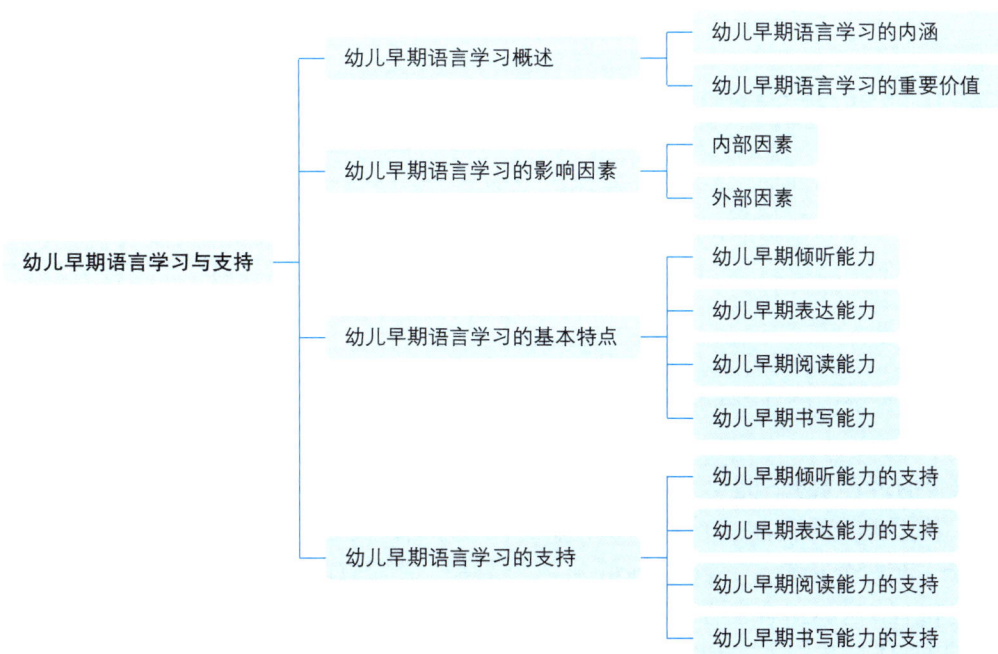

任务一 | 幼儿早期语言学习概述

案例导入

> 冬冬1岁时，虽然还说不出家里的一些物品名称，但是当爸爸妈妈问冬冬这些东西在哪里时，冬冬能正确地用手指向相应的物品。冬冬3岁时，分不清"n"和"l"，"g"和"d"，总是把"牛奶""饼干"等词说成"流奶""饼单"，这种发音一直持续到冬冬上大班。冬冬5岁时，非常喜欢听故事，还能把听过的故事完整、声情并茂地讲给别人听。冬冬讲故事时常常会加入自己的一些创编，班上的幼儿都很爱听冬冬讲故事。
>
> **思考** 作为保教人员，你会从哪些方面判断、评估冬冬的语言发展呢？

在上述案例中，冬冬能正确地用手指向爸爸妈妈提到的物品，说明他能听懂爸爸妈妈的语义。冬冬直到大班还不能分清"n"和"l"，"g"和"d"的发音，说明他在语音方面发展较慢。但是，保教人员不能忽视冬冬在语用方面的优异能力，作为5岁的幼儿，他已能完整、声情并茂地复述故事并有所创编，他的语用水平是显著优于同龄幼儿的。

同时，从上述案例中可以看到，能够识别与分析幼儿的语言发展维度，对于提升教育教学质量具有重要意义。本任务将详细介绍幼儿早期语言学习与发展的内涵及重要价值。

任务要求

1. 了解语言的成分和幼儿早期语言学习与发展的核心经验。
2. 理解幼儿早期语言学习的重要价值。

一、幼儿早期语言学习的内涵

幼儿早期语言学习是指0~6岁幼儿获得语言理解、表达和运用能力的过程。要掌握幼儿早期语言学习的内涵，首先需要了解语言的成分，这是保教人员识别与评价幼儿语言学习与发展的基础。其次需要理解幼儿早期语言学习与发展的核心经验，这能让保教人员明确开展日常语言教育的具体方向。

微课
语言的成分

（一）语言的成分

一般而言，掌握一门语言需要四种知识：语音、语义、语法和语用。

1. 语音

语音是语言的声音系统，是语言符号系统的载体，也是语言的物质外壳。音素是口头语言中语音的基本单位。从生理性质看，一个发音动作形成一个音素，例如：普通话中"阿"（a）只有一个音素，"妈"（ma）有两个音素，"猫"（mao）有三个音素。音素包括元音与辅音两大类。音节是语言中单个元音音素和辅音音素组合发音的最小语音单位，普通话的音节是由声母和韵母组成的语音单位，单个韵母也可以自成音节。

4岁幼儿能够基本掌握本民族的全部语音，掌握语音包括准确分辨和正确发音两个方面，受母语的语音特征影响，在不同语言环境下的幼儿习得某些音素的早晚存在差异。

2. 语义

语义指的是字、词或句表达的意思。字、词、句概括性地表征着现实世界的某种物体，只有当幼儿正确地理解了字、词、句所表达的意思，才能真正地在语言活动中运用它们。处于具体形象思维阶段的幼儿，需要借助实物的具体形象，结合已有生活经验，才能理解抽象的概念。

3. 语法

语法包括词法和句法。词法是把语音构成有意义的词的规则，句法是把词组合成有意义的短语和句子的规则。如句子"冬冬吃米饭"中，"冬冬"是主语，"吃"是谓语，"米饭"是宾语，这就是使用了正确的"主语＋谓语＋宾语"句法的完整句。

幼儿最初掌握的词来自具体的动作和形象，随着认知的发展和词汇量的增加，他们开始通过尝试错误的方式来逐渐掌握通用的构词规则，同时更加快速地扩大词汇量。

幼儿掌握句法的特点和他们掌握句型的顺序是一致的。一般而言，1～1.5岁的幼儿可以说单词句，如幼儿既可以用"嗷呜"表示"老虎"，又可以表示"咬"的动作，还可以表示"凶猛的"。1.5～2岁的幼儿可以说出双词句或电报句，如幼儿用"妈妈，杯杯"表示"妈妈，我想用杯子喝水"。从2岁开始，幼儿能说简单的完整句，如"妈妈抱我"。到2.5岁，幼儿已经开始使用复合句。

4. 语用

语用指的是在一定社会背景下恰当地使用语言进行有效沟通的规则。按照用途来说，语言活动可以分为外部语言和内部语言。

外部语言是以与他人交流为目的的语言，包括口头语言和书面语言，而口头语言又细分为独白语言和对话语言。独白语言是指个人独自进行的，有计划、有准备地用来系统、准确、连贯地表达自己的思想的语言，如演讲、报告等；对话语言是指多人直接交流时使用的语言，如谈话、辩论等。书面语言是指人们使用文字来表达思想或通过阅读来理解他人思想的一种语言，书面语言是在口头语言基础上发展而来的。内部语言是一种不出声的或自问自答的语言，比如幼儿在游戏中遇到困难时表现出的自言自语。

要想成为一个有效的沟通者，除了要学习语音、语义、语法和语用，幼儿还需要有能力理解和使用非言语符号，如表情、动作、语调等，这有助于幼儿在不同情境中更好地理解不同语言形式所传递的信息，同时更加有效地向他人表达自己的想法。

（二）幼儿早期语言学习的核心经验

幼儿的语言能力是在运用的过程中得到发展的。从语言运用的视角看待幼儿早期语言学习的核心经验，对保教人员具有重要价值。目前，学界普遍认为幼儿语言学习的核心经验包括早期口头语言、早期文学语言、早期书面语言三个方面（见图4-1-1）。

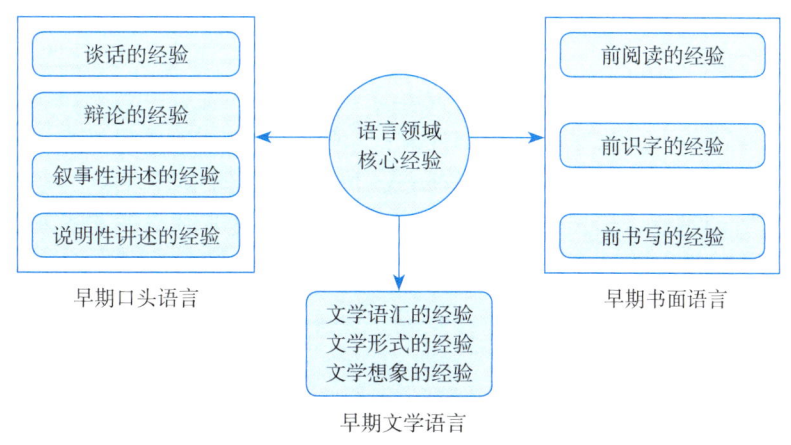

图 4-1-1　幼儿早期语言学习的核心经验[1]

---

[1] 周兢. 学前儿童语言学习与发展核心经验 [M]. 南京：南京师范大学出版社，2014.

由图 4-1-1 可知，早期口头语言包含谈话、辩论、叙事性讲述和说明性讲述四个方面，早期书面语言包括前阅读、前识字和前书写三个方面，早期文学语言包括文学语汇、文学形式和文学想象三个方面。《指南》中语言领域的目标从倾听、表达、阅读与书写准备四个维度展开，涵盖了早期口头语言、文学语言和书面语言等。学习和了解幼儿语言领域的核心经验，有助于保教人员更深入地理解和贯彻实施《指南》，真正提升幼儿语言教育的质量。

二、幼儿早期语言学习的重要价值

幼儿早期语言学习具有非常大的价值，对于促进幼儿认知能力和社会性的发展，提高幼儿心理健康水平具有重要意义。

（一）有助于幼儿认知能力的发展

语言的发展能够提高幼儿认知的速度，增加幼儿认知的广度。一方面，语言作为人类认识世界的工具、一种符号系统，具有象征功能，这决定了语言能够以非常简洁、概括的方式传递信息。早期语言的学习使得幼儿能够以更加便捷的方式获取外界的信息，这大大提高了幼儿认知的速度。另一方面，维果茨基指出，当牙牙学语的幼儿突然开始对身边的事物展现出一种主动而强烈的好奇心，对每个新事物都要问"这是什么"时，语言便开始为智力服务了。当幼儿发现语言的符号象征功能后，强烈的与现实世界建立联结的愿望将驱动他们主动获取各种事物的名称，这促使他们的认知结构在习得大量词汇的过程中迅速丰富起来，认知的广度得以增加。

（二）有助于幼儿社会性的发展

幼儿社会性发展是指幼儿在习得社会规范、学习社会角色、掌握社会技能的过程中，逐渐从自然人转化为社会人的过程。人际交往和社会适应是幼儿社会性发展的两个核心内容。语言作为人们交流思想的重要方式、文化信息的载体，是人们思维的社会工具，能有效促进幼儿人际交往和社会适应能力的发展。一方面，幼儿早期语言学习有助于幼儿与他人进行快速、准确的信息交换，这个过程有助于幼儿更好地理解自己与他人的情绪和需求，进而提高人际交往能力；另一方面，语言是文化信息的载体，是人类保存、传递、获取社会历史经验的手段。语言的学习有利于幼儿获取社会规范，提高社会适应能力。

下面的案例展示了早期语言学习对于促进幼儿社会性发展的重要作用。

案例：我想和你一起玩

"老师！阳阳打人啦！"主班老师闻声急忙向角色游戏区走去。只见阳阳气鼓鼓地瞪着其他几名同伴，双手叉腰，一边跺脚一边嘟囔着："哼！"被推倒的园园坐在地上哭了起来。原来，阳阳想进入角色游戏区的娃娃家扮演爸爸，但是娃娃家的人数已经满了，且其他幼儿已经选择了"爸爸"的角色，园园没能把拒绝阳阳的理由表达清楚，而是直接用手把阳阳拦在了角色游戏区外，阳阳表达不清自己的意图，只能着急地掰开园园的手，把园园推倒在地。

阳阳与园园没能准确地表达自己的意图，导致了这场冲突。这个案例表明幼儿语言表达能力不足，不利于幼儿理解彼此的需求与情绪，进而影响社会交往。语言的恰当运用，能为幼儿提供更加多样化、更为有效的社会交往方式，以及更多解决冲突的方法，如解释说明、求助他人、询问请求、劝说等。

幼儿初涉社会，面对新奇又陌生的世界，他们会表现出前所未有的热情，尝试使用各种力所能及的方式探索世界、与人交流、表达自己的情感。语言作为其中一种重要的方式，能够帮助幼儿在探索与交往中获得情感的满足与社会的认同。

（三）有助于提高幼儿的心理健康水平

在探索与交往的过程中，幼儿难免会遇到各种各样的问题，他们需要不断调整自己以适应这个世界。语言作为思维的重要工具，能帮助幼儿进行思维、调节思维。维果茨基特别强调了幼儿自我中心言语的调节功能。当幼儿遇到困难或障碍时，常常会自言自语，借助语言把解决问题的计划与思维过程表达出来，进而缓解由外部的冲突带来的内部焦虑，这个过程有助于提升幼儿心理健康水平。另外，幼儿的情绪具有易冲动性、不稳定性、外露性等特点，他们常常处于激动状态，而且来势强烈、难以自制，年龄越小这种冲动性越明显[①]。早期语言的学习有助于提高幼儿表达自己情绪与需求的能力，为其宣泄情绪提供一个出口，这对幼儿需求的满足、不良情绪的排解大有裨益。

任务二 | 幼儿早期语言学习的影响因素

案例导入

> 4岁的安安最近突然开始口吃。在游乐园玩的时候，妈妈问安安："可以回家了吗？"安安小嘴一撇，说道："不——不——不想跟——跟妈妈——回家。"妈妈很担心，因为安安的奶奶也有一点口吃。安安以前说话并不口吃，但是他最近为什么突然开始口吃了呢？
>
> **思考** 你觉得安安为什么会口吃呢？

幼儿语言的发展是多种因素综合作用的结果。在上述案例中，安安是突然开始口吃的，说明安安的发音、听觉器官发育正常，口吃问题不是由遗传素质导致的。认知发展也是影响幼儿语言发展的重要因素，4岁的安安正处于认知飞速发展、词汇量快速增长的阶段，加之该阶段幼儿的情绪容易激动、紧张，当他们的语言表达跟不上思维的速度，急于表达却无法连贯清晰地表达时，就容易出现口吃。家庭、社区、幼儿园等外部环境也会影响幼儿的语言发展。幼儿具有好模仿的特点，安安或许出于好奇或逗趣的心态模仿奶奶的口吃，久而久之则变成一种表达习惯。因此，对幼儿的语言学习与发展，应从多方面综合考虑。

了解幼儿早期语言学习的影响因素，判断并找出其中的不利因素，有利于保教人员优化幼儿早期语言学习的环境，提供更有针对性的支持。本任务将从内部因素和外部因素两方面系统介绍幼儿早期语言学习的影响因素。

任务要求

1. 理解影响幼儿早期语言学习的内部因素和外部因素。
2. 能够判断影响幼儿早期语言学习的不利因素，优化幼儿早期语言学习环境。

[①] 中公教育教师资格考试研究院.国家教师资格考试专用教材：幼儿园保教知识与能力［M］北京：世界图书出版公司北京公司，2012.

一、内部因素

先天的遗传条件以及早期认知发展水平是幼儿语言学习与发展的基础，先天遗传条件包括发音器官、听觉器官和脑机能的成熟。

（一）发音器官的成熟

拥有结构完整、发育成熟的发音器官，是幼儿能够发音的前提。人的发音器官包括三个部分：呼吸器官、喉头和声带、口腔和鼻腔。

1. 呼吸器官

呼吸器官主要由肺和气管构成。当肺部扩张或者收缩时，气管和支气管吸入或呼出气流。气流从气管经过喉头和声带，最后送出咽腔、鼻腔和口腔，呼吸的气流是人类发音的动力。

2. 喉头和声带

喉头在气管的最上端，其中央是声带。当气流从肺部和气管呼出，给声带以冲击而引起振动时，便产生了声音。声带是人类的主要发音体，声带的厚薄、长短和收缩程度决定了声音的高低。

3. 口腔和鼻腔

口腔和鼻腔是共鸣器官。气流冲击声带引起振动而产生的声音是比较微弱的，但是当这种声音在共鸣器官内得到共振时，就会被扩大和美化。鼻腔是固定的，但是口腔内部各个器官的运动范围与方式则非常灵活、复杂，如舌头的动作变化会牵动嘴、脸、颈等各个部位几十块肌肉的协同活动，不同的动作会引起不同的发音效果。

（二）听觉器官的成熟

正常、成熟的听觉器官是语言发展的前提条件。一方面，听觉的发展依赖听觉器官的正常发育与成熟，而正常的听觉是语言发展的保证。在开口说话之前，幼儿必须能够正确地辨别、理解语言内容的具体含义。另一方面，听觉器官的成熟对幼儿的语言发展起到监督作用。人类发出声音的范围与听觉的范围是相匹配的，幼儿通过对比周围人的发音与自己发音的不同，来调整自己发音的准确性，为正常的沟通与交往奠定语言基础。

（三）脑机能的成熟

1. 脑的生长发育

大脑的生长和发育为幼儿加工词语、形成概念奠定了物质基础。脑重量的增加是脑细胞数量增殖的体现，是评估大脑生长的重要指标。婴儿出生时脑重为 390 g 左右，7 岁时已经可达到 1 280 g，接近成人的脑重（1 400 g）。一岁半以后，人类脑细胞的数量增殖基本结束，大脑的发育主要表现在神经网络复杂性的增加，具体体现在脑细胞的分化与体积的增加，神经元之间突触发生，神经纤维形成髓鞘等方面。大脑功能的完善，意味着幼儿能够理解更多词汇所传递的信息。

2. 人脑的整体机能

鲁利亚的大脑机能系统学说认为，大脑是一个动态结构，由三个动态机能联合区构成，三个机能联合区协调活动，保证了各种心理活动和行为活动的完成。

第一机能联合区是大脑的动力系统，其基本功能是调节大脑皮层的紧张度，使大脑皮层保持觉醒状态。该区如受损，大脑的激活水平或兴奋水平将下降，会引起语言信息传入的困难。

第二机能联合区是大脑接收、加工和存储信息的系统，其主要功能是接收外部刺激，对信息进行加工、整合并保存。该区如受损，将导致无法使用语言对信息进行加工。

第三机能联合区是大脑的行为调节系统，其主要功能是规划、控制和调节复杂活动。该区如受损，会让人难以对行为进行计划与组织，失去确定表达意向的能力，也不能把行为结果和原有的计划进行比对，导致想说的话和说出来的话错位。

三个机能联合区的成熟遵循一定的顺序，最早成熟的是第一机能联合区，然后是第二机能联合区，最后是第三机能联合区。这个发展顺序和幼儿言语发展从理解到表达，从掌握词的个别表象意义到整体概念意义，从被动发话、复述到主动连贯表达是基本一致的。

3. 大脑言语中枢定位

心理学研究发现，大脑左半球存在相对稳定的言语中枢。这些区域如果受损，将引起各种形式的失语症。位于大脑左侧额下回的布罗卡区（Broca's area）如受损，会导致人说话不利索，表达中常常漏词，形成"电报式"语言。位于大脑左侧颞叶上回后部的韦尼克区（Wernicke's area）受损则会引起听觉性失语症。这种失语症患者虽然会说话，能看懂文字，但却无法理解自己或他们说出的语言，不能正确辨别语音，也不能完成听写任务。此外，位于顶-枕-颞叶交界处的阅读中枢、左侧额中回后部的书写中枢损伤，均会引起相应的言语障碍。

（四）认知发展水平

语言早期的认知发展水平直接影响其理解和表达能力。幼儿具有"直觉"思维，他们对事物的理解在很大程度上依赖表面特征。随着认知的发展，他们才开始逐渐准确地理解一些更加复杂和抽象的语言。例如，幼儿认为"葡萄牙"就是一颗长成葡萄形状的牙齿，在长期语言经验积累的基础上，幼儿才能逐渐理解"葡萄牙"是人们用来表示国家的称谓性语言。

二、外部因素

微课

幼儿早期语言学习的外部影响因素

幼儿的语言学习与发展以先天遗传条件为基础，后天的外部环境则决定了其语言潜力的发展程度。

（一）家庭环境

一方面，家长自身的素养和语言习惯潜移默化地影响着幼儿语言的发展。班杜拉社会学习理论强调幼儿的语言大部分是通过观察和模仿获得的，父母的说话方式、用词用句、与家人沟通时的态度与情绪，很大程度上影响着幼儿的语言理解、倾听习惯、表达与运用。说话时语气平和，用词丰富，经常以协商而非暴力方式解决问题，能够耐心并专注地倾听他人发言的父母，能够为幼儿的语言学习提供更加良好的观察与模仿榜样。

另一方面，家长作为教养幼儿的第一责任人，决定了幼儿能够接触到的语言信息的种类和数量。那些从外界接收更多语言刺激的幼儿，语言发展水平更高。家长应常带幼儿接触不同的人、事、物，如走亲访友、郊游、逛商场、逛公园等，让幼儿在不同的语境下有机会获得更多的语言刺激，积累语言表达的素材。另外，家庭中供幼儿阅读的图书量，能够直接影响并有效预测幼儿的入学语言准备水平，那些喜爱阅读并有阅读习惯的家长，更倾向于采取有效措施鼓励幼儿阅读[1]。这个研究结果提示我们，家长为幼儿选择种类多样且高质量的幼儿读物、动画、故事播放软件等，更有利于幼儿语言的发展。

（二）社区环境

社区是聚居在一定地域范围内的人们所组成的社会生活共同体。相比于家庭，社区为幼儿提供了与更多人进行语言交流的机会。一方面，社区为幼儿提供了同伴交往的机会，帮助幼儿在游戏、合作，甚至是冲突等不同的交往场景中，获得更多运用语言的机会。另一方面，社区内部成文的规定、标语等文字符号传递着社区的文化，这让幼儿在社区生活中能够初步感受文字的作用。

（三）幼儿园环境

高质量的幼儿园保教环境是幼儿语言发展的沃土。幼儿园主要从两方面影响着幼儿早期语言的学

---

[1] 史瑾，王瑜珂. 幼儿入学语言准备现状及其影响因素研究——以北京市为例［J］. 上海教育科研，2018（07）：84-87.

习与发展，一是高质量的幼儿园保教环境，二是保教人员设计、组织的各种语言活动。宽松、自由的人际交往氛围、种类丰富的语言材料都为幼儿早期语言学习提供了支持。保教人员通过专门的、渗透的语言活动为幼儿提供了倾听、交流、前书写等机会，能够有效促进幼儿早期语言的学习与发展。

（四）社会文化

作为一种交际手段，语言会受到幼儿所在社会文化的影响。一方面，社会文化直接影响着幼儿语言的学习与发展。例如，方言中语句的发音和普通话发音差别越大，幼儿学习普通话的正确发音时的挑战越大。另一方面，社会文化通过影响幼儿活动和交往的直接环境，如家庭、幼儿园或同伴关系等，间接地影响幼儿语言的学习与发展。研究表明，不同文化背景下的幼儿语言发展情况存在差异，这种差异表现在幼儿对日常用语的理解、语言表达、情境交流、转述和对时间的理解等方面[1]。

任务三 幼儿早期语言学习的基本特点

案例导入

小一班幼儿今年要在种植园地移栽小葱苗。在移栽的过程中，幼儿发现小葱的葱管是绿色的，但根须是白色的，而且根根分明，像是老爷爷的胡子（见图4-3-1），昕昕老师鼓励大家把自己的发现记录下来。后来，幼儿移栽的小葱都长高了，有一些葱管开始发黄。在咨询后，幼儿和昕昕老师决定先收获一茬小葱，他们用剪刀开始收获小葱。在收获过程中，对种植颇有经验的保育员老师建议幼儿可以用剪刀贴着小葱的根须剪，这样既能保证每次收获更多的小葱，又能让下一茬小葱长得更好。幼儿在劳作后，愉快地把自己的经验记录了下来（见图4-3-2）。[2]

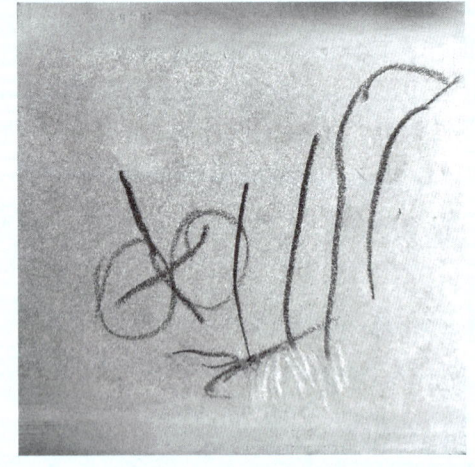

图4-3-1 小班幼儿用线条表示"小葱下面有根须，像老爷爷的胡须"　　图4-3-2 小班幼儿用线条表示"剪小葱的时候要贴着根剪"

思考 从幼儿的作品中，你能看出小班幼儿早期书写准备有什么特点吗？

---

① 夏瑞雪，周爱保.回汉藏3～6岁幼儿语言发展的差异与影响因素［J］.学前教育研究，2008（02）：35-38.
② 本案例由南京市梅花山庄幼儿园戴昕老师提供.

幼儿早期书写的学习与发展是从涂鸦和绘画开始的。从案例中的两幅作品可以看出，小班幼儿早期书写作品的画面中是各种线条和简单形状的罗列。了解幼儿早期语言学习与发展的基本特点，是分析幼儿现有语言发展水平的基础。只有把握幼儿现有语言发展水平，才能为他们提供更加有效的支持，这对提升教师教育教学质量有重要价值。本任务将依据《指南》中语言领域的分类，从倾听、表达、阅读与书写四方面详细介绍幼儿早期语言学习的基本特点。

✏️ 任务要求

1. 了解幼儿早期倾听、表达、阅读、书写能力的学习与特点。
2. 能够对幼儿的早期倾听、表达、阅读、书写等能力的发展水平进行判断。

一、幼儿早期倾听能力

倾听是感知和理解语言的重要途径。《指南》指出，幼儿要能够认真听并能听懂常用语言，并从倾听的意愿与态度、语言理解两方面对幼儿倾听能力的学习与发展目标进行了界定。

（一）倾听意愿与态度

2～3岁的幼儿，一方面，在倾听和学习新的词句方面表现出强烈的积极性，他们几乎每天都能掌握新的词汇。另一方面，幼儿的注意主要是无意注意，那些与幼儿的兴趣和需求关系密切的信息更能引起他们的注意。例如，托班幼儿喜欢听成人讲故事、念儿歌，像"小白兔，白又白，爱吃萝卜和青菜，蹦蹦跳跳真可爱"这样朗朗上口、生动有趣的歌词更能吸引他们的注意。

3～4岁的幼儿能在别人对自己说话时注意倾听并有所回应，但很难在群体中主动识别与自己有关的信息。例如，"请冬冬和明明坐下"比"请还没坐下的小朋友坐下"更容易得到小班幼儿的回应。4～5岁的幼儿能做到在群体中有意识地听与自己有关的信息。5～6岁的幼儿能在集体中注意倾听他人讲话，主动对不懂的内容提出疑问。

（二）语言理解

1. 语音意识

语音意识是指个体对口语中声音结构的觉察及运用。幼儿要学会正确发音，须具有语音意识，建立语音的自我调节机能。幼儿期逐渐开始出现语音意识，尤其是到4岁左右，幼儿的语音意识明显地发展起来，主要表现在能够主动倾听并评价别人的发音特点，以及能够根据听到的正确发音，自觉地调整自己的发音。

2. 语音分辨能力

语音分辨能力是指个体对口头语言中语音要素的分辨能力。语音分辨能力直接影响幼儿对语言的理解。

幼儿的语音分辨能力在2～3岁时提高最明显。托班幼儿虽然在发音上还不能区别一些相似的音，但是能知觉到成人发音和自己发音的不同，他们的语音记忆表象主要是按成人的发音形式储存的。例如，一个幼儿叫自己的小狗玩偶"小抖"，如果成人模仿幼儿的发音问："这是你的小抖？"幼儿会说："不，我的小抖。"并多次试图纠正成人对自己发音的模仿，直到成人说："你的小狗？"幼儿说"是"，但又说"我的小抖"。

幼儿辨音、发音的正确率会随着生理机制的成熟和年龄的增长而不断上升。3～4岁的幼儿很容易学会世界任何一种民族语言的发音，到学前期结束前，幼儿已经基本能够分辨母语的全部语音。但是，在幼儿掌握母语的语音后，因为听音、发音习惯已经基本稳定，当他们再学习新的语言时，在辨音与发音时会存在一定的困难。4～4.5岁的幼儿，听音、发音机制基本成熟，但对个别相似的发音还有可能混淆。

3. 对词义的理解

学前期幼儿对词义的理解经历了从具体到抽象的过程。幼儿首先理解的是意义更为具体的词，其中又以名词和动词居多，如具体事物的名称（桌子、教室、水杯等）、具体的动作（抱、摸、拿等）、某个人的称呼（奶奶、姑姑、舅舅等）、可感知到性状特征的词（甜甜的、滑滑的、圆圆的等）。随着年龄的增长，幼儿可以逐步理解一些抽象的词汇，如表示时间的词（今天、昨天、明天等）。

对于成人语言中的隐喻和转义，幼儿往往是听不懂的。比如，成人说："这个女孩经常帮助老人，她的心很甜。"幼儿会问："像巧克力一样吗？"直到大班，幼儿才开始能够理解一些不太隐晦的喻义。

幼儿早期对语义的理解主要依赖其使用语言的特定环境，即语境。在与他人交往的过程中，幼儿常常会根据对话内容的上下文，借助语境理解个别词汇的意思。幼儿记住的经常是成人使用某个词的情境和这个词的名称，并不是真正理解了这个词。

4. 对语句的理解

1岁前，婴儿虽然还不能说出有完整意义的语句，但是已经能听懂一些简单的语句，并且用动作来回应。例如，成人说"欢迎欢迎"，10个月大的婴儿就已经能主动做出拍手欢迎的动作。1岁以后，幼儿听懂并按照成人的指令做动作的能力明显增强。2～3岁的幼儿基本能听懂成人用的句子，并用语言与成人展开简单的交流。

4岁以后，幼儿已经能和成人自由交谈，基本能辨别和使用符合语法的句子，但是对语句的理解主要基于语言习惯，并非专门的语法知识。幼儿对被动语态（小猫被小狗咬了）、双重否定句（没有一种水果是小红不爱吃的）、反讽等语句结构或语境相对复杂的句子依然不太能理解。比如，当成人用反讽的方式责备幼儿"你可真能干"的时候，幼儿往往会认为真的在夸赞自己很能干。专门的语法知识的学习，要到小学阶段进行。

二、幼儿早期表达能力

语言表达是以一定的语言内容、语言形式以及语言运用方式进行交流的行为，是幼儿园语言学习的主要内容之一[①]。能否正确发音、清楚地表达自己的想法，直接影响幼儿与人交往的有效性。

（一）发音能力

由于生理上的不成熟，幼儿很难非常恰当地控制发音器官，因此正确发音一般比听准音更难一些。3岁前的幼儿，发音常常存在替代现象，如用"d"替代"g"，把"哥哥"喊成"嘚嘚"。3～4岁幼儿的下颚不像成人一样灵活，唇和舌的活动都不够有力，而辅音的发音要依靠唇、齿、舌等运动的细微变化，所以在幼儿的发音中，韵母正确率更高，声母正确率更低。这个年龄段幼儿的发音错误，最多集中在翘舌音zh、ch、sh、r和平舌音z、c、z中。此外，幼儿也常常把"n"和"l"混淆，将后鼻音"neng""ang""ing"发成前鼻音"nen""on""in"。

2.5～4岁是幼儿语音发展的飞跃期，在正确的语言教育支持下，4岁幼儿能基本掌握本民族的全部语音。4岁以后幼儿的发音正确率显著提高，4～5岁幼儿的语音进步最为明显。

（二）语音意识

幼儿要学会正确地发音，必须具有语音意识。幼儿通过控制和调节自身发音器官的活动，主

---

① 李季湄，冯晓霞.《3—6岁儿童学习与发展指南》解读［M］.北京：人民教育出版社，2013.

动模仿正确的发音，纠正错误的发音，建立语音的自我调节机能。从发展水平看，幼儿的声调意识水平最高，其次是韵母意识，最后是声母意识，三种语音意识都随着年龄的增长而提高。从发展途径看，观察学习是幼儿语音意识发展的主要途径，能自觉地辨别发音是否有误，意识到并自觉调节自己的发音，是幼儿语音意识形成的重要表现。例如，有的幼儿会将牛奶发音为"流奶"，即使没有他人纠正，幼儿也能够通过观察和模仿他人的正确发音自我纠正，最终能正确地说出"牛奶"这个词。

（三）词汇表达

首先，从词汇表达的数量上看，1.5 岁幼儿的词汇量为 70 个左右，2 岁幼儿的词汇量为 250～300 个，3 岁幼儿能掌握的词汇为 800～1 100 个，4 岁为 1 600～2 000 个，5 岁为 2 200～3 000 个，6 岁则为 3 000～4 000 个。可以看出，3～5 岁是词汇量增长的高峰期。

其次，从词性上看，幼儿一般先掌握实词，然后掌握虚词，使用的实词数量远大于虚词。在实词中，幼儿最先掌握、掌握数量最多的是名词，其中具体名词占比最高，6 岁前幼儿掌握的名词中，80% 以上都是具体名词。然后是动词，再次是形容词，而使用频率最高的是代词。

最后，从词汇量扩大的顺序看，幼儿的词汇表达具有以下四个特点。第一，先掌握能够满足各种需求的词汇，如幼儿 1 岁左右就能讲"拿""不"等词汇。第二，先掌握感兴趣的词。第三，先掌握有具体动作或者形象的词，如先掌握"小狗"，后掌握"小动物"。第四，先掌握重复机会多的词汇。语言在使用的过程中得到发展，幼儿早期的活动基本集中在饮食起居上，所以最初掌握的基本是和日常生活活动直接相关的词。

（四）语句表达

1. 语句表达能力发展的阶段性

幼儿语句表达能力的发展也具有一定的规律性。一般而言，1～1.5 岁的幼儿可以说单词句，1.5～2 岁的幼儿可以说出双词句或电报句，从 2 岁开始幼儿能说简单的完整句，到 2.5 岁幼儿已经开始使用复合句（见图 4-3-3）。

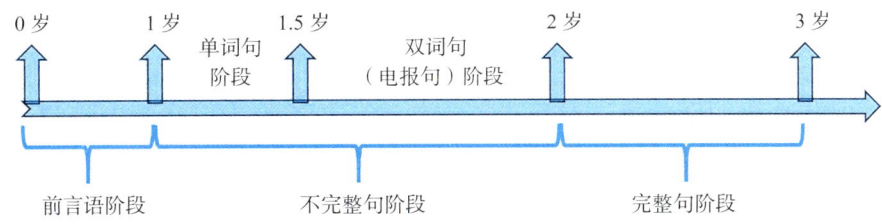

图 4-3-3 幼儿言语表达学习与发展阶段示意图

由图可知，随着年龄的发展，幼儿的语句表达会从前言语阶段向不完整句阶段，再向完整句阶段过渡。然而这种年龄特点的划分并不是绝对的，幼儿进入各个发展阶段的时间并不是固定不变的，先天遗传或后天环境等因素可能会导致幼儿进入不同发展阶段的时间出现一定的差异性。

2. 语句表达学习的一般特点

一般而言，幼儿语句表达的学习主要有以下特点。

（1）句型以陈述句为主，遵循从简单到复杂的规律

幼儿最早掌握的是陈述句，简单的陈述句是整个幼儿期最基本的句型。幼儿最初表达的语句常常只有核心词汇，使用的语句经历着从基本没有修饰语到有修饰语的过程。疑问句、祈使句、感叹句等其他形式的句子也逐渐出现在幼儿的表达中，其中疑问句出现得较早。

幼儿最初表达的词句往往是不完整的，经常出现删除词语或句子成分的情况。单词句和双词句在严格意义上并不是句子，而是一个简单的词链，比如用"妈妈，杯杯"表示"妈妈，我想用杯

子喝水"。即使当幼儿开始使用简单句表达以后，也会漏掉一些主要成分，出现句子结构松散或词序紊乱的情况。例如，有的托班幼儿会把"你用杯子喝水，我用瓶子喝水"说成"你喝杯子，我喝瓶子"。

（2）句子结构和词性从混沌一体到逐渐分化

1～1.5 岁的幼儿处于单词句阶段，使用的句子没有完整的结构，语句中的词汇常常是不分词性的，如，"嗷呜"既可表示"这是一只老虎"，又可表示"老虎在咬人"。

幼儿常常把合成词当成不可分割的整体这一特征从托班延续到小班。如，小班幼儿还会常常把"大象""护士阿姨"等词组当作一个词来使用，因此语句常常不分修饰词和中心词，如"我家里有两个小大象玩具""我长大以后要当护士阿姨"等。随着年龄的增长，幼儿能在使用语句的过程中分化出修饰词和中心词。

（3）语句不连贯，常常使用情境性言语

情境性言语是指 2～6 岁的幼儿在独自叙述时不能连贯、有逻辑、完整地表达，而是想到哪儿说到哪儿，表达过程中伴有各种手势、表情的言语。听者需结合当时的情境，观察手势、表情，边听边猜才能理解言语的意义。3 岁以前，情境性言语是幼儿主要使用的言语。3～4 岁的幼儿，言语仍带有情境性。随着年龄的增长，幼儿言语的连贯性逐渐得到发展，4～5 岁的幼儿能独立叙述各种事情或讲故事，在叙述时有了时间、地点、起因、经过与结果的概念，连贯性和完整性也有所增强。6～7 岁的幼儿开始能把自己的整个思想内容前后一贯地表述，并能使用完整的句子说明上下文的逻辑关系。在成人正确的引导下，有些幼儿能连贯、生动、有感情地描述事物。

（4）较快学会复述循环反复、简洁明快、语义形象的句子

幼儿对重复的、简洁明快、有一定押韵、结构完整、语义形象的句子更感兴趣，也更愿意重复这些句子，并能够较快学会复述。

三、幼儿早期阅读能力

3～6 岁是幼儿早期阅读能力发展的关键期，良好的早期阅读习惯的养成和阅读技能的获得，对于人的终身学习与全面发展有重要意义。保教人员应该把握住幼儿早期阅读学习与发展的关键期，了解幼儿早期阅读的学习与发展特点，为其提供适宜的支持。

（一）早期阅读内容学习的特点

对于幼儿来说，阅读不仅是看书、识字的活动，更是通过对文字、符号、标记、图片、影像等各种材料的感知、理解和运用，是启迪智慧、增长见识、活跃思维的活动。幼儿的阅读是以视知觉为主，同时运用多种感官的多维感知活动，所以幼儿早期阅读的内容应该是多样、广泛的，不仅包括书面符号，还应该包括生活中的各种事物，如交通标志、动画、电影、照片、各类标识等。另外，幼儿的抽象逻辑思维水平正处于萌芽阶段，他们对抽象的语言符号的识别、理解水平较低，这又决定了幼儿早期阅读的内容应该是具体、形象的，而非抽象的。

（二）早期阅读偏好

2～3 个月的婴儿喜欢看色调单一、边界轮廓鲜明的图片，这种类型的图片可以满足婴儿指指认认的需求。从 4 个月开始，婴儿喜欢有"藏找游戏"的图画书，这种阅读偏好会一直持续到幼儿期，这时照护者可以根据婴儿的喜好给其看 3～10 页图卡书。8 个月左右的婴儿对富含象声词和叠音词的故事、诗歌、图画书表现出较大的兴趣，也很喜欢照护者抱着自己一起阅读图画书。15 个月以后，幼儿渐渐开始能看懂一些简单、有情节的图画书。

华爱华、茅红美把 0～3 岁婴幼儿的一般阅读表现按照月龄划分为七个阶段（见表 4-3-1）。

表 4-3-1　0～3 岁婴幼儿一般阅读表现①

月龄	婴幼儿一般的阅读表现	月龄	婴幼儿一般的阅读表现
0～4 个月	只能用耳朵听或者眼睛看	12～15 个月	学步期，对周围事物充满好奇
4～6 个月	对抓书、咬书和听故事同样感兴趣	15 个月至 2 岁	会重复一些句子，喜欢模仿
6～8 个月	可以专注地听故事，喜欢乱翻书	2 岁至 3 岁	会复述一些故事，语言渐渐丰富
8～12 个月	在阅读中会帮着父母有序地翻页		

3～4 岁的幼儿已经对看图阅读产生兴趣，能听懂短小的儿歌或故事。由于注意力发展水平的限制，小班幼儿在阅读时容易走神，无法对阅读材料的整体内容做出比较全面的评价。他们更加关注阅读材料中的个别人物，对阅读材料的理解更加依赖自己熟悉的形象或具体、生动的图画。

随着注意力的发展，4～5 岁的幼儿能够更持久地专注于阅读材料，可以较为仔细地观察阅读材料中的符号、图画、标记等，能大体讲出图画书中故事的主要情节，并产生与故事情节相对应的情绪反应。

5～6 岁的幼儿可保持注意 20 分钟左右，这使他们在阅读中能获得更多、更完整的信息。从阅读偏好上看，大班幼儿主要有以下特点：第一，相比文字，更喜欢看比较大幅的、颜色均匀而鲜艳的图画。若阅读材料中有搭配文字，幼儿更喜欢字号相对大且字数少，以图画为主线，文字与故事情节紧密结合的内容。第二，喜欢主题积极、结局圆满的文学作品，偏爱故事或图书中形象比较积极的人物。聪明、勇敢、善良、美丽的形象更容易引起幼儿的注意。第三，喜欢和生活中熟悉的人、事、物相关的文学作品，尤其喜欢含有动物的、科普类的、具有趣味性的故事或图书。

（三）前识字经验学习的特点

前识字经验是幼儿早期阅读的一项重要经验，汉字、数字、字母等对幼儿而言是一种特殊的图形知觉。4 岁左右是幼儿图形知觉发展的敏感期，他们对汉字、数字和字母会表现出较大的兴趣，并开始理解文字的功能。比如，在画完一幅画后，幼儿会主动向成人提出要把自己想要表达的意思用文字写出来，并知道别人看到这些文字后能明白他想说的话。

四、幼儿早期书写能力

早期书写也叫前书写，是幼儿在接受正式的书写教育之前，用手执握书写工具，通过图画、图形、像字而非字的符号等形式进行涂鸦、书写，来表达信息、交流情感与经验的活动。

（一）早期书写方式与动作学习的特点

幼儿早期书写的学习是从涂鸦和绘画开始的。幼儿喜欢借助各种书写工具，随时随地涂涂画画，如用手指、笔、石头、树枝等在沙滩、纸、黑板、墙壁、地上、泥土上涂涂画画。涂涂画画活动对幼儿意义重大，首先，在精神上为幼儿带来满足感和愉悦感，提供了表达思考、呈现经验、交流情感的途径，为其形成积极的书写意愿奠定基础；其次，帮助幼儿锻炼手部精细动作、腕关节的灵活性以及手眼协调能力，幼儿的执握水平在此过程中逐渐发展、成熟；最后，幼儿以书面的方式画出各种各样的线条、形状、符号，从无目的的涂鸦过渡到有一定象征意义的、近似汉字的符号。到大班，书写便从涂涂画画的运笔游戏中分化出来，直至演变为规范的文字书写。所以，书画同源，涂涂画画是幼儿早期书写最主要的方式。

根据孔起英团队的研究，3 岁前幼儿的涂鸦具体分为未分化的涂鸦（1.5～2 岁），控制涂鸦

---

① 华爱华，茅红美. 聪明宝宝从这里起步：亲子阅读［M］. 上海：少年儿童出版社，2012.

（2～2.5岁）和圆形涂鸦（2.5～3岁）[①]。在未分化的涂鸦期，幼儿画出的是一些杂乱、不规则、不流畅、互相掺杂在一起的线条和随机的点，且常常涂出纸外。这时幼儿的握笔具有以下特点：手指紧紧握住笔，手腕较少移动，主要靠前后摆动手臂来移动操作工具。在控制涂鸦期，幼儿开始在纸上画出长短不一的直线、斜线、螺旋线和锯齿线，而且能把涂鸦控制在整张纸内。这时幼儿的腕关节运动比前期要灵活。在圆形涂鸦期，幼儿开始注视笔的运动方向，在纸上反复地画圆圈。

3～4岁的幼儿，由于手部精细动作发展和手眼协调能力发展尚未完善，主要使用简单的线条或形状来表现生活中各种各样的人或事物，和实物差别较大，不经幼儿解说很难看懂。

4～5岁幼儿的手部执握动作已经达到成熟的水平，手腕和手指的灵活性以及手眼协调能力大大提升，能够更加熟练地操作书写工具，能用笔画出比较流畅、长短不一、大小不一的组合图形。

5～6岁的幼儿随着手部动作与认知水平的发展，开始熟练地使用基本流畅的线条表现事物的整体形象，而且能根据作品的主题有机融合各种线条和形状，并能用细节表现事物的一些基本特征。

（二）早期书写内容学习的特点

幼儿早期书写能力依次经历三个阶段：4岁以前的萌芽阶段、4～5岁的过渡阶段、5～6岁的快速发展阶段。3岁前，幼儿的早期书写尚处于萌芽阶段，作品往往是无意义的涂鸦，也会呈现一些有结构但含义不明的线条。

3～4岁的幼儿依然处于早期书写的萌芽阶段，他们在涂涂画画时常常没有具体的目标，而是想到什么就画什么，作品呈现出的是各种线条和简单的形状，图形之间的关联性比较弱，小班幼儿的作品中几乎没有文字或数字这样的特殊符号。当成人问幼儿画的是什么时，幼儿常常不予理睬，偶尔也会根据自己画出的作品形象给出一个临时想到的答案。如图4-3-4，成人问幼儿每个图形分别是什么意思，幼儿指着图形1，告诉成人"这是山"，一会儿又改口说"这是热水器"，然后分别指着图形2、图形3、图形4，告诉成人这些分别代表"衣服""饺子"和"小孩子的头"。

图4-3-4　小班幼儿涂画的作品

4～5岁的幼儿已经能进行有目的、有意识的绘画活动。他们常用图像来表达自己的想法，这些图像具备了一定的象征意义，同一个画面里的各个图形开始有了一定的关联，总体上能看出幼儿想表达的主题。此外，该阶段幼儿的作品开始出现汉字或数字等符号，但是前书写作品还是以图画为主。另外，多数幼儿还不能完整地写出自己的名字，而是通过画图形或数字的方式来表达自己的名字，也有小部分幼儿能够书写出姓名中的某个字。

5～6岁幼儿的绘画作品主题明确，内容丰富，结构合理，画面中各个图像之间的关系一目了然。幼儿的前书写作品常常以图文结合的方式出现，不过依然是以图画为主，文字为辅，有时会出现以图代字的情况（见图4-3-5）。

[①] 孔起英.幼儿园美术教育［M］.北京：人民教育出版社，2004.

图 4-3-5　大班幼儿作品《刘邦"桶"一天下的故事》①

大班幼儿的前书写水平进入快速发展阶段，已经能够模仿书写汉字。幼儿最早习得并使用的汉字是自己的名字，掌握名字的书写能帮助其更好地认识字体与现实的关系。多数大班幼儿能正确书写自己的名字，但前书写作品有时还会存在书写错误（如镜像书写）或错用的现象。

任务四　幼儿早期语言学习的支持

 案例导入

> 陈老师组织小班幼儿开展语言活动"三只小猪"。她拿出绘本《三只小猪》，从每只小猪的性格开始讲起，然后分别讲述了"三只小猪盖房子""大灰狼如何出现""小猪们如何合力赶走大灰狼"等情节。五分钟过去了，故事还没讲完，已经有几个幼儿开始走神。故事讲完后，陈老师问："老师讲了一个怎样的故事呢？"班上没有一个幼儿主动举手回答。等了一会儿后，陈老师只好自问自答，然后继续问幼儿："这个故事说明了一个什么道理？"幼儿依然没有回答。陈老师发现更多幼儿开始走神，她只好说了一句："我们要勤劳、团结，对不对呀？"说完便匆匆结束了活动。
>
> **思考**　为什么幼儿在这个语言活动中纷纷走神？陈老师可以怎么改进这个活动呢？

小班幼儿更加关注阅读材料中的个别人物，陈老师没有抓住小班幼儿语言学习与发展的特点来精简故事内容、突出中心角色，讲述时间过长，导致幼儿出现走神的现象。此外，小班幼儿无法对阅读材料的整体内容做出比较全面的评价，而教师的两个问题都具有高度的概括性，超出了小班幼儿的语言能力范畴，这让越来越多的幼儿对活动失去兴趣，表现出走神的行为。

上述案例表明，保教人员能否了解幼儿早期语言学习的特点并提供相应的支持，直接影响着幼儿

---

① 本案例由南京市梅花山庄幼儿园戴昕老师提供。

早期语言教育活动的实施成效。本任务将依据《指南》中语言领域的分类，从倾听、表达、阅读与书写四方面详细介绍幼儿早期语言学习的支持。

 **任务要求**

1. 了解幼儿早期语言学习的支持方法。
2. 能够基于对幼儿语言发展水平与兴趣点的观察提供相应的支持。

一、幼儿早期倾听能力的支持

根据幼儿倾听能力的发展特点，保教人员可以从倾听的意愿与态度、语言理解等方面为幼儿提供适宜的支持。

（一）倾听意愿与态度的支持

1. 选择幼儿感兴趣的对话内容，激发并维持其倾听的积极性

符合幼儿兴趣和需求的对话内容更容易引起幼儿的注意，因此保教人员一方面应该提供更多符合幼儿兴趣与需求的对话机会，另一方面可以为幼儿选择朗朗上口、生动有趣、简单重复、体裁多样的文学读物（故事、儿歌、谜语等），激发并维持幼儿倾听的积极性。

2. 引导幼儿学会认真倾听

保教人员对幼儿倾听态度的引导应该渗透在一日生活中。在日常对话中，保教人员可以引导小班幼儿注意听别人说话并做出回应；引导中班幼儿在集体中有意识地听与自己有关的信息；引导大班幼儿在集体中仔细倾听别人讲话，并在有困惑时主动提问。幼儿年龄越小，保教人员提出的要求或布置的任务内容应该越具体。

（二）语言理解的支持

1. 为幼儿语音意识和语音分辨能力的发展提供支持

幼儿的语音记忆表象主要是按成人的发音形式来储存的，保教人员的普通话水平直接影响幼儿对普通话语音的分辨与理解。因此，保教人员首先要能说流利、标准、清晰的普通话，并且在与幼儿交流时吐字清晰，尤其是在说相似音的字时更应该让幼儿感知到发音细节的不同。其次，保教人员应当引导幼儿耐心倾听他人讲话，不嘲笑别人的发音错误。当然，保教人员还可以给幼儿设计一些语音分辨游戏或组织相关的教学活动。

2. 为幼儿词义、语句理解的发展提供支持

为支持幼儿词义、语句理解的发展，保教人员应该做到以下三点。第一，为幼儿提供更多倾听和交谈的机会，让幼儿在生活和具体的情境中积累更多词汇。第二，正确看待幼儿对词义理解笼统的现象。生活经验的积累有助于幼儿语言理解水平的提高，因此保教人员要引导幼儿在生活中学会观察、乐于观察，结合具体情境向幼儿耐心地解释词义，而不是指责和纠正幼儿的错误。第三，注意说话时的语气语调，使用幼儿听得懂的语言与其交谈，切忌使用讽刺或说反话的方式和幼儿交流，为幼儿创设一个自由轻松的语言环境。

（三）基于幼儿倾听能力的年龄发展目标

"语音分辨游戏"中呈现了各年龄段幼儿语言倾听能力的发展目标。幼儿的学习活动主要是渗透在生活中的，这就要求保教人员不仅要在有组织、有计划的正式教育活动中遵循幼儿倾听能力的年龄发

展目标，更应树立随机教育的意识，在幼儿一日生活的各个环节里支持其倾听能力的发展。

二、幼儿早期表达能力的支持

懂得语言表达的作用，愿意向别人表达自己的见解，并且能够清楚表达的人，才能更好地与人进行语言交流。保教人员应该为幼儿表达能力的发展提供适宜的支持。

（一）发音能力的支持

生理尚未成熟使幼儿不能完全正确地发音。因此，保教人员一方面应掌握科学的语言教育方法，把握幼儿语音发展的关键期，为幼儿组织适宜的语言活动。另一方面，保教人员应做好家园合作工作，帮助家长科学地看待幼儿发音错误的问题，克服焦虑情绪，避免刻意纠正幼儿发音的错误，学会用正确的语音语调自然地和幼儿交流，为幼儿提供观察榜样。

拓展阅读
语音分辨游戏

拓展阅读
幼儿语言倾听能力发展目标

（二）语音意识的支持

具有语音意识是幼儿学会正确发音的重要保证。首先，保教人员要说标准的普通话，为幼儿提供高质量的语音参照，积极为幼儿创设良好的普通话语音环境。其次，保教人员可以借助语音游戏、绘本诵读、基于幼儿兴趣的语言集体教学等多样化的活动激发幼儿观察和模仿正确发音的兴趣与主动性。最后，保教人员应具备随机教育的自觉性，在幼儿的一日生活、教学活动与游戏等各个环节鼓励幼儿口齿清楚地表达。

（三）词汇和语句表达的支持

微课
幼儿词汇和语句表达的支持

第一，幼儿的语言表达能力在交往中得到发展，保教人员应该给幼儿提供充足的交往机会。一方面，保教人员应确保每日安排足够的时间与幼儿交谈，如：在入园时谈谈幼儿在来园路上发生的事，在自由活动时谈谈幼儿感兴趣的话题，在过渡环节谈谈幼儿对班上某个事件的看法等。幼儿表达意见时，教师可以蹲下来，眼睛平视幼儿，耐心听其把话说完。另一方面，保教人员应当为幼儿之间的交流留出更多空间与时间，鼓励幼儿和同伴一起玩耍，互述趣事、见闻、绘本或动画等。幼儿在充分的交往中，能够积累更多的词汇数量，丰富不同词性的词汇的使用经验，丰富句型的使用知识。

第二，保教人员应该关注交往的质量，在幼儿的一日生活中渗透对语言表达的要求。比如，鼓励幼儿完整地表达，及时肯定幼儿使用的丰富的词汇、优美的语句，提高其使用词语的正确性、句子结构的完整性、句子表达的逻辑性和连贯性。当然，教师也应该尊重和接纳幼儿说话的方式，对幼儿常见的词、句表达错误不做过分的苛责，无论幼儿的表达水平如何，都应认真地倾听并给予积极的回应。

第三，在正式的语言集体教学活动中，保教人员为幼儿选择的文学作品不但要符合幼儿的年龄发展特征，而且要符合其兴趣特点，应选择内容相对简单、有一定重复性、句子简洁明快、结构完整、语义形象、内容有趣的文学作品。

第四，在家园合作方面，保教人员可以鼓励家长带幼儿去逛超市、逛动物园、坐公交车、乘地铁等，鼓励幼儿尝试学习不同场景中的语言表达方式。

（四）言语表情技巧的支持

首先，保教人员应该注意语言文明，神情仪态大方自然、有亲和力，做到为人师表，师德为先，在公共场合不说脏话、不大声喧哗，与人交往真诚、礼貌，为幼儿做出表率。

其次，当幼儿因为急于表达、激动、紧张等原因而口吃或言不达意时，保教人员应该提醒其不要急、慢慢说，同时耐心倾听并提供必要的补充，最后概括幼儿的发言，帮助幼儿厘清思路，学会清晰地表达。

最后，教师应该通过各种活动为幼儿提供练习言语表情技巧的机会，比如，鼓励幼儿在讲故事时体会并尽量表现出角色的不同情绪，提醒幼儿遵守集体生活的语言规则（举手发言、轮流发言、不嘲笑别人的口吃等）。

（五）应基于幼儿表达能力的年龄发展目标

幼儿的语言表达能力存在显著的年龄发展差异性，保教人员在组织活动时应该践行《指南》中幼儿语言领域表达能力的发展目标。另外，受家庭环境以及自身发展速率的影响，幼儿在语言表达能力的发展上存在个体差异性，保教人员应该评估幼儿的表达水平，针对明显高于或低于班级大多数幼儿表达水平的幼儿，根据其最近发展区提供个性化的指导。

三、幼儿早期阅读能力的支持

3～6岁是幼儿早期阅读能力发展的关键期，根据幼儿早期阅读能力的发展特点为其提供适宜的支持，有助于幼儿形成积极的阅读情感，养成良好的阅读习惯，为终身学习奠定基础。

（一）注重阅读的启蒙性

对幼儿早期阅读的支持，应该更加侧重幼儿语言水平的提高和文化素养的启蒙，激发并维持幼儿的阅读兴趣，重视幼儿在阅读过程中形成良好的学习品质。保教人员首先应该为幼儿提供一个相对安静、光线舒适、氛围轻松的阅读场所，然后提供诗歌、故事、儿歌等不同体裁的儿童文学作品。在阅读的过程中，保教人员可以根据幼儿的年龄发展特点，引导其仔细观察画面，结合画面讨论故事内容，发展观察力；鼓励幼儿有条理地说出故事的大致情节，并依据故事结尾大胆想象故事情节的发展，发展条理性与想象力；支持幼儿用哼唱、绘画、表演等不同的方式表达对故事与画面的理解，发展自主性与创造力等。

（二）提供生活化、多样化的阅读内容

一方面，保教人员应该为幼儿提供符合其年龄发展特点、富有童趣、丰富的书面阅读材料，并鼓励家长经常和幼儿一起阅读、讲故事、交流图书内容。另一方面，保教人员和家长应该重视幼儿对生活中各种符号的认识和观察，让幼儿在不同的生活场景中感受各种标识的作用，体会文字的用途。例如，向幼儿介绍人行道、扶梯、卫生间等生活中常见的标识，帮助其理解标识可以代表具体的事物。

（三）根据幼儿的年龄发展特点和阅读偏好提供适宜的阅读材料

保教人员在为3～4岁的幼儿挑选阅读材料时，可以选择幼儿熟悉的主题或故事角色，图画书要画面简单清晰、色彩积极、内容易懂、文字较少，故事的形象要比较鲜明、突出。在阅读过程中，保教人员可以引导幼儿根据画面简单描述图中的事物。

保教人员在为4～5岁的幼儿提供阅读教育的支持时，可以引导幼儿仔细观察阅读材料中的符号、图画、标记等，鼓励幼儿根据连续画面大致说出故事情节，并和幼儿一起感受故事或绘本中角色的情绪。

在为5～6岁的幼儿提供阅读教育的支持时，一方面，保教人员应该为幼儿提供以图画为主线、文字字号较大且数量少、文字与故事情节匹配、主题与角色形象积极、内容丰富且有童趣的文学作品；另一方面，保教人员在指导幼儿开展阅读活动的过程中，可以支持幼儿说出听过或看过的文学作品的主要内容，鼓励幼儿对这些文学作品发表自己的看法，尝试进行简单的续编、创编。

（四）根据幼儿前识字经验的特点开展支持，避免小学化

保教人员结合幼儿早期阅读能力的发展特点，把握幼儿前识字经验的主要内容，能有效提高幼儿

对文字的敏感度。幼儿的前识字经验主要包括六方面[①]。

一是粗晓文字是如何产生、演变的。

二是知道文字是一种符号，并可与其他符号系统转化。

三是知道文字有具体的意义，可以把文字、口语与概念对应起来。

四是理解文字的功能。

五是知道语言、文字的多样性，知道世界上有多种语言，不同的语言和文字可以互译，同一句话能用不同的语言和文字表述。

六是初步了解文字有一定的构成规律，增强识字兴趣。如大多数"氵"偏旁的字和水关，如"江""河""溪""海""洋"等。

幼儿的前识字活动绝非集中、大量地识记汉字，保教人员应根据幼儿前识字经验的特点开展支持，做好幼小衔接工作，并注意避免小学化。

（五）应基于幼儿阅读能力的年龄发展目标

保教人员在指导幼儿开展阅读活动时，应该营造自由、轻松的氛围，但这不等同于放任不管。保教人员应该把《指南》中幼儿语言领域早期阅读能力的年龄发展目标内化于心，结合对幼儿兴趣点的观察，保持教育的敏感性，随时做好调整阅读材料以及阅读策略的准备，确保为幼儿提供适宜的支持。

拓展阅读

幼儿早期
阅读能力
发展目标

四、幼儿早期书写能力的支持

《纲要》在语言领域明确指出，应该"利用图书、绘画和其他多种方式，引发幼儿对书籍、阅读和书写的兴趣，培养幼儿的前阅读和前书写技能"。这是我国首次明确地把幼儿早期书写能力的培养纳入幼儿园教育的目标体系。保教人员应根据幼儿早期书写能力的发展特点，为幼儿早期书写能力的发展提供有针对性的支持。

（一）早期书写方式与动作的支持

首先，保教人员应重视培养幼儿对书、画的兴趣。一方面，提供方便幼儿随时取放且多样化的书写工具，尊重幼儿的书写、绘画意愿，为幼儿的涂鸦提供自由的时间与空间，鼓励幼儿在生活中通过写写画画的方式表达自己的想法。另一方面，合理评价幼儿的早期书写作品，不以"像不像"为标准衡量幼儿的作品，让幼儿对涂涂画画始终保持积极的情绪。

其次，手部精细动作和手眼协调能力的发展是幼儿早期书写能力发展的生理基础，保教人员可以在幼儿的一日生活中融入对手部精细动作和手眼协调能力的支持。对于3～4岁的幼儿，可以在游戏环节投放串珠、手工材料等，也可以在游戏后鼓励幼儿用纸笔涂画、记录自己的经验；在教学环节支持幼儿进行美术创作；在生活环节鼓励幼儿自己用勺子吃饭等。对于4～5岁的幼儿，一方面保教人员应该注意观察幼儿写写画画时的坐姿和握笔姿势，及时纠正其错误的姿势；另一方面，通过引导幼儿学习用筷子吃饭、沿直线剪出简单图形等，支持幼儿手眼协调的进一步发展。对于5～6岁的幼儿，保教人员应该鼓励幼儿在游戏前的计划和游戏后的反思环节使用纸笔进行表征，并要求其能在没有成人提醒的情况下保持正确的书写姿势。

（二）早期书写内容的支持

3～4岁的幼儿在涂涂画画时没有具体的目标，作品的内容往往是简单的线条与图形的罗列，所以保教人员可以在幼儿涂鸦时询问其作品的名称，仔细聆听幼儿的回答，尊重幼儿的反馈，帮助幼儿建立对经验、符号与表达关系的认知。

---

① 张加蓉，卢伟. 学前儿童语言教育活动指导（第二版）［M］. 上海：复旦大学出版社，2009.

对于4～5岁的幼儿，首先，保教人员可以引导其仔细观察生活中各种事物的细节，把自己听过的故事、看过的绘本情节或者其他感兴趣的事情用图形符号表现出来，为写写画画做好经验准备。其次，保教人员可以帮助幼儿把想要记录的事情用文字记录下来，念给其听，让幼儿体会写写画画与文字的用途。最后，关注幼儿个体差异性，鼓励幼儿在日常作品中用符号或简单的文字署名。中班幼儿处于早期书写的过渡阶段，早期书写能力的发展存在较大个体差异，保教人员应该尤其注意观察幼儿在各种活动中表现出来的早期书写发展水平差异，鼓励发展水平较高的幼儿学习用汉字书写自己名字中的一两个字，鼓励其他幼儿尝试用自己喜欢的图形或似字而非字的符号代表自己，切勿统一要求。

5～6岁的幼儿开始真正地使用绘画来有意识地表现自己的经验。对于该年龄段的幼儿，首先，保教人员应为其创造更多用图画和符号表达的机会。例如，在集体教学活动中支持幼儿用写写画画的方式记录自己的发现、困惑或设想；鼓励幼儿讨论集体生活、游戏的规则，加以记录后布置在班级环境中；鼓励幼儿把社会实践活动的见闻记录下来等。其次，保教人员应在幼儿写写画画前，引导其充分感受、欣赏、谈论相关经验，鼓励其仔细观察并用细节表现事物的一些基本特征。最后，保教人员可以通过组织幼儿欣赏"山""水""日"等简单、形象的甲骨文是如何产生的，以及一些常见、简单的象形字从古至今的演变过程等，让幼儿粗晓文字的产生和演变过程；还可以开展一些与"我自己"相关的主题活动，提高幼儿模仿书写汉字以及正确书写自己姓名的兴趣。

（三）基于幼儿早期书写能力的年龄发展目标

幼儿早期书写水平的年龄差异显著，保教人员应了解幼儿早期书写发展的阶段性特点，根据年龄发展目标开展有针对性的指导。二维码中呈现了各年龄段幼儿早期书写准备的发展目标，保教人员在设计各类语言教育活动时可以参考，以保证语言活动的适宜性。

拓展阅读

一、学前儿童语言学习的核心经验

早期口头语言包含谈话、辩论、叙事性讲述、说明性讲述四方面。谈话是多人围绕某个主题展开交谈的活动，是人们最常用的语用形式；辩论是运用语言来交流不同意见的一种经验；叙事性讲述是用口头语言把经历、行为或事件发生、发展及变化的过程讲述出来的表达形式；说明性讲述是使用独白语言说明和解释事物的讲述形式。

早期书面语言包括前阅读、前识字和前书写三方面的经验。需要注意的是，幼儿的早期阅读、识字与书写不同于成人：在早期阅读方面，幼儿的阅读对象以图画书为主，在阅读的过程中感知图画、文字、口头语言和书面语言的关系，重点在养成热爱阅读的习惯；在前识字方面，切勿以识字为目的，应该着重激发幼儿对符号和文字的兴趣，获得符号和文字功能、形式和规则的初步意识；在前书写方面，幼儿主要通过涂鸦、图画、非正式汉字的字符等形式进行书写，获得与汉字纸笔互动的完整体验。

早期文学语言包括文学语汇、文学形式和文学想象的经验，保教人员应当为幼儿选取形式多样（儿童诗歌、童话故事、散文等）、蕴含丰富词汇和修辞方式、能激发一定情节和场景想象的高质量文学作品。

二、2021年教育部推荐的一批幼儿图画书

2021年，教育部基础教育司组织来自学前教育、儿童文学、插画、思政等专业领域的专家，遴选出了347种贴近幼儿生活、富有儿童情趣的图画书。这份书单能够为幼儿园和家长有针对性地选择符合3～6岁幼儿学习与发展特点的图画书提供参考，有助于培养幼儿良好的阅读兴趣和阅读习惯，丰富幼儿的学习经验，促进其语言、认知等多方面能力的发展。

 **模块小结**

　　语言承载、传承着人类的智慧和社会文明，是连接幼儿内部思维世界与外部现实世界的一座桥梁。幼儿早期的语言学习有助于认知能力、社会性发展、心理健康水平和语言兴趣的提高。幼儿早期语言学习与发展的核心经验包括早期口头语言、早期文学语言、早期书面语言三方面。发音器官、听觉器官、脑机能的成熟和认知发展等内部因素，以及家庭环境、社区环境、幼儿园环境、文化背景等外部因素，综合影响着幼儿早期语言的学习。识别、理解不同年龄段幼儿早期语言学习的基本特点，并据此提供适宜的支持，对于促进幼儿语言发展、提高幼儿园保教质量是非常重要的。

 **思考与实训**

一、单项选择题

1. 外部语言包括口头语言和（　　　　）。

　　A. 书面语言　　　　　　　　B. 内部语言　　　　　　C. 自我中心言语　　　　D. 集体独白

2. 幼儿早期语言学习与发展的核心经验包括（　　　　）。

　　A. 早期口头语言　　　　　　　　　　　　B. 早期文学语言

　　C. 早期书面语言　　　　　　　　　　　　D. 以上都是

3. 语言的学习有利于幼儿习得社会规范，提高社会适应能力。这说明幼儿早期语言学习有助于提高幼儿的（　　　　）。

　　A. 语言兴趣　　　　　　　　　　　　　　B. 社会性发展

　　C. 科技发展　　　　　　　　　　　　　　D. 心理健康水平

4. 以下哪项是幼儿早期语言学习的内部影响因素？（　　　　）

　　A. 发音器官的成熟　　　　　　　　　　　B. 听觉器官的成熟

　　C. 脑机能的成熟　　　　　　　　　　　　D. 以上都是

5. 父母的说话方式、用词用句、与家人沟通时的态度与情绪，在很大程度上影响着幼儿的语言理解、倾听习惯、表达与运用能力。这说明（　　　　）影响着幼儿的早期语言学习。

　　A. 社区环境　　　　　　　　B. 幼儿园环境　　　　　　C. 家庭环境　　　　　　D. 文化背景

6. 小班幼儿还会常常把"大象""护士阿姨"等词组当作一个词来使用，因此他们的语句常常不分修饰词和中心词，如"我家里有两只小大象玩具"。随着年龄的增长，幼儿才能在使用语句的过程中逐渐分化出修饰词和中心词。这说明幼儿语句表达的基本特点是（　　　　）。

　　A. 句型以陈述句为主，遵循从简单到复杂的规律

　　B. 句子结构和词性从混沌一体到逐渐分化

　　C. 语句不连贯，常常使用情境性言语

　　D. 较快学会复述循环反复、简洁明快、语义形象的句子

7. 学前期幼儿的前识字经验不包括以下哪点？（　　　　）

　　A. 集中大量地识字　　　　　　　　　　　B. 知道每个标志代表一定的意思

　　C. 知道语言、文字的多样性　　　　　　　D. 粗晓文字是如何产生、演变的

8. "能结合情境理解一些表示因果、假设等相对复杂的句子"是哪个年龄段幼儿语言倾听能力的发展目标？（　　　　）

　　A. 2～3 岁　　　　　　　　B. 3～4 岁　　　　　　　C. 4～5 岁　　　　　　　D. 5～6 岁

9. 以下哪种原因可能会造成幼儿的口吃现象? （　　　　）

  A. 急于表达　　　　　　B. 激动　　　　　　C. 紧张　　　　　　D. 以上都是

10. "会说本民族或本地区的语言，基本会说普通话。少数民族聚居地区幼儿会用普通话进行日常会话"是中班幼儿语言学习中哪个方面的发展目标? （　　　　）

  A. 倾听　　　　　　B. 表达　　　　　　C. 阅读　　　　　　D. 书写

二、判断题

1. 幼儿掌握句型的顺序是：单词句、双词句或电报句、简单完整句、复合句。 （　　　　）

2. 会写拼音和汉字是幼儿早期书面语言方面的经验。 （　　　　）

3. 幼儿的语言发展以内部的先天遗传条件为基础，后天的外部环境则决定了幼儿语言潜力的发展程度。 （　　　　）

4. 幼儿也可以听懂被动语态、双重否定句、反讽等语句结构或语境相对复杂的句子。 （　　　　）

5. 对幼儿来说，正确发音一般比听准音要更难一些，成人切勿过分纠正幼儿错误的发音，导致幼儿对语言表达失去兴趣。 （　　　　）

三、简答题

1. 简述幼儿早期语言学习与发展的核心经验包含哪些内容。

2. 简述听觉器官的成熟对幼儿早期语言学习的影响。

3. 简述幼儿早期阅读能力的总体支持策略。

四、实训题

  到幼儿园观察幼儿教师的某次语言教育活动，分析其教学活动是否考虑到了幼儿早期语言学习的基本特点。

岗课赛证

一、单项选择题

1. 1岁半的儿童想给妈妈吃饼干时，会说"妈妈""饼""吃"，并把饼干递过去。这表明该阶段儿童语言发展的一个主要特点是（　　　　）[①]。

  A. 电报句　　　　　　　　　　　　　　B. 完整句

  C. 单词句　　　　　　　　　　　　　　D. 简单句

2. 2～6岁儿童掌握的词汇数量迅速增加，词类范围不断扩大。该时期儿童掌握词汇的顺序通常是（　　　　）[②]。

  A. 动词、名词、形容词　　　　　　　　B. 动词、形容词、名词

  C. 名词、动词、形容词　　　　　　　　D. 形容词、动词、名词

3. 婴幼儿对熟悉的物体记忆效果优于熟悉的词，而对生疏的词记忆效果显著低于熟悉的物体和熟悉的词，这说明（　　　　）[③]

  A. 婴幼儿无意记忆占优势　　　　　　　B. 婴幼儿机械记忆效果好

  C. 婴幼儿意义记忆效果好　　　　　　　D. 婴幼儿形象记忆占优势

---

① 2016年下半年幼儿园教师资格考试《保教知识与能力》试题。

② 2016年上半年幼儿园教师资格考试《保教知识与能力》试题。

③ 2023全国职业院校技能大赛（中职组）ZZ027婴幼儿保育"模块一职业素养测评"赛卷（客观题）。

二、论述题

有家长说："这家幼儿园天天让孩子玩，什么都没教，不教拼音，不教写字，孩子连字都认不了几个。"为什么说该家长的说法是错误的？请说明理由。①

学习反思

① 2021 年下半年幼儿园教师资格考试《保教知识与能力》试题。

教学课件

模块五

幼儿早期认知学习与支持

模块导读

　　概念、判断、推理及问题解决是幼儿早期认知学习的重要内容。了解幼儿认知学习的规律、特点及影响因素，是保教人员提供有针对性的支持、促进幼儿认知学习的重要依据。另外，感觉统合能力是幼儿认知学习的重要影响因素，通过有效的支持提升幼儿感觉统合能力，改善幼儿感觉统合失调，也是促进幼儿早期认知学习的重要途径。本模块着重介绍幼儿早期认知学习与发展的趋势、规律和特点，以及如何根据这些特点为幼儿的认知学习提供有针对性的支持。

学习目标

1. 了解概念、判断、推理、问题解决、感觉统合、感觉统合失调、感觉统合训练等的基本知识。
2. 能对幼儿早期认知发展中的概念、判断、推理及问题解决的现状进行分析和判断，制订促进幼儿认知发展的个性化支持方案，提供必要的感觉统合训练。
3. 养成知幼、育幼、爱幼的职业情感，形成依据幼儿的认知发展规律和特点设计与实施保教活动的职业意识。

内容结构

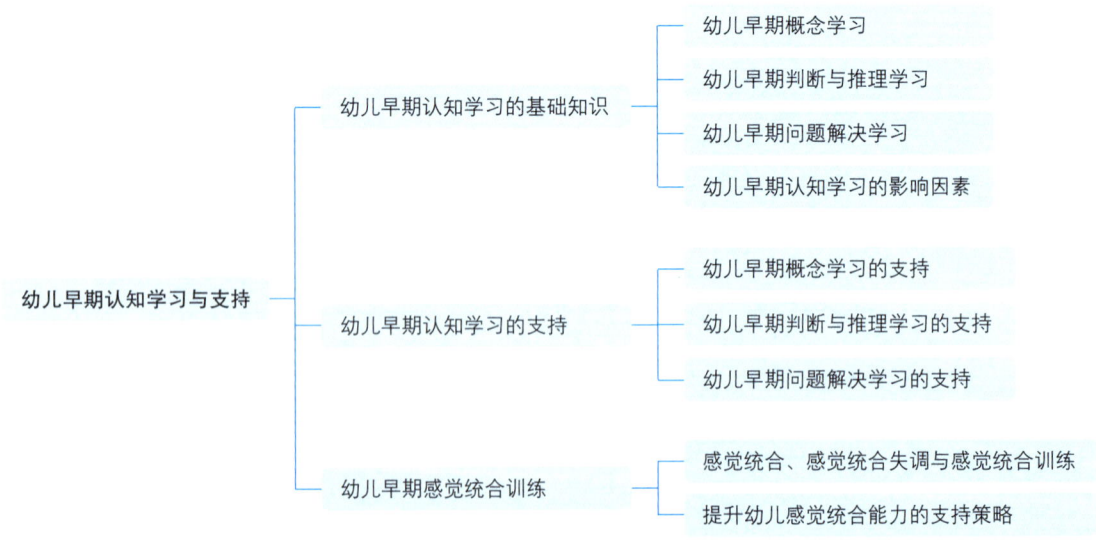

任务一　幼儿早期认知学习的基础知识

 案例导入

> "马有四只脚，牛也有四只脚，所以动物都有四只脚。"听到妹妹的话，4岁3个月大的小凯连忙说道："不对。鱼没有脚，蚯蚓没有脚。小鸡也不是四只脚，小鸡是两只脚。"
>
> **思考**　作为保教人员，你怎样评价案例中幼儿的认知情况？

概念、判断、推理及问题解决是幼儿思维的重要组成部分，也是幼儿认知学习的重要内容。案例中的妹妹尚未对"动物"的概念形成正确的认知，导致她在推导动物脚的数量时出现了错误。小凯则清楚地认识了"动物"这一概念的内涵，故能依据动物个体的实际情况来判断其脚的数量。本任务将详细介绍幼儿早期概念、判断、推理以及问题解决学习的基础知识，为保教人员分析和判断幼儿早期认知发展情况、给予个性化的支持提供理论依据。

 **任务要求**

1. 了解幼儿早期概念、判断、推理以及问题解决学习的知识。
2. 熟悉幼儿早期概念、判断、推理以及问题解决学习能力的发展过程、规律和特点。

幼儿早期认知活动包括感知觉、注意、记忆、思维等心理活动。其中，思维的发展促进了幼儿思考、理解、概念、判断、推理以及问题解决能力的发展，而概念、判断、推理以及问题解决能力的发展又反过来影响着幼儿早期认知能力的提升和智力的发展。

微课

幼儿早期认知学习导入

一、幼儿早期概念学习

（一）概念的定义

概念是思维的基本形式，是人脑对客观事物本质属性的反映。概念可以通过词语符号来表述，但概念与词语不是一一对应的关系。同一概念可以用不同的词语来表示，如"爸爸""大""爹爹"都可以表示一个人的父亲。同一个词也可以表达不同的概念，如"红色"在交通信号灯中代表危险、警告和紧急情况，在我国传统文化中则象征喜庆、热闹和吉祥。

概念的两个基本逻辑特征是内涵和外延。概念的内涵反映事物的本质属性，概念的外延则指概念所包含的具体事物或对象的集合，如"交通工具"这一概念的内涵包括机动性、载人载物等特征，外延则包括飞机、汽车、火车、轮船和自行车等。

（二）概念在幼儿早期认知学习与发展中的作用

概念的形成和发展是幼儿认知发展的基础，对于幼儿的思维、语言和社会认知的发展都有着深远的影响。

第一，概念的形成和发展能帮助幼儿将具体的事物和现象进行归类与组织。通过概念的概括和分类，幼儿能够更好地认识和理解周围的世界。

第二，能促进幼儿语言、思维和表达能力的发展。通过学习和使用概念，幼儿的语言能力得到了提高，同时也促进了思维和表达能力的发展。

第三，能帮助幼儿建立逻辑思维能力。概念是由具体的事物、现象抽象出来的，幼儿在使用概念的过程中，其逻辑思维能力也得到了锻炼和发展。

第四，能帮助幼儿从多个层面对事物进行综合性的认识。通过对概念的了解和多次运用，幼儿可以从不同角度和多个层面来理解与认识事物。

（三）幼儿早期概念学习的进程和特点

幼儿早期概念学习指幼儿获得概念的意义、掌握概念的本质属性，并将具有共同特征的同类事物用语言加以概括的过程[①]。

1. 幼儿早期概念学习的进程

微课

幼儿早期
概念学习
的进程

幼儿早期概念学习从学习简单的概念开始，逐渐发展为对复杂概念的理解和应用。2～3岁的幼儿开始学习简单的概念，如颜色、形状、大小、数量等。他们会根据经验和感官印象，通过视觉和触觉来区分对象的基本特征，将一些事物归纳为相似的类别。例如，此阶段的幼儿可以将不同品种的犬类统称为"狗"，或将圆形的物体归为"球"等。3～4岁的幼儿可以根据物体的属性和功能，区分不同的物体并将其归类。例如，幼儿可以将衣服分为上衣和裤子，也可以将大小相对的物品进行排列比较。到了4～5岁，幼儿开始学习复杂的概念，如时间、空间、数量关系等。他们能够理解"前后""左右"等空间概念，也可以理解一些数量比较的概念，如多少、少于、超过等。到了5～6岁，幼儿开始学习抽象概念并进行简单的逻辑思考。他们能够理解一些抽象的概念，如友谊、正义、责任等；也开始形成对时间和逻辑关系的思考能力，如能够按照时间顺序描述一系列事件发生的过程。

2. 幼儿早期概念学习的特点

尽管幼儿阶段是概念学习的重要时期，但不同年龄段的幼儿在概念学习的能力上存在着明显的差异。幼儿早期概念学习呈现出如下特点。

（1）依赖具体形象思维

幼儿在概念学习中主要依靠感官和经验，形成一些比较直观的印象，并通过这些直观的印象来理解、掌握概念。比如，幼儿会将图形与日常生活中的实物建立关联，认为圆形是天上的太阳，正方形是自己的手帕等。一般认为，幼儿到了小学后，才能对概念有丰富、深刻、精确的理解和掌握。

（2）对概念的语言表达能力有限

幼儿的语言表达能力较差，常常无法用精确的语言表达概念。比如，大部分幼儿会称长长的毛巾为"大毛巾"，会将长长的铅笔称为"大铅笔"。随着概念理解能力的提升，幼儿慢慢开始用精确的语言表达概念。

（3）容易出现刻板化的现象

幼儿在概念学习中容易出现刻板化的想法，对某些事物形成固定印象，难以改变。比如，幼儿认为只有男性才能成为消防员。

（4）对概念的概括能力较弱

幼儿在概念学习中概括能力比较弱，难以从个别的经验和事例中抽象出通用的规律和概念。比如，幼儿认为"儿子"只代表小孩，当他们看到一位身材高大、留着胡须的男人，被妈妈说是自己同事的儿子时，他们会感到非常困惑和惊讶。

---

① 李兰芳.学前儿童认知发展与学习［M］.上海：复旦大学出版社，2014.

二、幼儿早期判断与推理学习

（一）判断与推理的概念

判断指用一些概念判明和断定另一些概念的思维形式[①]，它反映的是概念与概念之间的关系。幼儿早期判断学习指幼儿在面对某种情境或问题时所进行的思考过程和选择行为，包括利用已有的知识和经验进行判断和决策，以及通过观察、实验和试错等方式获得新的知识和经验并应用于判断和决策的过程中。

推理是判断与判断间的联系，是在已有判断基础上推出新的判断的过程。无论是对概念进行判断，还是对判断进行推理，都需要幼儿对概念与客观事物有深入的理解。从这个意义上讲，幼儿的概念学习、判断与推理学习都是其进行抽象逻辑思维的基本活动，也是抽象逻辑思维能力发展的重要标志。

（二）判断与推理在幼儿早期认知学习与发展中的作用

判断与推理是幼儿早期学习与发展中非常重要的认知技能。具体来说，判断与推理对幼儿认知发展的促进作用主要体现在以下方面。

1. 提升幼儿的思维能力，帮助幼儿更加灵活地处理新信息

在做出判断的过程中，幼儿需要综合运用感官和经验对各种信息进行比较、分析和分类，这个过程有助于其逻辑思维能力的发展和认知水平的提高。另外，判断的过程需要幼儿自主进行探究和积极地思考，这个过程有助于幼儿自主学习能力和问题解决能力的发展。

2. 有助于幼儿语言和社会交往能力的发展

通过判断和推理，幼儿学习在人际交往的过程中理性思考、科学合理地发表自己的观点，这能够保证幼儿社会交往活动的顺利进行并提高幼儿的交流技巧和自信心。同时，判断和推理能力也能够帮助幼儿更好地理解和适应社会环境，与他人建立更深刻的联系和交往关系。

3. 提高幼儿的决策力和行动力

判断和推理的过程一方面能够帮助幼儿更好地辨别事物，另一方面加深了幼儿对事件发生过程、原因及场景的理解，进而帮助幼儿做出正确的决策并采取适宜的行动。这对于培养幼儿的自我控制能力、决策能力、行动能力十分关键，有助于幼儿积极应对未来学习和生活中出现的问题与情况。

（三）幼儿早期判断与推理能力的发展

1. 幼儿早期判断能力发展的特点及过程

幼儿早期判断能力的发展是一个渐进的过程，经历了从简单到复杂，从具体到抽象的发展过程。其特点具体表现为以下四点。

（1）以直接判断为主，间接判断逐渐发展

所谓直接判断，即幼儿主要基于自身直观感受和生活经验进行判断。例如，幼儿早期会根据头发的长短来判断一个人的性别，会根据颜色来判断是什么水果等。间接判断指根据事物的本质定义和事物之间的因果关系进行判断。例如，幼儿可以借鉴自己先前玩玩具的经验来判断一个新玩具的用途和特点。有研究指出，6～7岁是幼儿判断能力发展的关键时期，这一阶段幼儿会从直接判断转换为间接判断[②]。

（2）判断的内容随着年龄的增长逐渐深入

幼儿判断的内容从依据事物的表面信息，逐渐向事物的本质发展。例如，幼儿最初会根据头发的长短判断一个人的性别，认为长头发的是女人，短头发的是男人。随着年龄的增长和认知水平的提升，幼儿会慢慢认识到女人和男人的本质区别，而不再根据头发长短去判断人的性别。

---

① 李兰芳.学前儿童认知发展与学习［M］.上海：复旦大学出版社，2014.
② 秦金亮.早期儿童发展导论［M］.北京：北京师范大学出版社，2014.

（3）判断的依据逐渐客观化

幼儿判断的依据会逐渐从主观依据向客观依据发展。例如，幼儿最初在对事物进行分类的时候，会将小鸟、飞机等归为一类，因为它们都有翅膀。慢慢地，他们开始将飞机与汽车、火车等归为一类，因为它们都可以"坐人"，是交通工具。从自己发现、创造分类标准，到使用人类社会通用的分类标准，是幼儿判断发展的一个重要标志。

（4）判断的论据逐渐明确化

即幼儿对自己进行判断的依据的意识，从无意识向意识明确发展。例如，幼儿最初在判断数量多少时，往往会根据自己的感觉直观地认为占地更大的、队伍更长的，数量也更多。但是，他们会慢慢发现，通过直观感觉去判断数量多少是不准确的，进而开始运用一一对应、数数等策略进行数量的比较。

2. 幼儿早期推理能力的发展特点

推理指在已有的信息和知识基础上，推导出新的信息或结论。推理反映判断与判断之间的关系[①]。幼儿的推理包括传导推理、类比推理、因果关系推理三大类。以下分别介绍三类推理的含义及发展特点。

（1）传导推理

传导推理是幼儿最初的推理形式。所谓的传导推理，是幼儿从一些特殊事例到另一些特殊事例的推理。一个非常经典的传导推理的例子是皮亚杰对其女儿（2岁1个月）的分析：她在户外看到了一个驼背的男孩儿，便问"他为什么有个驼背"。经解释后，女儿说"他有病，他驼背"。几天后，女儿去看驼背的男孩儿，被告知"他有病，感冒了"。她说"他生病，在床上"。又过了几天，听说男孩儿病好了，不躺在床上了。她说"他没有大骆驼（驼背）了"。在这个案例中，很明显女孩儿将所有的"病"等同了，认为感冒好了，驼背也好了，这是幼儿进行传导推理的典型例子。

一般认为，传导推理在幼儿2岁前就已出现。但是，由于幼儿早期的推理主要依靠个体的直观感知和经验，他们通常只能理解事物的表面特征，很难进行抽象的逻辑思考。因此，这种早期的推理常常是从一个个别现象推理到另一个个别现象，有时是不存在合理的逻辑关系的。随着经验的积累和生活体验的不断丰富，幼儿的传导推理能力会逐渐增强，会通过更多的观察和经验来验证、修正和调整自身的推理。

（2）类比推理

类比推理指通过事物间的比较，发现和应用事物或数量之间关系的能力。例如，幼儿知道人是用眼睛看东西的，同理，人是用耳朵听声音的。研究表明，学前阶段的幼儿会根据两种事物之间的外部功用或部分特征进行初级形式的类比推理。比如，4岁的幼儿可以解决类似"水果—香蕉，动物—老虎"的类比任务。但是，这一阶段的幼儿在解决类比任务时需要外部条件的支持，如为其提供与答案相关的图片或成人的示范等。随着年龄的增长和知识、经验的积累，幼儿在解决此类问题时对外部支持的依赖会逐渐降低。

（3）因果关系推理

因果关系对于人们理解客观事物和现象至关重要。问题解决的过程也是人们努力寻找事物或现象原因的过程。我们经常会将幼儿称作"十万个为什么"，幼儿不断地提出问题，从本质上讲，也是想知道"为什么"。

不到1岁的婴儿就已经能够使用时间和空间的接近性来推断因果关系了。到了3岁左右，幼儿开始理解和表达单一的因果关系。这种单一的因果关系通常与简单的情境相关，例如，"如果我摔倒了，我的膝盖就会受伤"。4～5岁时，幼儿能够处理更复杂的因果关系，同时理解多个因果关系相互作用的复杂情况。例如，"如果我不吃饭，我就会饿。如果我饿了，我就会感到不舒服"。这一阶段的幼儿也可以根据事件发生的顺序来判断事件之间的因果关系，他们倾向于将先发生的事件作为后发生事件的原因。5～6岁时，幼儿开始有意或无意地探索隐藏的因果关系。这些因果关系不能直接或明确地被观察到，因此需要从前面的情况中进行推断。例如，"如果小朋友不打喷嚏，自己就不会被传染细菌或

---

① 李兰芳. 学前儿童认知发展与学习［M］. 上海：复旦大学出版社，2014.

病毒而感冒"。

三、幼儿早期问题解决学习

学习的最终目的在于解决问题。问题解决是幼儿理解、运用、巩固已有知识经验的过程，也是幼儿获得新知识、新技能的过程，更是幼儿发现学习价值的过程。同时，问题解决的过程有利于培养幼儿自主探究的积极性和自信心。

（一）问题解决的概念与过程

问题解决是指针对一定的情境或任务，应用各种认知活动、技能和行动去解决其中遇到的挑战或困难的过程。在幼儿早期的认知发展中，问题解决主要包括两方面：一是具体的问题解决，也就是幼儿如何找到解决问题的方法和策略，如通过观察、试错、反思等方式，逐步掌握解决问题的技能；二是抽象思维的发展，也就是幼儿如何在处理问题时运用逻辑推理、类比思维、创造性思考等高级认知技能，更加深入地理解和解决问题。

幼儿问题解决的过程通常包括以下步骤。

1. 问题识别

问题解决的第一步是能够识别出问题。这种能力通常在幼儿2～3岁时开始发展，他们能够意识到问题的存在，并会用自己的方式表达疑问。例如："为什么今天甬道上会有这么多蚯蚓？"

2. 分析问题

当识别问题后，幼儿会根据自己的先前知识对问题进行分析。例如蚯蚓的问题，幼儿会根据自己对天气的观察与判断，指出"下过雨后，蚯蚓就会从地下钻出来"。幼儿会在此基础上进一步明确问题，如："为什么下过雨后，蚯蚓就会从地下钻出来？"

3. 提出解决问题的假设

在先前知识和经验的基础上，幼儿会提出自己对问题的理解。例如，有的幼儿认为："地下太黑了，蚯蚓要爬出来见光。"也有的幼儿会说："地下太潮湿了，蚯蚓喜欢干燥的环境。"

4. 验证假设

问题解决的最后一个环节是对自己提出的假设进行验证。当保教人员鼓励、支持幼儿对自己的想法进行探究时，幼儿就有了对自己的假设进行验证的机会。比如蚯蚓的例子，如果保教人员可以为幼儿提供干燥和湿润的土壤，分别创设黑暗和光亮的环境，就可以支持幼儿对自己提出的假设进行检验。通过实验的过程，幼儿会对已有认知进行修正。

（二）问题解决在幼儿早期认知学习与发展中的作用

1. 有助于幼儿自主意识与自主能力的发展

当幼儿置于问题情境之中，对未知的好奇心和求知欲会促使其从各个角度分析问题，寻找、尝试各种问题解决的方法，最终解决问题。从这个意义上说，问题解决的过程是由幼儿的内部学习动机驱动的，这个过程有助于幼儿自主意识与自主能力的培养。

2. 有助于幼儿高阶思维能力的发展

面对问题和困难时，幼儿需要通过不断思考和寻找策略，逐渐掌握解决问题的能力，从而提高对问题的分析、综合、推理能力以及创造性思维能力和批判性思维能力。从这个意义上说，问题解决的过程就是幼儿高阶思维能力发展的过程。

3. 有助于提高幼儿的自信心

通过问题解决，幼儿能够找到适合自己的学习策略和方法，从而更加高效地学习和掌握知识。所以，问题解决能够帮助幼儿建立有效的学习策略。幼儿通过自己的努力解决了问题，获得了成就感和满足感，变得越来越自信，也越来越愿意接受挑战。

4. 有助于提高幼儿的观点采择和社会交往能力

在解决问题的过程中，幼儿需要与他人沟通、合作，也需要学会尊重他人，站在他人的立场上思考问题等，有利于观点采择能力以及社交能力的发展。

（三）幼儿问题解决能力的发展进程和特点

1. 幼儿问题解决能力的发展进程

幼儿的问题解决能力是逐步发展起来的。研究表明，9个月左右的婴儿就已经具有了初步的问题解决能力。比如，他们能够通过拉动桌布拿到离自己很远的玩具。但是此时幼儿的问题解决更多地依靠自己的直觉，同时带有尝试错误的特征。

2～3岁的幼儿开始学会独立思考，但思维仍然受个体经验和直觉的限制。他们更多地借助感性认知和直觉，通过动手操作来解决问题。在解决问题的过程中，幼儿往往需要指导和鼓励。2～3岁的幼儿也开始理解一些基本规则，如不打破家里的东西，不能抢夺别人的东西等，这些规则有助于他们开始理解如何在社会环境中解决问题。

3～4岁的幼儿能够通过观察和模仿他人的行为来解决问题。例如，幼儿看到同伴用筷子夹东西，自己也学着用筷子。随着语言表达能力的增强，幼儿能够清晰明了地阐述问题，会主动地思考问题并积极寻找解决办法。此阶段的幼儿习惯通过动手实践、观察、分类、比较等方法来解决问题。

到了4～5岁，幼儿的问题解决能力大大提高。他们开始以更复杂的方式思考，并能独立思考和分析问题。幼儿有能力将事情分类，并提出一些合理的解决方案。此外，此年龄阶段的幼儿具备了一些基本的认知技能，如记忆、注意力和分类能力，这些技能可以帮助其提高问题解决能力。

到了6岁，幼儿的问题解决能力达到了相对成熟和独立的水平。此时的幼儿已经掌握了一些常识性知识，并运用这些知识解决问题。幼儿在解决问题的过程中不再需要成人的指导，能够独立找到解决问题的方法。幼儿开始更多地运用逻辑思维和推理能力解决问题，使用已有的知识去分析新的问题，并提出多种解决方案。他们也能够灵活运用多种策略来解决问题，而不是仅仅依赖一种特定的方式。例如，幼儿可以对多种问题解决的策略进行比较、分析，从而找到最优的问题解决策略。

2. 幼儿问题解决能力的发展特点

（1）问题解决的经验性和直觉性

幼儿在解决问题的过程中对经验和直觉的依赖性极大。比如，幼儿在日常生活中如果具备连接木棍去够远处物体的相关经验的话，他们在类似的问题情境中也会想到连接的策略，帮助自己解决"不够长""不够高"等相关问题。另外，幼儿也会通过直觉或与生俱来的一些动作模式帮助自己解决问题，如通过简单的抓握反射拉动床单，从而拿到远处的玩具。从这个意义上说，为幼儿提供问题解决的相关经验，鼓励其通过直觉解决问题，是提高幼儿问题解决能力的有效途径。

（2）问题解决能力发展的渐进性

幼儿从解决简单的问题着手，逐渐发展到解决复杂的问题。幼儿最初的问题解决是直觉性的，他们对问题、问题解决的策略等没有明确的意识。随着认知能力的发展，尤其是元认知能力的提高，幼儿对问题、问题解决的策略、问题解决的过程会有越来越清晰的认识，并开始对自己的策略、过程与问题之间的关系进行思考，进而找到最佳的问题解决方法。

（3）问题解决能力发展的社会性

幼儿的问题解决能力是在与他人的交往中得到锻炼和提高的。通过与他人合作、分享想法、听取他人的意见等活动，幼儿能够摆脱问题解决过程中的自我中心倾向，逐渐学会从不同的视角去思考和分析问题，在提高解决问题能力的同时增强社会性，有助于更好地适应社会环境。

四、幼儿早期认知学习的影响因素

影响幼儿早期认知学习与发展的因素是多方面的，主要有生理因素、环境因素、认知因素、教育

与经验因素等。这些因素分别影响着幼儿早期认知学习与发展的不同方面，同时又共同作用，综合影响着幼儿早期认知的学习与发展。

（一）生理因素

大脑的发育，尤其是前额叶皮层的发育程度、神经元之间的连接等因素都会影响幼儿的认知学习。例如，幼儿视觉、听觉等的感官发育程度与概念的学习密切相关。一个视觉发育迟缓的幼儿，是无法通过视觉获得客观事物的基本信息的，也无法在基本信息的基础上获得对概念的基本理解。此外，性别、个体差异等会导致幼儿在语言能力、视觉空间能力等方面存在显著的差异，这也会影响认知学习的方式与效果。

（二）环境因素

环境会对幼儿的认知学习产生重要的影响。家庭环境中的激励程度、亲子交流的频率和质量、家庭社会经济地位、父母的受教育背景等都可能影响幼儿的认知学习。幼儿在幼儿园中的学习机会、保教人员的教育方法与文化素养等也都影响幼儿的认知学习。一个关注幼儿认知发展、与幼儿有更多语言交流的环境，将为幼儿的认知学习提供更多有益的经验。例如，如果保教人员愿意陪同幼儿一起玩游戏、讲故事、谈论时事等，那么幼儿就有了更多概念学习、判断与推理学习的机会。此外，如果能够鼓励、支持幼儿针对日常生活中的现象提出问题，帮助幼儿运用先前知识和经验去理解这些现象，保教人员也能为幼儿的问题解决提供学习的机会。

（三）认知因素

幼儿的认知特点与发展水平同样会影响认知学习。幼儿的注意力、记忆、语言能力等认知因素与认知学习密切相关，认知和情感状态也会影响其认知学习。幼儿对新事物的好奇心和探索欲望、注意力集中程度、记忆力和思维灵活性等都是影响其认知学习的重要因素。

（四）教育与经验因素

成人为幼儿创设的教育环境，提供的学习内容，采用的教学方式、评价理念与方式，以及幼儿在成人提供的教育活动中所获得的经验都会影响幼儿的认知学习。如果保教人员为幼儿创设一个宽松、自由的学习环境，幼儿不畏惧保教人员的权威，敢于提出自己的想法，乐于通过动手操作、亲身体验等方式对自己的想法进行验证，其概念、判断与推理、问题解决等学习能力都会得到提升。

学习内容也会影响幼儿的认知学习。传统的教育多为幼儿提供常规性的问题，如："草地上原来有两只鹅，又摇摇摆摆地走来了两只鹅，一共有几只鹅？"幼儿在解决这种常规性问题的时候，只要根据"一共"等关键词，即可得出答案。这种常规性问题难以促使幼儿利用已有知识，对问题进行判断和推理，进而解决问题。保教人员可以为幼儿提供日常生活中的真实问题，鼓励幼儿调动自己的已有知识与概念，通过问题分解、判断与推理等过程进行问题解决。复杂的、结构不良的问题可以是："小明只有三张手工纸，要给自己和另外五个小朋友分，每个人都要拿到一张大小相等的手工纸，应该怎么分？"

教学方式是指保教人员向幼儿传递知识、概念、技能的方式。如果所有的学习内容，保教人员都倾向于为幼儿提供答案，要求幼儿记住这些内容，则不利于幼儿的认知学习。相反，如果保教人员能够鼓励、支持幼儿通过自己的探究活动寻找问题的答案，进行知识的理解与建构，则有助于幼儿的认知学习。

在幼儿学习的过程中，如果保教人员过多地以学习的结果对幼儿进行评价，也不利于幼儿的认知学习。个体差异的存在，会导致幼儿在学习兴趣、学习能力、学习效果等方面存在较大的差异，结果式的评价会导致幼儿过分关注学习的结果而非学习的过程，幼儿也会由于学习效果的差异而出现自信心不足、自卑等问题。从这个意义上说，保教人员应该关注幼儿在学习过程中的表现，如能否根据先前知识和经验对问题进行分析，提出自己的想法，用不同的方式对自己的想法进行推理、验证，进而寻找更优的问题解决策略等。

任务二 | 幼儿早期认知学习的支持

案例导入

> 托班的李老师给幼儿讲完《小鸡和小鸭》的故事后，先请他们说说小鸡和小鸭的区别。随后，李老师又拿出几张只露出小鸡和小鸭个别身体特征的图片，要求幼儿进行区分和辨认。等幼儿都掌握了小鸡和小鸭的形态区别后，李老师又给每个幼儿分发了拼图贴纸，要求每个幼儿拼拼小鸡和小鸭图案。
>
> **思考** 作为保教人员，你觉得案例中李老师的做法能够促进幼儿的认知学习吗？为什么？

故事可以丰富、强化幼儿头脑中关于小鸡和小鸭形象的认知，帮助幼儿理解和掌握"小鸡""小鸭"的概念。提问、辨认图片和拼图环节则通过判断、推理和问题解决的形式，巩固、加深了幼儿对"小鸡"和"小鸭"概念的认识与理解。从这个意义上讲，案例中的李老师通过教学活动，有效地帮助幼儿理解和掌握了"小鸡""小鸭"的概念。作为保教人员，能够采用适宜的教学方法，支持幼儿的认知学习与发展至关重要。本任务将系统介绍幼儿早期认知学习的支持策略。

任务要求

1. 掌握促进幼儿概念、判断与推理、问题解决学习与发展的支持策略。
2. 能够结合幼儿在概念、判断与推理、问题解决学习中的具体表现，制订相应的支持策略，促进幼儿的认知学习。

幼儿概念、判断与推理、问题解决的学习与发展需要保教人员提供高质量的支持。通过适宜的支持，幼儿能够逐步建立对事物的正确认识，学会准确地判断与推理，有效地解决问题。这些能力不仅是幼儿认知学习的重要组成部分，也是其未来学业成功的关键因素。因此，保教人员在对幼儿概念、判断与推理、问题解决能力做出科学判断的基础上，为幼儿提供适宜的支持，是提高幼儿教育质量、促进幼儿高质量发展的重要保障。

一、幼儿早期概念学习的支持

概念学习是幼儿获得基本认知、习得规则、解决问题的基石。保教人员可以通过以下策略为幼儿

的概念学习提供适宜的支持。

（一）选用最能代表概念的典型形象或范例

生动形象的例子能够丰富幼儿对概念的直观感知，帮助其深入理解和学习基本概念。例如，保教人员可以请幼儿观察活生生的兔子，也可以使用与兔子相关的各种图片或绘本来帮助其更好地理解和学习"兔子"概念。

（二）突出幼儿主体，采用丰富的教学方式和方法

当幼儿掌握了最能代表概念的典型形象或范例后，保教人员可以在活动中引入大量的范例、反例，帮助幼儿明晰概念的关键特征，促使幼儿自主地对所感知到的事物或现象进行有意义的分析、归纳和推理。可以综合运用倾听、讲述、表演等多种活动方式，鼓励和激发幼儿利用多种感官来感知概念，丰富内部表征，直至完全理解、掌握概念。

（三）以直接感知和动手操作支持幼儿的概念学习

幼儿的思维具有直觉行动性，其学习经验大部分是通过感官经验和动作获得的。从这个角度讲，保教人员应积极为幼儿提供各种直接感知和动手操作的机会，支持幼儿在探索活动中进行思考，帮助幼儿获得相关的概念。例如，保教人员可以在区域活动中提供各种能够沉浮的物体，支持幼儿在操作的过程中感受"沉浮"的概念。保教人员也可以提供各种操作材料，引导幼儿通过看一看、听一听、闻一闻、摸一摸等动作感知、理解大小、远近、长短、高低、厚薄等相对概念。

（四）以综合性主题统合幼儿的概念学习

在综合性主题之下，幼儿各领域的学习能够得以整合。这种整合、关联正是幼儿认识世界时所使用的认知策略。保教人员可以通过综合性的主题活动，以主题的方式支持幼儿的概念学习。例如，在"动物"这一主题之下，幼儿可以熟悉、掌握各种动物的名称、习性、生长环境以及动物与人之间的关系等。这样，当这个主题的学习结束后，幼儿将能从方方面面理解、掌握动物的概念。

二、幼儿早期判断与推理学习的支持

判断与推理是幼儿早期认知学习的重要组成部分，也是幼儿教育的重要内容。保教人员可以使用以下三点支持策略，促进幼儿判断与推理的学习。

（一）提供富有挑战性的学习体验

保教人员可以为幼儿提供一些富有挑战性的任务，同时教会幼儿一些简单的观察、比较、推理方法，锻炼、提高幼儿的判断与推理能力。例如，保教人员可以通过设计活动"猜猜我是谁"（可扫二维码查看），教会幼儿通过条件判断，运用纸笔来寻找问题的答案，通过这样的活动帮助幼儿获得判断、推理的策略。

（二）提供丰富多样的教育资源

保教人员需要为幼儿提供大量的教育资源和材料来支持他们的学习与探索。教育资源包括书籍、图片、玩具、工具和实验设备等。教育资源的形式也应多样，如图表、影像、声音等，以帮助幼儿更好地理解概念，进行科学的判断与推理。矩阵图就是一种非常适宜的帮助幼儿进行推理与判断的材料（见表5-2-1）。由于判断与推理能力发展的局限性，幼儿有时会忘记自己推理的过程，保教人员可以利用矩阵图，帮助幼儿记录自己的推理过程，同时提高推理与判断能力。

微课
幼儿早期概念学习的支持策略

拓展阅读
猜猜我是谁

表 5-2-1　幼儿的推理、问题解决过程可以运用的矩阵图[1]

幼儿	项　目		
	橘子	巧克力	草莓
小明	×	×	√
小美	√	×	×
小轩	×	√	×

注："√"代表"符合条件"，"×"代表"不符合条件"。

（三）通过互动交流提高幼儿的判断、推理能力

保教人员要为幼儿提供合作学习、合作解决问题的机会，鼓励幼儿与保教人员及同伴进行交流互动，支持他们通过倾听、交流、比较、分析等过程进行合理地推理与判断。保教人员在与幼儿互动交流时，还可以提出一些开放性的问题，引发幼儿之间的讨论、推理与判断。例如："你怎么知道这个答案是正确的呢？""你是怎样把这堆卡片分成六堆的呢？""如果用不同的标准来分类，这堆卡片还可以怎样分呢？"通过这些开放式的问题，幼儿就有机会运用语言对自己的想法、思考过程进行表达，这个过程是幼儿对自己的想法进行推理、验证的过程，也是对想法进行再认识的过程，有利于幼儿反思能力和元认知能力的提升。

三、幼儿早期问题解决学习的支持

适宜的支持可以培养与提升幼儿的问题解决能力，进而增强其自我发展和适应社会的能力，因此在促进幼儿问题解决能力发展中具有重要作用和地位。

促进幼儿问题解决能力发展的支持策略主要包括以下四方面。

（一）提供多样化的学习环境和体验

保教人员可以在幼儿的日常生活和活动中创造各种情境，如角色扮演、模拟体验、互动游戏等，让幼儿在玩耍和探索中发现问题、提出假设，进而解决问题，从而培养幼儿的问题解决能力。例如在童话表演的活动中，保教人员可以引导幼儿发现舞美方面存在的不足，引发幼儿对道具创作、舞台搭建等问题的关注，使其通过与他人合作、交流来解决这些问题，进而提高问题解决能力。

（二）提高幼儿问题解决的技能

问题解决是一个十分复杂的过程，要成功解决一个问题，必须具备解决问题的技能。成功地解决问题要求幼儿遵循一定的解决问题的步骤。幼儿要能够明确问题的目标状态是什么，然后根据目标去制订计划、选择策略。在这个过程中，将目标分解成子目标的能力、制订计划的能力、从多种策略中选择最优策略的能力，都会影响问题解决的过程。保教人员可以和幼儿一起制订解决问题的计划，讨论各种策略的优缺点，从中选择策略并执行，同时帮助幼儿用多种方式记录自己解决问题的过程与步骤。比如，幼儿园班级可能会出现物品摆放凌乱的问题。首先，保教人员应同幼儿一起，明确问题的目标状态，即玩具等物品应摆放整齐并保持地面整洁。其次，保教人员可与幼儿一起商讨，制订解决问题的计划：先清理玩具，再摆放玩具。再次，保教人员可与幼儿集体讨论各种策略的优缺点，如一次性清理所有的玩具可能比较耗时，但效果会比较好；逐个区域清理可能比较快，但可能会有遗漏。最后，保教人员可以根据幼儿的能力和意见，与幼儿一起选择较好的清理策略。保教人员通过这样一

---

① 周晶. 数学过程性能力：早期发展与教育［M］. 长春：吉林大学出版社，2022.

步步分析与引导，可以使幼儿学会更好地解决问题。

（三）培养幼儿问题解决的态度

正确对待问题和问题解决过程的态度对幼儿成功解决问题也是非常重要的。问题解决需要耐心、坚持、合作等。从这个意义上讲，保教人员要在解决问题意识方面强调幼儿应该有"可以解决问题"的信念和"解决问题是一个兼具挑战与乐趣的过程"的态度。

（四）鼓励幼儿参与班级的民主管理

生活中的实际问题是比较复杂的，但蕴含了非常大的教育价值。例如，班级秋游去哪里，幼儿园提供的餐点幼儿都不喜欢吃该怎么办……保教人员可以鼓励幼儿参与到这些问题的讨论与决策过程之中，帮助幼儿通过调查、统计等方法解决这些问题。一方面，这个过程帮助幼儿形成了民主管理的意识，另一方面，也有利于幼儿发现问题、解决问题能力的提升。

任务三 幼儿早期感觉统合训练

 **案例导入**

> "我家孩子笨手笨脚的，吃饭弄得满桌都是，衣服也穿不好。""我家孩子特别胆小，非常害怕荡秋千和滑滑梯。""我家孩子注意力不集中，经常是玩得好好的，一下子就跑开了。""我家孩子走路总爱摔跤，脾气也不好，常大喊大叫。"这些都是我们在生活中经常听到的家长对自己孩子的评价。
>
> **思考** 随着年龄的增加，幼儿的这些行为会减少或消失吗？作为保教人员，怎样做才能改善幼儿的这些行为呢？

感觉是幼儿最重要的学习途径之一。幼儿从出生伊始，便学着用感觉来认识自我及周围的世界。感觉统合发育出现异常，幼儿将难以从周围的环境中获取有效的刺激和信息，最终影响大脑的正常发育和认知的健全发展。本任务将系统介绍幼儿感觉统合训练的相关内容。

任务要求

1. 了解感觉统合、感觉统合失调、感觉统合训练的概念。
2. 知道感觉统合训练的原则、常用器材及训练方法。
3. 能够对幼儿的外在行为和表现进行分析与判断，实施有针对性的感觉统合训练。

一、感觉统合、感觉统合失调与感觉统合训练

（一）基本概念

感觉统合指大脑和身体相互协调的学习过程，具体指机体在环境内有效利用自己的感官，以不同的感觉通路（视觉、听觉、嗅觉、味觉、触觉、前庭觉和本体觉等）从环境中获得信息，输入大脑，大脑再对信息进行加工处理（包括解释、比较、增强、抑制、联系、统一），并做出适应性反应的能力，简称"感统"。没有感觉统合，大脑和身体将无法协调发展。

感觉统合失调也叫感统失调，指大脑在未发生损伤或先天性发育不足的情况下，进入大脑的各种感觉刺激信息不能在中枢神经系统内形成有效的组合，致使大脑对身体各器官的协调及控制能力出现了障碍。

感觉统合训练指以游戏的方式，让幼儿在玩耍的过程中体验类型和层次丰富的感觉刺激，以便促进幼儿视觉、听觉、触觉等感统能力的发展。在训练的过程中，会引导幼儿做出适应性反应，刺激大脑功能的完善，预防或矫正感统失调，最终达成提升幼儿综合能力的目的[1]。

（二）幼儿感觉统合失调的具体表现

幼儿感觉统合失调的表现往往随着个体成长逐渐显露，一般表现为过度敏感和低度敏感（迟钝）两类。保教人员需要认真观察幼儿的行为，仔细辨别和分析幼儿行为背后的原因。早发现，早干预，幼儿感觉统合失调的大部分症状可以得到改善或矫正。

1. 幼儿视知觉失调的表现

视知觉指将到达眼睛的可见光信息进行解释，并利用其来计划或行动的能力。视知觉失调的幼儿经常会因为视力发育不好而影响到生活、运动和学习能力。

（1）幼儿视知觉过度敏感的表现

① 对明亮的光线敏感。在明亮的光线下会不自觉地眯眼、流泪、头疼、遮挡光线，不愿意待在明亮多彩或者昏暗的地方。

② 不能集中精神视物，容易被周围的其他刺激分心。

③ 经常揉眼睛，看书或者看电视后容易头疼。

④ 避免眼神接触。

（2）幼儿视知觉低度敏感的表现

① 难着眼于全图。看到图片时会先注意到细节或者规律，而不是图片的整体。

② 很粗心，简单的事情也难办好。比如：经常撞到家具或者旁人；不喜欢玩拼图；不容易看出掺杂在背景中的特定图形；学了就忘；不能将简单的几何图形或颜色配对、归类；经常把数字或拼音的上下左右写颠倒；经常将汉字的偏旁部首写反；写字时常常超出格子之外；阅读时速度慢，不能长时间看书；读课文或者抄写的时候经常漏字；写字时的间距和字体的大小不一；难以找出两张相似图片之间的不同；分不清左右。

③ 视觉追踪时存在困难。

2. 幼儿听知觉失调的表现

听知觉失调的幼儿因为大脑对外界声音的刺激不能做出正确的反应，在分辨声音、认识事物方面会存在困难。因为听觉不好，幼儿的其他知觉的发展也会受到影响，进而影响到生活和学习。听知觉失调的幼儿常常无法集中注意力，学习效果不好，容易丧失自信。

（1）幼儿听知觉过度敏感的表现

听知觉过度敏感的幼儿容易因为环境中的背景音（如钟表的"滴答"声、空调开机时的"嗡嗡"

声）而分心或者烦躁；容易听到别人无法听到的声音，有时即使是很小的声音也觉得很吵；突然听到很大或很尖锐的声音时，第一反应是捂耳朵、尖叫、哭；不喜欢去声音较大的场所；同时听到很多声音时，无法分辨声音的主次；对某些声音特别敏感。

（2）幼儿听知觉低度敏感的表现

无法理解声音的来源，四处张望寻找声音的来源；无法集中注意力听别人的声音；较难理解或者记住别人说的话；被人叫名字或者别人跟自己说话时没反应；语言发展迟缓，口齿不清；很难将自己的想法通过语言表达出来；听写困难，维持不到十分钟；很容易忘掉别人交代的事情。

3. 幼儿嗅知觉失调的表现

嗅知觉能协助幼儿通过鼻子认识周围的环境，进而保护自己。嗅知觉失调幼儿的大脑因为长期缺乏气味的刺激而变得迟钝，影响记忆力和注意力的发展。

（1）幼儿嗅知觉过度敏感的表现

嗅知觉过度敏感的幼儿经常会闻到别人闻不到的味道，讨厌大多数人都能接受的味道；会觉得别人身上闻起来有味道，并且觉得很奇怪；因为某些食品的味道而拒绝食用；讨厌香水、清洁用品、洗漱用品的味道；因为不喜欢别人家的味道而拒绝去做客；会通过一个人身上的味道来判断是否喜欢这个人。

（2）幼儿嗅知觉低度敏感的表现

比一般人更难察觉到异味和味道，也更难分辨出不同的气味和味道。

4. 幼儿味知觉失调的表现

味知觉能够帮助幼儿感受不同的味道，刺激大脑，使大脑变得更加灵活。味知觉能够帮助幼儿分辨食物的好坏，保证身体的健康。味知觉失调的幼儿容易出现营养不足、免疫力低下的问题。味知觉和嗅知觉两者联合作用，起着探测环境安全的警戒作用。

（1）幼儿味知觉过度敏感的表现

味知觉过度敏感的幼儿非常挑食，对于食品有特殊偏好，只吃某一类或某些食物；2岁之后依然只吃泥状或者很软的食物；在吃质地较粗的食物时，有干呕现象；抵制、拒绝、极端害怕看牙医；只吃热的或冷的食物；不喜欢或者抱怨牙膏和漱口水的味道；吃饭口味清淡，不喜欢吃含有较多调味品的食品；使用吸管时会有困难；不愿意到新的餐厅尝试新的食品，对食品很挑剔。

（2）幼儿味知觉低度敏感的表现

味知觉低度敏感的幼儿喜欢吃味道比较重的食品，如特别辣、酸、甜或咸的；除了自己喜欢的某种特定重口味食物外，其他食物吃起来感觉都差不多；频繁地咬头发、手指、衣服或其他物体；喜欢震动感强的电动牙刷，喜欢看牙医；喜欢大口吃饭；吃饭的时候喜欢用食物填满口腔，脸颊处会有明显的凸起，嘴唇周围有明显的饭渍；2岁之后依然喜欢舔、咬不能吃的物体。

5. 幼儿触知觉失调的表现

触知觉失调是指幼儿在感知、处理和适应触觉刺激方面存在困难或异常，这种困难、异常可能会导致幼儿对触觉刺激的反应和调节出现问题。幼儿触知觉失调主要表现为触知觉过度敏感和低度敏感。

（1）幼儿触知觉过度敏感的表现

触知觉过度敏感的幼儿不喜欢拥抱、牵手之类的身体接触；常用哭喊或者攻击行为来对抗不期望的触碰；情绪不稳定，爱发小脾气，黏人爱哭；不合群或爱招惹别人；不喜欢洗脸、刷牙、理发、剪指甲等；对环境的变化敏感，过于怕冷、怕热、怕淋雨和吹风等；有洁癖，拒绝接触泥、沙、水等；对衣物的材质挑剔，无法接受某些材质的衣物；不喜欢更换新的衣物；认床，在新的环境中入睡困难，适应性差；警醒度过高，动个不停，难以安静下来。

（2）幼儿触知觉低度敏感的表现

触知觉低度敏感的幼儿难以完成系鞋带、扣纽扣等精细动作；对疼痛不敏感，对磕伤、摔伤、划伤类的轻度受伤反应迟钝；需要旁人协助穿衣服、穿袜子或拉袖口，意识不到自己的穿戴不整齐；喜欢穿比较紧的衣服；喜欢触碰或摆弄周围的东西，喜欢触摸纹理粗糙的物体；喜欢黏着特定的人，和同伴相处的时候，容易打、掐、咬同伴。

6. 幼儿前庭觉失调的表现

前庭觉也叫平衡觉，它随时提醒个体头和身体的方向，使个体能够清楚地接收到视觉信息；同时，调节身体及眼球的动作，对感觉处理和运动控制起着支持作用。

（1）幼儿前庭觉过度敏感的表现

前庭觉过度敏感的幼儿拒绝任何旋转、前后上下移动的活动，如荡秋千、滑滑梯；大幅运动后会眩晕、呕吐等；晕车、晕船。

（2）幼儿前庭觉低度敏感的表现

前庭觉低度敏感的幼儿好动，注意力短暂，动作夸张并且喜欢追求动作方面的刺激；缺乏危险意识。

前庭觉失调的幼儿存在平衡性差和重心不稳的情况，所以身体的协调能力差，容易摔跤，抵触奔跑和跳跃；对空间距离感知不准确；方向感差，左右不分，经常反着穿鞋；容易过度兴奋和过度伤心；阅读颠倒，听写等困难，常写错字；坐不住，小动作多；语言发育迟缓；做事情磨磨蹭蹭；等等。

7. 幼儿本体觉失调的表现

本体觉是来自肌肉、关节、肌腱、韧带和骨骼等深层组织的感觉。在感觉统合中，本体觉是最晚发育的感官体系。只有前庭觉和触知觉正常发展，本体觉才能正常发展。本体觉能够维持肌肉的正常收缩，维持身体姿势及保持平衡，稳定情绪，对幼儿运动能力的发展起关键作用[1]。

（1）幼儿本体觉过度敏感的表现

本体觉过度敏感的幼儿身体意识差，不愿意做跳跃、翻滚等能够带来许多感觉刺激的活动，也不愿意参与需要特殊姿势的活动，如模仿动物走路、爬单杠等；不能很好地控制肌肉的收缩以及用力的大小，拿取物品时容易将物品弄坏[2]。

（2）幼儿本体觉低度敏感的表现

本体觉低度敏感的幼儿无法在不注视的情况下做出正确的动作；环境适应困难，上课时动来动去；由于听到的信息和写出来的不一致，看到的信息和写出来的不一样，经常重复错误地学习，如抄错题或者记错作业；经常磕碰或者撞伤；小肌肉精细动作执行困难；缺乏自信心，脾气暴躁；说话时吐字不清、口吃。

（三）幼儿感觉统合失调的原因

造成幼儿感觉统合失调的原因有很多，可分为先天因素和后天因素两类。

1. 先天因素

孕妇胎位不正、先兆流产、早产、多胞胎；怀孕初期严重地呕吐、偏食；怀孕期间不正确地使用药物；孕期有不良饮食习惯，如抽烟、喝酒、喝浓咖啡等；孕期情绪不稳定，经常处于过度兴奋或悲伤的状态。另外，剖宫产使胎儿缺失产道的挤压，分娩时间过长或分娩时的窒息缺氧，产钳的使用不当以及幼儿的气质特点都对幼儿感觉统合的正常发育有很大影响。

2. 后天因素

幼儿越阶发展运动，没有经过爬的阶段就直接走，静坐多；过早进行读书、写字等技能性的学习。父母对幼儿的抚触和摇抱少，过分限制幼儿的活动范围；过度保护；不注重对幼儿基本能力的培养，导致幼儿缺乏运动，缺少游戏，缺乏大自然的熏陶；要求太高，限制太多；对幼儿的陪伴和关爱少，看电视、玩手机等成为针对幼儿的主要陪伴方式。另外，父母的受教育程度和健康状况、幼儿生活的家庭氛围、家庭成员之间的亲密度、家庭成员的兴趣爱好以及是否缺少同伴，对幼儿感觉统合的正常

---

①② 李俊平.图解儿童感觉统合训练［M］.北京：朝华出版社，2018.

发育也有影响。

（四）对幼儿进行感觉统合训练的意义

1. 提高幼儿对环境的感知能力

感觉统合训练能够有效刺激幼儿的嗅觉、触觉、视觉、听觉和味觉，使幼儿闻得到、摸得着、看得真、听得清、尝得了。这些感觉能够帮助幼儿辨识更多的气味、质感、形状、颜色、声音、味道等，从而认识更多的事物。幼儿的视觉、听觉能力提升后，基于视听觉发展的手眼协调能力，书写和阅读的能力也会得到相应的提升与发展。

2. 提高幼儿的协调能力和运动能力

感统训练刺激了幼儿的关节、肌肉、前庭觉、本体觉，并将这些刺激与幼儿的运动结合，促进了幼儿走、跑、跳等运动能力的发展，并提升了幼儿身体的平衡性、灵活性和协调性。

3. 提高幼儿的学习能力

感统训练能够刺激幼儿的中枢神经系统，提升大脑正确处理感觉信息的能力，帮助幼儿集中注意力，提高自控能力，最终促进幼儿学习能力的提升。

（五）实施感觉统合训练的原则

1. 尊重幼儿，循序渐进原则

感觉统合训练不应让幼儿感到有压力。保教人员应当突出幼儿的主体地位，尊重和理解幼儿，学会以幼儿的视角看待训练及训练中可能出现的问题。在训练过程中，保教人员应当遵循幼儿的认知发展规律和特点，按照由易到难的顺序设计活动。设计活动时，应当承认并接受幼儿的个体差异，制订个性化的活动方案，因材施教。

2. 快乐原则

感觉统合训练过程中应当增加幼儿积极愉悦的情绪体验，激发幼儿继续参与活动的热情，并且在活动中要给予幼儿及家长积极的正向回应。

3. 游戏原则

游戏是幼儿最喜欢的且符合其身心发展需要的一种活动。将感觉统合训练以游戏的形式进行，能够激发幼儿参加活动的兴趣和热情，也能够降低任务训练给幼儿带来的情绪负担和压力。

二、提升幼儿感觉统合能力的支持策略

（一）感觉统合训练的常用方法

保教人员可以通过在幼儿一日生活中增加感觉统合训练的方式来改善幼儿感统失调，以促进其感统能力的提升。常用的感觉统合训练方法包括但不限于以下五种。

1. 压力刺激训练法

通过定向压力、反向压力等方式对幼儿进行刺激，使其感知到不同的刺激，进而来训练幼儿的感觉统合能力，改善其嗅觉、视觉、听觉等感官缺陷。

2. 感觉训练法

通过给予幼儿不同的感觉训练，如让幼儿触摸不同的材质、闻不同的气味、听不同的声音等，刺激幼儿各种感觉器官，促进感觉输入的统合能力。

3. 手部训练法

通过手部协调训练，如拼图、穿珠子、打结等活动，帮助幼儿建立手眼协调、感觉统合等技能。

4. 运动训练法

通过运动、体能训练等来促进幼儿感觉统合能力的发展，如跳绳、踢球、跳蹦床、翻滚等。

5. 眼球运动训练法

通过不同的眼球运动训练，如眼球追踪、眼球定位等方法，改善幼儿的眼球运动能力，提升视觉统合能力。

（二）感觉统合训练的游戏

微课

蒙台梭利
感官训练
教具

1. 提升视知觉统合能力的训练游戏

（1）搭积木

规则：用长方体、正方体等不同形状的积木，向幼儿示范"搭房子"。搭好后，将积木推倒，要求幼儿按照记忆找出同样的积木，重新搭出同样的房子。

能力进阶：增加搭房子用到的积木形状和数量。

训练目的：锻炼视觉广度、视觉聚焦、视动协调能力。

（2）拼拼图

规则：先引导幼儿观察完整的拼图示意图，然后让幼儿将图拼完整。

能力进阶：增加拼图的块数，缩小单块拼图的面积。

训练目的：锻炼视觉记忆、视觉聚焦能力。

（3）抛接球

规则：保教人员和幼儿面对面站立。保教人员先将球递或者抛给幼儿，幼儿接稳球后再将球递或者抛回保教人员处。

训练目的：改善视觉追踪能力和手眼协调能力。

（4）找不同

规则：给幼儿两张相似的图片，要求幼儿在其中一幅图中指出或者圈出与另一幅图不同的地方。

能力进阶：增加图片中物品的总数或不同处的总数。

训练目的：锻炼注意力及观察能力。

（5）走迷宫

规则：给幼儿一张印着迷宫的图片，让其用手指从迷宫的入口处画到出口处。或者给幼儿迷宫磁力棒，让其握着磁力棒隔着塑料板吸着铁球，把铁球从迷宫的一头吸到另一头。

训练目的：锻炼视动能力和视觉追踪能力。

2. 提升听知觉统合能力的训练游戏

（1）辨别声音

规则：在距离幼儿耳边 10 厘米左右的区域，左右轻晃能够发出不同声音的器物让幼儿辨别。也可以让幼儿分辨声音的高低、不同的音色、相近的声音，让幼儿指出声音的来源，或是找到藏起来的发出声音的玩具。

训练目的：锻炼听觉辨别能力。

（2）听口令做动作

规则：让幼儿按照口令的要求做动作，完成后给予奖励，如"木头人"游戏。

训练目的：锻炼听觉理解能力和听觉记忆能力。

（3）复述语句或故事

规则：选择一些幼儿感兴趣的、难度不同的语句让幼儿复述。

能力进阶：指定信息让幼儿回忆并准确复述，或要求幼儿完整地复述熟悉的故事。

训练目的：锻炼听觉理解能力、听觉编序能力和听说结合能力。

（4）聆听大自然的各种声音

规则：多组织幼儿进行户外活动，尽可能多地让幼儿聆听大自然中的风声、雨声、雷声、流水声、波浪声、鸟叫声和蛙虫鸣叫声等。

训练目的：锻炼听觉辨别能力和听觉理解能力。

（5）听音说名

规则：模拟小动物的叫声，让幼儿说出听到的是哪种小动物的叫声。

训练目的：锻炼听觉辨别能力、听觉理解能力。

3. 提升嗅知觉统合能力的训练游戏

（1）闻生活用品

规则：让幼儿闻闻常见的生活用品的气味，告诉幼儿"这是××的气味"，如香皂、沐浴露、擦脸油等。

训练目的：锻炼嗅觉辨别能力。

（2）闻瓜果蔬菜或花朵

规则：让幼儿闻闻日常生活中常见的瓜果蔬菜或花朵的气味，告诉幼儿"这是××的气味"，如苹果、橙子、芒果、黄瓜、西红柿、洋葱、萝卜、月季花、百合花、桂花等。

训练目的：锻炼嗅觉辨别能力。

（3）闻调料或香料

规则：让幼儿闻闻不同的调料或者香料的气味，告诉幼儿"这是××的气味"，如醋、花椒、料酒、姜末、豆腐乳、大料的味道等。

训练目的：锻炼嗅觉辨别能力。

（4）燃烧气味分辨[1]

规则：让幼儿辨别头发丝、小木棍、塑料管、小纸片燃烧后产生的不同气味。告知幼儿闻到这些气味代表着危险，必须赶紧离开并告诉大人。

训练目的：锻炼嗅觉辨别能力和嗅觉防御能力。

（5）辨别气味训练

规则：从第一组装有不同香料或调料的塑料瓶中抽出一瓶，让幼儿闻闻气味。再让幼儿从另一组塑料瓶中找出内有相同气味的瓶子，说出瓶子里装的是什么。

训练目的：锻炼嗅觉辨别能力和嗅觉记忆能力。

4. 提升味知觉统合能力的训练游戏

（1）喝水果汁或蔬菜汁

规则：给幼儿准备不同种类的水果汁或蔬菜汁，告诉幼儿"这是××（果蔬名）榨汁的味道"。

能力进阶：从单一果蔬的汁开始，后期可以逐渐将不同的果蔬混合，让幼儿品尝后说出是用哪些水果或蔬菜制作的。

训练目的：锻炼味觉辨别能力和味觉记忆能力。

（2）品尝不同味道的食物[2]

规则：给幼儿准备不同味道的食物，如甜味、咸味、苦味、酸味、辣味。告诉幼儿这是甜（咸、苦、酸、辣）的，并告诉幼儿不同味道的食物对身体的不同影响。

能力进阶：准备三个装有同样食物但浓度不同的浅盘，让幼儿品尝后说出盘子里装的是什么，并指出味道最淡或最浓的那一份。

训练目的：锻炼味觉辨别能力、味觉记忆能力和味觉防御能力。

5. 提升触知觉统合能力的训练游戏

提升触知觉统合能力经常使用的训练器具有触觉按摩球、平衡触觉板、平衡步道、大龙球、海洋球池等。限于篇幅，这里只列举六种对场地和设备要求不高的、方便日常操作的方法。

（1）翻书游戏

规则：给幼儿讲故事的时候，让幼儿一页一页地翻书。

能力进阶：提供用不同纸张制作的图书。

---

[1][2] 张楠. 婴幼儿感觉统合教育实操教程［M］. 上海：复旦大学出版社，2020.

训练目的：锻炼手部的感觉能力和触觉感受。

（2）海洋球池游戏①

规则：让幼儿跨入或者跳入海洋球池，幼儿可以在池中随意翻滚，摆动四肢，感受身体重力感的变化；也可以将身体全部或部分埋入池中，感受来自周围环境的挤压感。

训练目的：强化触觉，锻炼前庭系统和身体的协调性。

（3）打水仗②

规则：让幼儿拿着装满水的水枪在宽敞的地方互相打水仗，往对方身上喷水。活动时可以让幼儿换上泳装，戴上护目镜。

训练目的：强化身体的触觉。

（4）摸摸各种物品

规则：可以在活动中提供各种材质的物品，让幼儿摸一摸。也可以在日常生活中，引导幼儿摸摸不同的物品，说说自己的感觉。

训练目的：强化身体的触觉。

（5）盲盒探宝

规则：在纸箱中放入不同材质的物品，如皮球、毛绒玩具和笔。让幼儿将手伸入箱子，说说自己摸到了什么。

训练目的：强化身体的触觉。

（6）捏黏土

规则：让幼儿按照自己喜欢的方式擀、压、团、捏黏土。

能力进阶：从无目的地捏黏土，逐渐过渡到命题捏人、捏动植物，直到随意创作。

训练目的：强化身体的触觉。

6. 提升前庭觉统合能力的训练游戏

前庭觉统合失调，经常使用的训练器具有羊角球、平衡木、跷跷板、滑板、滑梯、横（竖）抱桶、平衡踩踏车等专业教具。这里只列举五种对场地和设备要求不高的、方便日常操作的训练方法。

（1）荡秋千

规则：选择适合幼儿身高、大小合适的秋千，让幼儿小幅度地晃动。逐渐提升秋千的晃动幅度和速度。

训练目的：刺激前庭觉，锻炼本体觉和注意力。

（2）跳羊角球

规则：让幼儿骑坐在羊角球上，双手抓住球的"耳朵"，上下弹跳向前，或绕过障碍物。

训练目的：刺激前庭觉，锻炼本体觉和注意力。

（3）跳绳

规则：幼儿双手握着跳绳，胳膊用力甩动绳子，在绳子落地的时候全身向上跳起。

能力进阶：等幼儿熟练掌握跳绳的动作以后，可以让幼儿跟着节奏跳绳、多人组队跳绳或者增加跳绳中的动作。

训练目的：刺激前庭觉，锻炼身体的协调能力。

（4）滚轮胎

规则：幼儿双手扶着轮胎的两侧，慢慢向前推动轮胎滚动，保持轮胎的平衡，不让轮胎离开双手的控制而倒下。

能力进阶：等幼儿熟练掌握滚轮胎的动作以后，可以在沿途设置障碍物或者选择不同地势的路面，让幼儿滚动轮胎绕过障碍物，或者滚动轮胎越过不同地势的路面。

①② 李俊平.图解儿童感觉统合训练［M］.北京：朝华出版社，2018.

训练目的：刺激前庭觉，锻炼身体的协调能力。

（5）袋鼠跳

规则：幼儿站进跳袋里，双手握着跳袋的边缘放至胸前，屈膝，双脚连续向前跳，直至终点。

训练目的：刺激前庭觉，锻炼身体的协调能力。

7. 提升本体觉统合能力的训练游戏

本体觉统合失调经常使用的训练器具有滑板、滑梯、蹦床、球类、跳袋、跳绳等专业教具。这里只列举四种对场地和设备要求不高的、方便日常操作的游戏。

（1）跳房子

规则：在地面上用粉笔画出格子并写上数字1～10，或平铺一张跳格子的游戏垫。可以让幼儿按照数字的顺序跳格子，也可以在格子上丢沙包，丢到哪个数字就跳到哪里。

训练目的：锻炼平衡能力、弹跳能力，促进身体协调能力和本体觉的发展。

（2）转呼啦圈

规则：先示范呼啦圈的转法，然后帮助或教会幼儿把呼啦圈套在腰部——用双手扶着呼啦圈，松手时用腰部晃动呼啦圈，直到晃起来为止。反复练习。

训练目的：提高身体灵活性以及协调性，强化本体觉。

（3）掂重量

规则：准备两个大小、形状、重量不同的盒子、板子、书本或玩具，让幼儿摊开一只手掌，在其手掌上放其中一个物品，让幼儿上下掂掂，感受物品的重量，并说出等物品的轻重。将另一个物品放在幼儿的另一只手掌上，让其感受和对比重量的不同，并说出物体的轻重。然后，引导幼儿按照轻重递增或递减的顺序，将两个物品放在桌上排序。

能力进阶：增加物品的种类或数量。

训练目的：增强对重量的感知能力，锻炼本体感知能力。

（4）悠悠桥 ①

规则：保教人员将大浴巾或者床单平铺在地板上，让幼儿躺在浴巾或者床单的中间。一名保教人员握着浴巾或者床单的两个角，另一名保教人员握着另外两个角。两人合力同时将浴巾或者床单拉紧离开地面，左右轻轻摇晃幼儿或者前后来回轻荡幼儿。

训练目的：刺激本体觉和前庭觉，锻炼平衡能力。

✏️ 模块小结

概念学习、判断与推理、问题解决是幼儿早期认知学习中的重要组成部分。幼儿的概念学习、判断与推理、问题解决能力的发展随着年龄的增长而提升。尽管幼儿早期认知能力的发展进程和特点各不相同，但生理、环境、教育和幼儿自身的经验与个性等因素共同影响着早期认知学习的效果。掌握幼儿早期认知学习的基本概念、发展进程及规律，为幼儿认知学习提供相应的支持策略，是促进幼儿早期认知学习的重要途径。

感觉统合是影响幼儿认知学习的重要因素。感觉统合能力一旦出现障碍，幼儿便会出现诸多感觉统合失调的症状，最终影响其学习、运动和社会交往。幼儿的感觉统合失调问题可以通过日常生活和专门的训练活动进行矫正或干预。

---

① 杨子. 完全图解感统游戏·感觉拼图1［M］. 天津：天津科学技术出版社，2020.

思考与实训

一、单项选择题

1. 下列有关幼儿概念发展的表述，错误的是（　　　）。
   A. 一般只能掌握比较具体的实物概念　　　　B. 能掌握左右概念的相对性
   C. 实物概念的掌握先于数概念的掌握　　　　D. 所掌握的概念内涵往往不够精确

2. 在幼儿期，幼儿大量使用的判断是（　　　）。
   A. 直接判断　　　　B. 间接判断　　　　C. 形势判断　　　　D. 客观判断

3. 以下不属于幼儿早期概念学习能力发展特点的是（　　　）。
   A. 幼儿的概念学习依赖具体形象
   B. 幼儿早期常常无法用精确的语言表达自己的想法和感受
   C. 幼儿的概念学习容易出现刻板化的现象
   D. 幼儿对概念的概括能力非常强

4. 以下关于判断在幼儿早期认知发展中的作用，描述正确的是（　　　）。
   A. 判断能够提升幼儿思维的灵活性
   B. 判断能够促进幼儿语言表达和沟通能力的发展
   C. 判断能力的发展有助于提升幼儿的问题解决能力
   D. 以上都是

5. （　　　）岁的幼儿通常能够独立思考，并能够根据自己的想法进行判断和选择。
   A. 2～3　　　　B. 3～4　　　　C. 4～5　　　　D. 5～6

6. 幼儿的推理反映（　　　）之间的关系。
   A. 概念与概念　　　　B. 判断与判断　　　　C. 思维与操作　　　　D. 动作与语言

7. 以下不属于幼儿传导推理特点的是（　　　）。
   A. 感知导向
   B. 归纳性推理
   C. 传导推理的能力随着年龄的增长而增强
   D. 抽象逻辑性强

8. 以下不属于幼儿感觉统合训练原则的是（　　　）。
   A. 循序渐进原则　　　B. 快乐原则　　　C. 强制性原则　　　D. 游戏原则

9. （　　　）岁的幼儿通常借助感性经验和知觉来解决问题。
   A. 2～3　　　　B. 3～4　　　　C. 4～5　　　　D. 5～6

10. 跳房子、转呼啦圈、掂重量等训练方法是感统训练中经常使用的强化（　　　）发展的方法。
    A. 知觉　　　　B. 视觉　　　　C. 平衡觉　　　　D. 本体觉

二、判断题

1. 概念与词语是一一对应的关系。　　　　　　　　　　　　　　　　　　（　　　）
2. 判断反映的是概念与概念之间的关系。　　　　　　　　　　　　　　　（　　　）
3. 幼儿的传导推理在5岁开始萌芽。　　　　　　　　　　　　　　　　　（　　　）
4. 3～4岁的幼儿能够进行简单的分类和排序。　　　　　　　　　　　　（　　　）
5. 小班幼儿能在无成人指导的情况下，独立找到解决问题的方法。　　　（　　　）

三、简答题

1. 简述2～6岁幼儿判断能力发展的特点。

2. 简述幼儿前庭觉失调的表现。

3. 简述常用的改善和提高幼儿感觉统合能力发展的器械和方法。

四、实训题

观摩并记录幼儿园的某个教育活动。分析幼儿在活动中的概念、判断与推理、问题解决发展的水平，说说保教人员在活动中为幼儿认知的发展提供了哪些具体的教育支持。

岗课赛证

一、单项选择题

1. 下列不宜作为幼儿科学领域学习方式的是（　　　　）①。

　　A. 直接感知　　　　　　　B. 实际操作　　　　　　C. 亲身体验　　　　　　D. 概念解释

2. 幼儿认为男的是"头发短短的"，女的是"梳小辫的"，这说明儿童所掌握的概念（　　　　）②。

　　A. 以低层次概念为主　　　　　　　　　　B. 外延不恰当

　　C. 内涵不精确　　　　　　　　　　　　　D. 能反映事物的本质特征

3. 与人体其他感觉器官相比，（　　　）感受器是分布最广、类型最多的感受器③。

　　A. 触觉　　　　　　　　B. 前庭觉　　　　　　　C. 本体觉　　　　　　　D. 味觉

4. 所谓感觉统合失调是指哪个身体部位产生障碍？（　　　）④

　　A. 手眼协调　　　　　　B. 大脑　　　　　　　　C. 免疫系统　　　　　　D. 循环系统

5. 触觉及其他肤觉在幼儿成长中不具有以下哪项功能？（　　　）⑤

　　A. 感觉功能　　　　　　　　　　　　　　B. 防御和保护功能

　　C. 肌肉及心理放松　　　　　　　　　　　D. 辨识气味

6. 受地心引力作用及个体躯体移动刺激形成的感觉是指（　　　）⑥。

　　A. 触觉　　　　　　　　　　　　　　　　B. 前庭觉

　　C. 本体觉　　　　　　　　　　　　　　　D. 味觉

7. 下雨天走在被车轮碾碾过的泥泞路上，晓雪问："爸爸，地上一道一道的是什么呀？"爸爸说："是车轮压过的泥地儿，叫作车道沟。"晓雪说："爸爸脑门上也有车道沟（指皱纹）。"晓雪的说法体现的幼儿思维特点是（　　　）⑦。

　　A. 传导推理　　　　　　B. 演绎推理　　　　　　C. 类比推理　　　　　　D. 归纳推理

二、论述题

论述幼儿判断、推理的特点。

学习反思

_____

_____

_____

---

① 2018 年上半年幼儿园教师资格考试《保教知识与能力》试题。

② 2020 年上半年幼儿园教师资格考试《保教知识与能力》试题。

③④⑤⑥ 感觉统合指导师真题。

⑦ 2021 年下半年全国教师资格证考试模拟试题。

教学课件

模块六

幼儿早期情绪情感和社会性学习与支持

模块导读

　　幼儿早期情绪情感和社会性是其成长的重要方面，与幼儿认知能力同样重要，并且相互影响。幼儿情绪情感和社会性的学习与发展具有自身的特点，需要综合考虑幼儿的年龄阶段特点、个体差异以及内外在影响因素，为其提供适宜的支持。

学习目标

1. 理解幼儿情绪情感的内涵、构成和影响因素。
2. 理解幼儿社会性的内涵、构成和影响因素。
3. 能够基于对幼儿情绪情感和社会性发展的分析，提供适宜的支持策略。
4. 在幼儿情绪情感和社会性学习与支持过程中，树立以幼儿为中心的教育理念。

内容结构

幼儿早期情绪情感和社会性学习与支持
- 幼儿早期情绪情感学习与支持
  - 幼儿早期情绪情感的概念与构成
  - 幼儿早期情绪情感的学习与发展特点
  - 幼儿早期情绪情感学习与发展的影响因素
  - 幼儿早期情绪情感学习与发展的支持
- 幼儿早期社会性学习与支持
  - 幼儿早期社会性的概念与构成
  - 幼儿早期社会性学习与发展的特点及影响因素
  - 幼儿早期社会性学习与发展的支持

任务一 幼儿早期情绪情感学习与支持

 案例导入

> 　　大班的欣欣遇到一些不开心的事情很容易大哭、发脾气。今天，教师让幼儿在一张硬卡纸上画出自己的新年愿望。坐在欣欣旁边的中中说："我可以看看你画的愿望吗？"欣欣说："还没好呢，过一会儿。"中中等得有点着急，就直接伸手去拿欣欣的画，一不小心，撕烂了欣欣作品的一角。欣欣一边跺脚一边大哭着说："中中把我的画弄坏了！"他一边大声哭，一边跺脚，还踢椅子，大发脾气。教师对中中说："中中，尽管你不小心，但是把欣欣的画弄坏了，你要跟欣欣道歉哟。"中中向欣欣道了歉，可是欣欣哭得越来越厉害，他狠狠地踢着椅子，说："我妈妈给我买过一个地图，和我画得一模一样，我可喜欢这个地图了。"①
>
> 　　**思考** 　在案例中，欣欣情绪发展的特点是什么？可以用什么方法帮助欣欣认识和调控自己的情绪？

　　通过上述案例，我们会发现幼儿情绪表达具有外露性。幼儿的情绪表达通常是比较外露的，开心的时候会面带微笑，生气的时候会跺脚，从表情也能看出来幼儿是不是生气了。当中中不小心弄坏了欣欣的画时，他跺脚、踢椅子、大哭就是情绪外露的表现。

　　保教人员如果能够帮助幼儿认识自己的情绪并通过适宜的方法对自己的情绪进行调控，一方面有利于提高幼儿情绪管理与调控能力，另一方面也有利于保教人员班级管理工作的顺利开展。从这个意义上讲，保教人员能够识别幼儿早期情绪情感的发展特点，并为幼儿提供适宜的支持是非常有必要的。

任务要求

　　1. 理解幼儿情绪情感的发展特点与影响因素。
　　2. 能够根据幼儿情绪情感的表现，提供适宜的支持。

一、幼儿早期情绪情感的概念与构成

（一）情绪情感的概念

　　情绪情感是个体心理的重要组成部分，是个体对客观事物是否符合自身需求而产生的态度体验及相应的行为反应。情绪情感发展是幼儿发展的核心，而非其他心理活动的附属物，在幼儿整体心理发展方面具有重要作用。情绪情感既有区别又有联系，一般而言，情绪是情感的具体形式和直接体验，

---

　　① 本案例由上海市浦东新区冰厂田幼儿园李钦老师提供。

情感是情绪经验的概括[①]。情绪是由外显行为、内在体验和神经生理基础三个成分组合而成的心理现象，短暂且具有情境性，为人类和动物所共有。情感侧重情绪过程中的主观体验和感受，持久稳定且更具社会性，为人类所特有。

微课

情绪情感的发生与分化

（二）情绪情感的发生与分化

心理学家普遍认为情绪是幼儿天生就有的自发反应。婴儿用微笑表达舒适，通过哭声表达身体的不适，这些不需要后天学习，是个体情绪先天性的体现。微笑、痛苦、悲伤、恐惧等是人类种族进化过程中获得的基本情绪。婴幼儿从出生开始就伴有各种基本情绪的表达。

1. 幼儿基本情绪类型

（1）微笑

微笑反映的是快乐、高兴的情绪。新生儿最初的笑是内源性的笑，也称为自发性的笑，是一种生理表现。新生儿出生的第三周可以表现出真正的微笑，轻轻触摸或者吹拂其皮肤敏感区，他们就能够出现反射性的诱发笑；第五周时，人的眼睛、面孔等成为能够引起婴儿微笑的有效刺激，此时的微笑多是社会性的诱发笑。4个月左右的婴儿能够做出有选择性的社会性微笑，并逐渐对熟悉面孔和陌生面孔做出有差别的微笑。微笑作为一种积极情绪表现，对幼儿心理发展有积极影响。幼儿游戏与玩耍，与成人或同伴互动交流，都会产生愉悦的情绪体验。

（2）哭

哭代表一种不愉快的情绪体验，婴儿出生后，最初始的情绪表现就是哭。新生儿的哭主要是生理性的，是其与外界沟通的最初方式，饿、困、冷、热等刺激会引起新生儿啼哭。随着月龄的增长，引起啼哭的诱因逐渐增加，而婴幼儿啼哭的次数逐渐减少。一方面，婴幼儿开始学会通过语言和动作表达自身的需求与不愉快的情绪；另一方面，婴幼儿对外界的适应能力日益增强，不愉快的情绪也随之减少。

（3）恐惧

恐惧是一种强烈的压抑情绪体验，即平常所说的害怕。产生恐惧的原因多种多样，既有先天的，也有后天环境所致。巨响、疼痛、处境不明等危险或者可能受到伤害的信号都是引发恐惧的原因。

幼儿恐惧大致包括本能的恐惧、与知觉或经验相联系的恐惧、怕生、预测性恐惧四种类型。本能的恐惧是新生儿由于听觉、触觉等刺激引起的，如巨大的声音或者强烈的体位变化，都会使新生儿产生恐惧情绪。婴儿从4个月左右开始，在经历一些不愉快的事件之后，也会产生对特定环境或事物的恐惧。此时，视觉对恐惧的产生起主要作用，这是与知觉或经验相联系的恐惧。

婴儿在6个月左右会出现怕生情绪，怕生情绪与依恋情绪同时产生，恐惧与缺乏安全感相关。幼儿在1岁左右时会特别怕生，当陌生人出现时可能会出现皱眉、大哭等表情和行为。2岁左右时，随着想象力的发展，幼儿会出现怕黑、怕坏人等预测性恐惧情绪，预测性恐惧一般因环境的不良影响造成。

（4）愤怒

愤怒是个体目标受阻或愿望不能实现时产生的一种负面情绪。新生儿通过啼哭表达愤怒和不满，愤怒可能降低个体的认知和监控，但也可能激发出更高层次的追求。持久的痛苦和恐惧可能转化为愤怒。婴幼儿在愤怒时往往不容易控制自己，从而诱发攻击性行为。

2. 幼儿高级情感类型

幼儿的情绪情感十分丰富，随着年龄的增长和生活经验的积累，引起情绪情感的动因越来越丰富，产生的情绪情感也更加深刻。在幼儿阶段，个体表现出了一定的道德感、美感和理智感。

（1）道德感

作为道德品质的组成部分，道德感是人类特有的一种高级情感，是由自己或者他人的行为是否符

---

① 王振宇.学前儿童发展心理学［M］.北京：人民教育出版社，2015.

合道德规范而引发的情感。幼儿 3 岁以前处于道德感的萌芽阶段。3 岁以后，尤其是幼儿园集体生活中各种行为规范促使其道德感逐步发展。小班幼儿的道德感基于个别行为，受成人的简单评价影响。中班幼儿开始掌握一些概括化的道德标准，同时关注自己的行为和同伴的行为是否符合道德标准。例如，告状行为就是幼儿基于一定的道德标准对他人行为的评价。步入大班阶段，幼儿产生鲜明的道德感，集体情感也开始发展，道德感得到进一步发展和复杂化。

（2）美感

美感是个体对美的主观感受、反映和评价，幼儿对美的体验是不断社会化的过程。在家庭环境中，父母等家人的行为和言谈会直接影响幼儿的审美观念。通过亲子互动和共同的美学体验，如欣赏艺术作品、听音乐、观看精美的图书等，可以逐渐培养幼儿的审美意识和喜好。婴儿期，个体就喜爱色彩明艳、变化多样的事物和清洁整齐的环境。在外界环境和教育的影响下，婴幼儿逐渐形成自己的审美标准。从幼儿中期开始，幼儿能够从音乐、绘画、舞蹈和文学作品中体验到美，并逐渐学会感受美。

（3）理智感

理智感是人类特有的高级情感，是个体认识事物和探求真理的需求是否得到满足而产生的体验。理智感产生的关键是与认知活动、智力活动相关的。例如，幼儿终于通过自己的实验证明了想法的正确性，此时产生的兴奋感、成就感就是理智感。

幼儿期是理智感开始发展的时期。小班幼儿开始对一些创造性活动感兴趣，尝试搭建更复杂的积木作品、用沙子堆砌假山和桥梁等。大班幼儿开始更多地喜欢益智类的合作或竞争游戏。这些活动给幼儿带来了愉悦的情绪体验，同时也促进了智力的发展。在这一阶段，要注意满足幼儿的好奇心，保持幼儿探求知识的热情。

3. 情绪情感的分化

婴儿出生一段时间后，在成熟和后天环境的影响下，情绪不断分化，但学界对婴幼儿情绪出现的类型和次序尚未达成共识。下面呈现三个有代表性的早期情绪分化理论。

（1）布里奇斯的情绪分化理论

布里奇斯（K. M. Bridges）认为新生儿的情绪是一种杂乱无章的未分化的反应，是一种弥散性的兴奋和激动。伴随着成熟和后天学习的作用，各种不同的情绪分化出来。新生儿表现为皱眉和哭的反应；3 个月时出现快乐和痛苦两种情绪；6 个月时，痛苦情绪进一步分化为害怕、厌恶和愤怒三种情绪；到 1 岁时，快乐情绪分化成高兴和喜爱；到 1.5 岁时，分化出嫉妒和喜悦；到 2 岁时，幼儿的情绪更加细化和丰富，如兴高采烈、惧怕等等。

（2）伊扎德的情绪分化理论

作为当代著名的情绪发展研究学者，伊扎德（Izard）运用录像技术和专业的面部肌肉与表情测查系统对个体情绪的发展进行了全面而深入的研究。伊扎德将新生儿的情绪分为五种：初步的微笑、兴趣、惊奇、痛苦和厌恶。4～6 周，婴儿出现社会性微笑；3～4 个月左右，出现愤怒与悲伤情绪；5～7 个月，出现惧怕情绪；6～8 个月左右，出现害羞情绪；半岁到 1 岁左右，婴儿出现依恋情绪，表现出分离伤心或焦虑，对陌生人恐惧；1.5 岁左右，幼儿出现自豪、骄傲、羞愧、内疚和同情等情绪。

（3）林传鼎的情绪分化理论

我国心理学家林传鼎指出，新生儿具有两种完全分化的情绪反应，一种是愉快的情绪反应，一种是不愉快的情绪反应。在大量的研究基础上，林传鼎提出了情绪的三阶段分化理论。第一阶段为泛化阶段，年龄段为 0～1 岁。此阶段的婴儿情绪反应较为笼统，生理需要引发的情绪占优势。0.5～3 个月左右，婴儿出现欲求、喜悦、厌恶、忿急、烦闷、惊骇六种情绪，这些情绪并没有高度分化，仅仅是在愉快和不愉快的基础上增加一些面部表情；4～6 个月时，婴儿开始出现因社会性需要引起的喜欢和忿急情绪。第二阶段为分化阶段，年龄段为 1～5 岁，此阶段幼儿情绪开始多样化，陆续产生同情、尊重、爱等二十多种情绪，此时道德感、美感等高级情感开始萌芽。第三阶段为系统化阶段，年龄段为 5 岁以后，此阶段幼儿的情绪高度社会化，多种高级情感达到一定水平。

4. 情绪情感对个体发展的意义

（1）情绪情感对幼儿心理活动和行为的动机作用

情绪情感对幼儿的心理活动和行为具有唤起与驱动作用，能够对幼儿的行为起到激发、指导和调控的作用。情绪情感的动机作用包含正反两方面：积极情绪能够提高活动效率，推动活动的进行；消极情绪则会降低活动效率，阻碍活动的进行，甚至可能引发不良行为。

（2）情绪情感对幼儿认知发展的影响

幼儿的情绪和情感状态会影响其对外部世界的感知及注意力。例如，当幼儿感到兴奋或愉悦时，他们更可能对周围的刺激产生兴趣并专注于探索和学习。相反，当幼儿感到烦躁或焦虑时，他们可能难以集中注意力和处理信息。

情绪和情感可以影响幼儿的认知灵活性和问题解决能力。积极的情绪状态有助于培养幼儿的创造性思维和问题解决能力，而消极的情绪状态可能导致认知狭窄和固定思维模式。

总体而言，情绪和情感在幼儿的认知发展中起着重要作用。幼儿通过情绪和情感的表达与调节，与外部世界进行互动，建立社交关系，促进认知过程和学习的发展。因此，提供支持和指导，帮助幼儿理解与管理情绪和情感，对于促进其认知发展有重要意义。

（3）情绪情感对幼儿个性形成和人际交往的影响

情绪和情感经历对幼儿的自尊和自信心形成至关重要。积极的情感体验和支持有助于幼儿形成积极的自我形象和增强自信心。相反，消极的情感体验和缺乏情感支持可能会损害幼儿的自我价值感及自信心。

情绪和情感影响幼儿在社交和合作方面的能力。积极的情绪和情感互动能够促进幼儿有效地与他人互动和合作。如果幼儿的情感表达受限或情感控制困难，可能会影响其社交技能与合作能力。

总的来说，情绪和情感对幼儿的个性形成有重要影响。提供充满支持和爱的情感环境，帮助幼儿表达、调节和理解情感，有助于培养其积极、稳定与合作的个性特征。同时，对于幼儿情感困扰的适度支持、指导和干预也至关重要。

二、幼儿早期情绪情感的学习与发展特点

概括而言，幼儿情绪情感的学习与发展主要展现出三方面趋势：一是情绪情感的社会化，二是情绪情感的丰富化、深刻化，三是情绪情感的自我调节化。

（一）幼儿情绪情感的社会化

幼儿的情绪最初与生理需求密切相关，随着幼儿的不断成长，社会性需求不断增多，其情绪情感逐渐与社会性需求相关，呈现出情绪情感的社会化特点。幼儿情绪情感的社会化主要包括如下三方面。

1. 社会性交往成分不断增加

随着年龄的增长，幼儿情绪活动中的社会性交往内容不断增加。美国心理学家爱姆斯（Ames）指出，幼儿交往中的微笑可以分为自己玩得高兴时的微笑、对教师的微笑、对同伴的微笑，其中后两种微笑属于社会性微笑。从1.5岁到3岁，幼儿的非社会性交往微笑占比逐渐减少，社会性微笑占比逐渐增加。

2. 社会性动因不断增加

婴儿情绪反应主要由生理需求引发，温暖舒适、睡眠充足等引起愉快情绪反应，冷、热、饥饿等引起不愉快的情绪反应。1～3岁幼儿情绪反应的动因既与生理需求有关，又与大量社会性需求相关，但3岁之前生理需求仍是其情绪反应的主要动因。进入小班阶段，情绪反应动因从生理需求向社会性需求过渡。进入中、大班阶段，社会性需求的影响越来越大，幼儿希望被人重视、关爱，有与成人和同伴交往的需求，人际交往的需求是否被满足以及人际交往状况直接影响幼儿情绪。随着幼儿情绪情感逐渐社会化，社会性交往和人际关系成为左右幼儿情绪情感的主要动因。

3．表情逐渐社会化

表情是情绪的外显表现。表情的表达方式包括言语表情、面部表情和肢体语言表情。表情社会化包括辨别、理解面部表情的能力和运用社会化表情的能力。幼儿期是表情认知发展的关键期，此时期幼儿表情的社会化发展具有重要意义。

（1）辨别和理解面部表情的能力

表情提供的信息对幼儿与人交往能力的发展以及社会性行为的发展都有十分重要的作用。1岁左右的幼儿能够笼统地辨别他人的表情，成人对幼儿微笑，幼儿会回以微笑。小班幼儿能够识别高兴的表情，中班幼儿能够辨别愤怒的表情，大班幼儿可以辨别更复杂的表情。

（2）运用社会化表情的能力

随着年龄的增长，幼儿开始注意到面部表情与情绪之间的关联，并能够解释这些非语言线索的含义。例如，幼儿可能注意到教师的不悦表情，并推测出教师可能感到不开心或不满意。幼儿也逐渐能更好地理解和应用更复杂的情绪与面部表情。例如，一个幼儿可能学会通过眨眼速度、眉毛的变化和口角微笑等微妙的表情来表达调皮和幽默。

（二）幼儿情绪情感的丰富化、深刻化

1. 情绪情感的丰富化

伴随幼儿年龄的增长，活动范围的不断扩大，新的需求不断产生，继而出现许多新的情绪体验。情绪情感的丰富化包括两方面，一是情绪越来越分化，情绪分化是指随着个体年龄的增长，情绪类型不断地分化和增加。情绪分化主要发生在2岁之前，但在学前期也继续出现一些高级情感，如尊敬、怜惜等。二是情绪指向的事物不断增多，有些之前不引起幼儿情绪体验的事物，随着幼儿年龄的增长，逐渐能够引起情绪体验。例如，2～3岁的幼儿不太在意同伴是否和自己一起玩耍，而3～4岁的幼儿则会因为无法找到自己的玩伴或者受到成人忽视，尤其是被误会、批评等而感到伤心。

2. 情绪情感的深刻化

情绪情感的深刻化是指从指向事物的表面到指向事物更内在的特点。例如，被成人抱起来，较小的幼儿会感到亲切，较大的幼儿可能会感到不好意思；较小的幼儿对父母的依恋，主要由于父母满足其基本生活需求，较大的幼儿则已经包括对父母的爱戴和对其劳动的尊重等内容。幼儿情绪情感的深刻化与其认知发展水平相关。根据与认知的关系，情绪情感的发展可以分为与感知觉相联系的情绪情感、与记忆相联系的情绪情感、与想象相联系的情绪情感、与思维相联系的情绪情感以及与自我意识相联系的情绪情感。

（三）幼儿情绪情感的自我调节化

随着年龄的增长，幼儿对情绪过程的自我调节能力越来越强，越来越受自我意识的支配，发展趋势主要表现在如下三方面。

1. 情绪的冲动性逐渐减少

幼儿常常处于激动的情绪状态，往往由于某种外来刺激而非常兴奋，情绪冲动而强烈。随着幼儿脑的发育和语言能力的发展，情绪的冲动性逐渐减少。幼儿对自身情绪的控制源于成人的要求和指示。至幼儿晚期，情绪的自我调节能力逐渐发展起来。教育、外部要求以及参与集体生活的经历都有利于幼儿逐渐养成控制自身情绪的能力，减少冲动性。

2. 情绪的稳定性逐渐提高

幼儿的情绪非常不稳定且持续时间短。随着年龄的增长，幼儿的情绪稳定性逐渐提高。到了幼儿晚期，幼儿的情绪趋于稳定，情境对幼儿情绪的影响逐渐变弱。这一时期，幼儿的情绪较少受一般人感染，但容易受父母和教师等亲近的人感染，因此父母和教师在幼儿面前应该注意控制自身的不良情绪。

3. 情绪情感从外显到内隐

婴儿期和幼儿初期，幼儿不能意识到自身情绪的外部表现，情绪完全外露，丝毫不加掩饰和控制。

随着言语和心理活动有意性的发展，幼儿逐渐学会调节自己的情绪。幼儿晚期，幼儿能较多地调节自身情绪的外部表现，但控制情绪的方式易受周围环境的影响。

情绪外显的特点有利于成人及时了解幼儿的情绪状态并给予正确的引导和帮助。同时，幼儿晚期个体情绪已经开始具有内隐性，需要成人细心观察了解幼儿内心的情绪体验。

三、幼儿早期情绪情感学习与发展的影响因素

幼儿情绪情感的学习与发展受幼儿自身、家庭和社会环境等的综合影响。

（一）幼儿自身因素

情绪情感的发生有其自身的神经生理机制，其发生、识别、控制和调节依靠大脑皮质中的腹侧和背侧系统。皮质的抑制机能是幼儿情绪调控的生理前提，3～4岁幼儿的情绪冲动开始慢慢减少，他们逐渐学会控制、调节自身的情绪与行为。

情绪情感与幼儿的气质类型存在相关性。与难养型幼儿相比，易养型幼儿会倾向于使用积极的情绪调节策略，较少使用消极的情绪调节策略[1]。另外，情绪情感的发展与个体认知发展相关，幼儿语言能力的发展是其情绪理解、表达和调控的重要基础。

（二）家庭因素

家庭情绪情感氛围影响幼儿情绪情感的发展，父母在家庭氛围营造中起到非常关键的作用。父母的情绪行为通过两种途径影响幼儿情绪概念的形成以及情绪理解能力的发展。一种是父母自身的情绪反应和情绪表达等有关情绪情感的非言语沟通，另一种是父母与婴幼儿关于情绪的口头交流方式。有研究指出，幼儿情绪理解能力的发展同家庭情绪的表露存在一定的关联。母亲与幼儿讨论家庭成员情绪的时间越多，幼儿的情绪观点采择和情绪理解能力就越好[2]。

（三）社会环境因素

对于大部分婴幼儿来说，除了家庭成员之外，社区或幼儿园中的同伴对其情绪情感发展有重要影响。既能够感知他人情绪，又能够恰当表达自身情绪的幼儿，更能够获得同伴的接纳和欢迎。同时，幼儿的情绪理解和情绪表达能力也能够在同伴交往过程中得到更好的发展。

随着信息技术的飞速发展，平板电脑、智能手机等触屏设备出现在幼儿的生活中。有关触屏设备对幼儿情绪情感发展影响的研究正在增多。研究发现，1.5～3岁幼儿在触屏设备上花的时间越多，越容易出现情绪问题以及社交退缩和攻击性行为等[3]。因此，控制幼儿对电子产品的使用时间和内容至关重要。

四、幼儿早期情绪情感学习与发展的支持

（一）创设良好的情绪环境，营造适宜的情绪氛围

幼儿情绪情感受外界环境影响较大，具有明显的情境性。情绪情感氛围的营造既包括家庭环境，又包括幼儿园环境；既包括精神环境，又包括物质环境。作为幼儿的主要养育者，保教人员的情绪状态，以及情绪情感表达方式、控制和调节方式都会影响幼儿的情绪情感学习与发展。保教人员要树立

---

① 陆芳.学龄前儿童情绪调节策略的发展及其相关研究［D］.上海：华东师范大学，2004.
② 吴玲玲.4—6岁幼儿情绪理解发展及其与家庭环境的联系［D］.上海：华东师范大学，2008.
③ Lin H P, Chen K L, Chou W, et al. Prolonged touch screen device usage is associated with emotional and behavioral problems, but not language delay, in toddlers［J］. Infant Behavior and Development. Doi: 10.1016/j.infbeh.2020.101424.

好的情绪示范，建立和谐温暖的师幼关系，为幼儿营造和谐舒适的心理环境和情绪情感氛围。进入幼儿园之后，如果幼儿感受到教师和同伴都喜欢自己，其情绪会愉快，也会爱上幼儿园；如果教师对幼儿不予理睬，甚至训斥幼儿，则会使幼儿情绪不佳，进而不愿意上幼儿园。教师作为幼儿在园生活的重要他人，其情绪变化会影响全体幼儿。在幼儿面前，教师应学会控制自身的不良情绪，向幼儿展现积极情绪。

在物质环境创设方面，幼儿园需要创设符合幼儿生理和心理特征的空间，提供适宜的物品以及游戏材料。宽敞明亮、整洁舒适的空间环境，丰富多样的游戏材料，有助于幼儿良好情绪情感的学习与发展。

（二）善于感知和辨别幼儿的情绪情感，注重个体差异

幼儿情绪具有自发性和外露性，成人应能通过表情等发现和辨别幼儿的情绪状态并在此基础上进行正确分析。幼儿的情绪表达具有个体差异性，外向的幼儿高兴和悲伤外露更为明显，情绪来得快去得快。内向敏感的幼儿可能并不会表现出强烈的行为。因此，对待不同幼儿的情绪反应需采取不同的方法。面对幼儿的不良情绪，有的可以采取冷处理的方法，有的就需要多观察、多交流，逐渐帮助幼儿消除不良情绪。

（三）适当鼓励和肯定，正确运用暗示和强化

幼儿的情绪状态很容易受成人暗示和强化的影响。如果保教人员常常说"××就是胆小"，这种暗示容易使幼儿形成消极情绪。当幼儿哭闹时，若保教人员不分缘由满足幼儿的要求，幼儿受到强化，日后要求得不到满足时都会哭闹。

（四）倾听幼儿的情绪情感表达，接纳其负面情绪

随着年龄的增长，一些社会因素会导致幼儿出现负面情绪。当要求得不到满足时，幼儿会出现哭闹、伤心等负面情绪。成人需要了解幼儿负面情绪产生的原因，先理解和接纳，再帮助其疏导和排解。倾听幼儿表达，有益于其积极情绪的养成和消极情绪的排解。

（五）教会幼儿情绪调节的方法

1. 幼儿情绪调控方法

情绪管理和调控是情绪能力的重要组成部分，是幼儿社会化过程中需要掌握的重要能力。情绪调控的方法有反思法、想象法、自我说服法等。当幼儿情绪失控时，成人可以引导其反思自身的行为是否合适。想象法是成人引导幼儿将自己想象成某人或某物，以战胜自身对于某些人或事的恐惧。自我说服法可适用于恐惧、失落等情绪的调控。当幼儿因胆怯不敢参加某项活动时，保教人员可以鼓励幼儿对自己说"我能行，我不怕，我是大孩子了"。通过自我说服和暗示，可以缓解或减少幼儿的不良情绪。

2. 幼儿不良情绪疏导方法

（1）消退法

消退法是通过减少不良行为的强化因素来减少此种行为的发生频率。对于幼儿的消极情绪，可以采取条件反射消退法。例如，如果幼儿每次睡觉前都需要抱睡，放下就会哭闹，成人长时间或多频次的哄抱就是其哭闹的强化因素。逐步减少抱睡的时间和频次，幼儿哭闹时间就会逐渐缩短，最终实现正常入睡。

（2）转移法

转移法是通过有意识地分散幼儿的注意力来控制其不良情绪的方法。例如，小班幼儿刚刚入园，或多或少存在入园焦虑，典型的表现就是哭闹。保教人员可以转移幼儿的注意力，通过给幼儿讲故事或者和幼儿一起玩玩具，幼儿的哭闹和焦虑会慢慢得到缓解或消失。

（3）冷却法

冷却法，也即冷处理的方法。当幼儿情绪激动时，保教人员要控制自身情绪，不能激动大吼，适度地不予理睬，幼儿的哭闹和激动情绪也会慢慢停止。

拓展阅读

　　道德感、理智感和美感是与社会需要相联系的高级情感，高级情感的形成与发展对幼儿个性的形成和发展具有重要意义。道德感培养的过程中要注意为幼儿树立生动形象且与幼儿有关联的榜样，"晓之以理，动之以情"，引发幼儿的共鸣。随着幼儿认知的不断发展，成人需要有意识地阐明道德准则，使幼儿的道德体验不断深化。美感的培养形式较为多样，可以让幼儿多接触大自然，从音乐、绘画、舞蹈、文学等作品中发现美、感受美、体验美。理智感的培养要鼓励幼儿多提问、多探究，同时创造条件和机会让幼儿自主探索与创造。

任务二 | 幼儿早期社会性学习与支持

案例导入

　　"马路"边上，乐乐一个人骑着自行车。教师看到他骑了很久的自行车，就问："乐乐，你今天是谁呀？"乐乐动了动嘴巴，但几乎没发出声音。教师说："乐乐，可以再去玩玩别的哟！"乐乐听后没有回应，继续骑车。整个游戏期间，乐乐一直在骑车，也没有说过一句话。[①]

　　思考 作为保教人员，你觉得乐乐的社会性表现如何？可以提供哪些教育支持？

　　从社会交往来看，案例中的乐乐目前还处于独自游戏阶段，不回应教师的互动。从言语交流来看，乐乐与他人无任何言语沟通。作为保教人员，能够识别幼儿社会性发展的特点以及存在的问题，是为其提供有效教育支持的前提条件。本任务将对幼儿社会性的发展进行系统介绍，在分析幼儿社会性发展特点以及影响因素的基础上，梳理幼儿社会性发展的教育支持。

任务要求

　　1. 理解幼儿早期社会性学习与发展的内容和特点。
　　2. 能够根据幼儿早期社会性学习与发展的特点，提供适宜的支持。

---

① 本案例由上海市浦东新区冰厂田幼儿园李钦老师提供。

一、幼儿早期社会性的概念与构成

（一）幼儿早期社会性的概念

社会性是个体为适应社会生活所表现出来的心理和行为特征，也是个体为了适应社会生活所形成的符合社会传统习俗的行为方式。社会性发展有其自身的过程，会随着个体认知水平和交往能力的发展而变化。幼儿早期是个体社会性发展的关键时期，社会性发展是幼儿日后发展的重要基础。

（二）幼儿早期社会性学习与发展的构成

幼儿早期社会性学习与发展主要包括人际关系、性别角色、亲社会行为和攻击性行为等方面。

1. 人际关系

人际关系是幼儿社会性发展的重要内容，也是幼儿社会性发展的重要影响因素。幼儿的人际关系主要包括亲子关系、同伴关系和师幼关系。亲子关系是幼儿早期人际关系中最重要的关系，主要指父母与子女的情感联系，也包含隔代亲人关系。幼儿时期主要是其与父母的依恋关系。幼儿与同伴交往就形成了同伴关系，同伴之间的交往最早表现在 6 个月婴儿身上。幼儿的同伴关系具有共存、平等、互惠的特征，建立在自主、协商、合作的基础上。师幼关系是幼儿进入托幼机构后，在与保教人员交往过程中形成的一种比较稳定的人际关系，相较于亲子关系和同伴关系，师幼关系具有明显的计划性和教育性。

2. 性别角色

性别角色是社会对不同性别个体的行为期望，包括对两性所持有的不同态度、人格特质和社会行为模式。性别角色的发展是幼儿在对其性别角色有一定认识的基础上，逐渐形成的较为稳定且具有一定倾向性的态度和行为特征。

3. 亲社会行为

亲社会行为一般指对他人和社会有积极影响的行为，是一种个体帮助或者打算帮助其他个体或群体的行为倾向，包括助人、分享、安慰、合作等。

4. 攻击性行为

攻击性行为是出于故意或工具性目的的有意伤害行为，包括直接的身体伤害、语言伤害和间接的心理伤害，一般分为工具性攻击和敌意性攻击两种表现形式。为了抢夺玩具踢打同伴，属于工具性攻击行为；以伤人为目的的踢打他人则属于敌意性攻击行为。需要注意的是，幼儿在和同伴一起玩耍时，无意的推拉行为不属于攻击性行为。

二、幼儿早期社会性学习与发展的特点及影响因素

（一）幼儿早期人际关系的发展特点与影响因素

幼儿从出生开始就处在各种社会关系中，在与人交往的过程中不断发展心理能力和社会性。对于幼儿而言，父母及祖父母、同伴和幼儿教师是其生活与发展中的"重要他人"。从幼儿园的角度出发，对幼儿产生重要影响的人际关系包括同伴关系和师幼关系。

1. 同伴关系的发展特点及影响因素

同伴作为幼儿成长过程中的重要他人，对幼儿社会性的发展有重要影响。同伴关系能够满足幼儿的情感归属需要，在与同伴交往的过程中，获得同伴的接纳、尊重和赞许，能让幼儿产生成就感，社交需求得到满足，同时获得社会性支持。同伴关系能够促进幼儿社会交往能力的发展，在与同伴交往过程中，幼儿逐渐学会如何与他人建立良好的关系，如何保持朋友关系并解决冲突。

（1）幼儿早期同伴交往的发展特点

两岁半以前，幼儿的同伴关系大概会经历三个阶段。第一阶段为客体为中心阶段，主要在幼

6～10个月大时发生，这一阶段婴儿之间的交往集中在事物上（主要是玩具），相互不理睬，偶尔会相互触摸、微笑、发出声音。第二阶段为简单相互作用阶段，此阶段幼儿之间的交往出现社会指向行为，如身体接触、玩与同伴相同或类似的玩具。幼儿在此阶段通过这样的社交行为寻找同伴，对同伴的行为做出反应。第三阶段为互补的相互作用阶段，幼儿之间出现更为复杂的社会性互动行为，经常模仿同伴的行为，出现了合作游戏，表现出互补和互惠行为。

3岁以后，幼儿之间的社会交往大部分是在游戏情境中发生的。3岁左右的幼儿主要进行平行游戏。4岁左右幼儿之间的联系性游戏增多，游戏中有言语和行为上的交流与互动。需要注意的是，此阶段幼儿之间的联系是偶然且无组织的，幼儿之间的社会交往处在初级阶段。5岁以后，合作性游戏开始发展，幼儿能够为了一定目标而开展合作，遵守共同的规则。

（2）幼儿早期同伴交往的影响因素

早期亲子交往的经验会影响幼儿自身的安全感和对同伴的信任感。父母与他人交往的行为和方式构成了幼儿模仿的对象，影响幼儿的情绪情感表达方式和与人交往的方式。

幼儿自身的个性和行为特征会影响同伴的接纳程度，幼儿的气质类型、情绪情感理解和表达能力、性格等会影响同伴交往中同伴对其的态度和行为。

同伴之间的熟悉程度也是同伴交往的影响因素，相互之间越熟悉的幼儿交往的频率和水平相对越高。此外，同伴交往中的活动材料和活动性质也会影响不同社交类型幼儿的交往行为。

2. 师幼关系的发展特点及对幼儿发展的影响

（1）师幼关系的发展特点

师幼关系一般可以分为亲密型、紧张型和淡漠型。亲密型的师幼关系是师幼之间比较亲密、融洽、和谐的关系。在紧张型的师幼关系中，保教人员对幼儿不良的行为缺乏耐心、态度生硬，师幼之间感情疏远，甚至有些紧张对立。淡漠型师幼关系是保教人员对性情比较温顺、行为退缩、情绪情感发展较为缓慢的幼儿，在行为上和情感上忽视和淡漠，从而形成了淡漠型的师幼关系。师幼关系具有一定的稳定性和亲密性，师幼在托幼机构一日生活的各个环节中一直相处，在空间和时间上都有更密切和更全面的接触。

（2）师幼关系对幼儿发展的影响

和谐融洽的师幼关系能够使幼儿感到安全、舒适，使幼儿正常参与在园的各项活动并获得好的体验，帮助幼儿较快适应托幼机构生活，同时获得认知、情绪情感和社会性等多方面的发展。幼儿早期对保教人员的权威十分看重，保教人员的期望、评价和情感态度对于幼儿社会规范的建立和亲社会行为的发展有重要影响。此外，师幼关系在一定程度上影响同伴关系，良好师幼关系中的幼儿对同伴更加友好，也更容易被同伴接纳。

（二）幼儿早期性别角色的发展特点与影响因素

性别角色是社会对男性和女性在态度和行为方式方面期望的总和。性别行为是个体在社会角色期待和对同性别个体的模仿中所形成的特有行为模式。

幼儿早期性别概念主要包括性别认同、性别稳定性和性别恒常性。性别认同是对自己和他人性别的认识。1.5～2岁时，幼儿开始理解特定的物品或活动与性别的联系。2.5岁时，能正确回答自己的性别，并通过发型和头发的长度等外部特征来辨认他人的性别。性别稳定性是指幼儿对自己的性别不随其年龄和外界环境等的变化而变化这一特征的认识，一般在3～4岁时出现。性别恒常性是指幼儿对人的性别的认识不随其外表和活动的变化而改变，一般在6～7岁时获得。

1. 幼儿早期性别角色的发展特点

幼儿早期性别角色发展一般经历三个阶段。第一个阶段是2～3岁，这一阶段的幼儿能够逐渐准确说出自己的性别，并且掌握了初步的性别角色知识。例如，女孩子喜欢娃娃，男孩子喜欢玩枪和汽车。第二阶段是3～4岁，幼儿表现出以自我为中心认识性别角色的特点。在这一阶段，幼儿能够准确分辨自身的性别，性别角色方面的知识逐渐增多，知道男孩和女孩在穿着、选择玩具方面的不同。

但此阶段幼儿性别角色的认识还不是很明确，具有自我中心的特点，如4岁的姐姐给弟弟穿裙子或者扎小辫子等。第三阶段是5～7岁，幼儿刻板性地认识性别角色，对男孩和女孩在性别行为方面的区别的认识越来越清楚，开始认识到一些与性别相关的心理因素。例如，女孩子要文静，男孩子要勇敢坚强。此阶段的幼儿认为违反性别角色的行为是错误的，会受到他人嘲笑或者自己感到难为情。

2. 幼儿早期性别角色发展的影响因素

生物因素和社会文化因素对幼儿早期性别角色的发展有一定影响。生物因素主要指性激素和大脑功能分化，社会文化因素主要包括父母、教师和社会舆论。

生物因素为性别角色的发展提供了重要基础。两性体内同时存在雌性激素和雄性激素，但两种激素占比不同。性激素对于性行为和攻击行为产生影响。大脑半球功能的分化最初也会受胎儿期分泌的性激素影响，胎儿期性激素使女孩大脑更有效地加工语言，使男孩大脑更有效地加工空间信息。

社会文化因素，尤其是家庭因素对幼儿性别角色和性别行为的发展有重要影响，幼儿的性别角色和行为受父母性别观念与行为的引导和强化。当幼儿表现出符合其性别角色的行为时，父母就会给予强化；当幼儿表现出不符合父母性别角色期待的行为时，父母会给予纠正。保教人员也会在托幼机构中通过角色扮演等多种方式，有目的地对幼儿进行性别角色引导和性别行为塑造。

（三）幼儿早期亲社会行为的发展特点与影响因素

亲社会行为在婴儿期已经萌芽，3个月左右的婴儿会对友善和不友善的行为做出不同反应。1岁左右的幼儿会对处于困境的他人做出轻拍或抚摸等积极的抚慰动作。2.5～3.5岁的幼儿会因自己在假想游戏中的友善行为感到满足。4～6岁幼儿更多地表现出真正的助人行为。随着幼儿生活范围的扩大和交往经验的增多，幼儿亲社会行为逐步发展，能够从细微处理解他人情绪，并做出适宜的帮助等亲社会行为。

幼儿早期的亲社会行为主要表现为分享与助人、合作、安慰与保护等。1岁左右，婴幼儿会把自己的玩具或食物给同伴，此时的分享行为并没有考虑他人需求。到3岁左右，幼儿可以根据他人的言语要求做出适宜的分享行为。

幼儿的合作行为更多地出现在各类游戏活动中。有研究者指出，1.5～2岁的幼儿会表现出合作性游戏。随着年龄的增长，合作行为逐渐渗透到日常生活中。对于婴幼儿而言，最常见的安慰方式就是简单的肢体接触，比如拉拉手、拍拍肩等。

1. 幼儿早期亲社会行为的发展特点

15～18个月的幼儿已表现出分享、助人与合作等亲社会行为，也有研究发现，幼儿在看到其他幼儿悲伤和痛苦时表现出同情和安慰的倾向。3～7岁时，幼儿各种亲社会行为迅速发展。幼儿表现频率最高的亲社会行为就是合作，占比一半以上。分享行为也是这个年龄段亲社会行为的主要表现。应注意，幼儿亲社会行为具有较大的个体差异。有研究指出，3～7岁幼儿对同伴困境的反应不同（面对大哭的同伴幼儿的反应），目睹事件的幼儿，有一半有面部表情，17%的幼儿直接安慰大哭幼儿，10%的幼儿会寻找成人帮助，5%的幼儿会威胁肇事者，12%的幼儿回避，毫无反应的幼儿极少[①]。

2. 幼儿早期亲社会行为的影响因素

幼儿亲社会行为的发展受到内外在因素的共同作用。

幼儿的认知以及心理状态是重要的内在因素，其中移情能力的影响至关重要。移情是指站在他人立场，体验他人的情绪情感。幼儿由于认知发展特点的影响，常常以自我为中心思考问题，引导幼儿学会从他人角度思考问题，是培养其亲社会行为的重要方式。

幼儿所处的社会文化环境、家庭因素和同伴关系等是重要的外在因素。社会文化习俗会制定和传递一些适宜的行为与规范，对幼儿的亲社会行为有引导作用。例如，一些社会文化习俗强调对他人尊重和礼貌，教导幼儿要友善、体贴和照顾他人的感受。多元化的电子媒介，尤其是短视频等媒介也在

---

① 王保林，窦广采.幼儿心理学［M］.郑州：郑州大学出版社，2007.

影响着幼儿的亲社会行为。父母对幼儿的评价与态度也会产生影响。例如，当父母对幼儿的分享、合作行为给予表扬、赞许和鼓励时，幼儿的亲社会行为会得到强化。

（四）幼儿早期攻击性行为的发展特点与影响因素

目前，关于幼儿攻击性行为出现的时间尚存在争议，争议的核心在于最早表现出的伤害行为是否存在伤人意图。幼儿早期攻击性行为的起因、方式、类型均有变化，呈现不同的发展特点。

1. 幼儿早期攻击性行为的发展特点

幼儿攻击性行为的划分标准不同，会表现为不同的形式。根据攻击性行为的起因，可以将其分为工具性攻击和敌意性攻击。前者是由幼儿之间物品和空间的争夺引发的，后者则是由游戏规则和行为规范等社会性问题引发的冲突与矛盾。根据攻击的方式，可以分为身体攻击和言语攻击。年龄较小的幼儿的攻击方式主要是踢、打等，5岁以后幼儿的身体攻击行为减少，嘲笑、言语攻击等方式增多。随着年龄的增长，幼儿工具性攻击逐渐减少，敌意性攻击逐渐增多。一般而言，男孩攻击性行为出现的频次高于女孩。男孩更易采用身体攻击的方式，女孩采用言语攻击的可能性更高。

2. 幼儿早期攻击性行为的影响因素

（1）挫折

幼儿早期攻击性行为受诸多因素影响。心理学家认为，受挫折是攻击性行为产生的直接原因。当幼儿自身的需求得不到满足、目的不能实现时会产生挫折情绪。遭遇挫折后，幼儿容易表现出攻击性行为，并通过这种行为宣泄自己的负面情绪。

（2）强化

幼儿攻击性行为发生后，不当的强化使得攻击性行为得到"肯定"，从而使攻击性行为频发。例如，当幼儿通过攻击性行为获得自己想要的玩具或者通过控制其他幼儿提高自身自尊水平时，攻击性行为就得到了强化。被攻击者的退缩和屈服、同伴的赞许或默许、教师的忽视等，都会强化幼儿的攻击性行为。

（3）模仿

父母和传播媒介都是幼儿模仿的对象。父母如果多用惩罚和暴力解决冲突，那么幼儿在与人交往的过程中也就会用暴力解决问题。父母的惩罚不但无法减少攻击性行为，反而会提高其发生的概率。此外，暴力视频或图片等也会使幼儿学会具体的暴力方式和手段，从而使攻击性行为发生的频率增加。

三、幼儿早期社会性学习与发展的支持

微课

幼儿早期社会性学习与发展的支持

综合而言，幼儿社会性学习与发展的内容涉及人际交往、性别角色认识、亲社会行为和攻击性行为等方面，幼儿社会性的培养或者问题行为的矫正可以从以下四方面开展。

1. 创造温馨和谐的氛围，树立正确的教养观念，做好榜样示范

成人可以在家庭和幼儿园中创造温馨和谐的教育环境，让幼儿感到安全和被接纳。家长和保教人员应该树立正确的教育观念和价值观，注重幼儿的整体发展和社会性学习。家长和保教人员应该明确与传达对幼儿的期望，并通过日常行为和言语来示范和激励积极的社会行为。家长和保教人员是幼儿学习的榜样，可以通过自己的言行示范积极的社会性行为和人际关系技巧。此外，家长和保教人员应该积极参与幼儿的游戏与活动，与之建立亲密关系，提供支持和指导，引导幼儿学习合作、分享和与他人建立友谊。

2. 注重游戏对幼儿社会性发展的价值

《指南》指出，幼儿社会性发展的基本途径是人际交往和社会适应，幼儿社会性主要通过日常生活和游戏中的观察、模仿和体验来潜移默化地发展。幼儿期是社会性发展的关键时期，游戏作为幼儿园的基本活动，能够有效促进幼儿社会性发展。幼儿园可以组织和开展高质量的游戏，如通过角色游戏帮助幼儿站在他人视角上看待问题，通过探究类的游戏培养幼儿合作、分享等社会能力。当幼儿表现

出攻击性行为，应进行矫正，尽量给幼儿创设一个避免冲突的空间，避免给幼儿造成压抑感和挫折感。同时，允许幼儿合理宣泄，有攻击性行为的幼儿常常会被同伴回避或拒绝，教师应允许幼儿合理宣泄不良情绪，通过发泄的游戏满足其攻击性的冲动而避免攻击性行为发生。除了游戏，艺术欣赏、参观等活动也能够提高幼儿的社会认知及适应能力。

3. 开展高质量的家庭教育指导工作

家庭也是幼儿学习与发展的重要场所。从幼儿社会性学习与发展的角度讲，家长是幼儿重要的模仿对象，家长用暴力解决问题，幼儿往往会习得攻击行为等不良行为。家长有更多分享、助人、同情等行为，幼儿也会发展起诸如此类的社会行为。保教人员要开展高质量的家庭教育指导工作，帮助家庭建立良好的氛围，树立正确的教养观念，为幼儿社会性的学习与发展做好榜样示范。作为父母或照顾者，应为幼儿提供模范和示范，在日常生活中展示积极的社会性行为，如友善、分享、合作和关心他人，通过自己的行为示范，让幼儿学会观察和模仿。还要鼓励幼儿学会合作和分享，激励其参与合作和分享的活动。例如，鼓励幼儿与他人一起玩耍、解决问题，或参与家务活动，通过给予积极的反馈和鼓励，帮助其发展出合作和分享的倾向。

4. 关注社会性支持内容与方法的适切性

幼儿社会性的学习可以从社会认知、社会情感和社会行为三方面进行。不同的内容可以采用不同的方法。在社会认知支持方面，注重培养幼儿的观点采择能力，可以通过开展社会戏剧性游戏，尝试让幼儿自己处理同伴间的小冲突。在社会情感支持方面，要注意在各种活动中进行情感引导，通过幼儿熟悉的具体的形象感染和激发幼儿的道德情感。在社会行为支持方面，移情训练可以作为有效方法，让幼儿通过各种活动的参与、表达以及体验体察他人情绪情感，理解他人并学习与他人沟通和相处的技巧。

家长和保教人员要有意识地培养幼儿的社交技能与自我控制能力，社会交往能力较弱的幼儿需要交往技能与策略的指导，以掌握倾听、协商等技巧。在和幼儿交往的过程中，家长和保教人员要把握好分寸，不能过于放纵和宽容，可以适度利用惩罚手段。幼儿的自我控制能力强有助于克服自发性攻击行为，保教人员可以结合社会认知能力训练有意识地培养幼儿自我控制能力。

 **模块小结**

> 情绪情感和社会性是幼儿早期学习与发展的重要内容，本模块从情绪情感和社会性发展两个方面进行阐释，首先介绍了幼儿早期情绪情感的概念与构成，分析了幼儿早期情绪情感的学习与发展特点以及影响因素，并在此基础上阐释如何支持幼儿早期情绪情感的学习与发展。幼儿早期的人际关系、性别角色、亲社会行为和攻击性行为是社会性学习的四个主要内容，了解每个内容的概念、构成、学习与发展，掌握科学的支持策略，对于提高保教人员的保教质量，进而促进幼儿的全面和谐发展有重要意义。

 思考与实训

一、单项选择题

1. 幼儿道德发展的核心问题是（　　　　）。

    A. 亲子关系的发展   B. 同伴关系的发展

    C. 性别角色的发展   D. 亲社会行为的发展

2. 幼儿喜欢将东西扔在地上，成人拾起来给他后，他又扔在地上，如此反复，乐此不疲。这一现象说明幼儿喜欢（　　　　）。

  A. 手的动作　　　　　　　　　　　　　　B. 重复连锁动作

  C. 抓握动作　　　　　　　　　　　　　　D. 玩东西

3. 中班幼儿告状现象频繁，这主要是因为幼儿（　　　　）。

  A. 道德感的发展　　　　　　　　　　　　B. 羞愧感的发展

  C. 美感的发展　　　　　　　　　　　　　D. 理智感的发展

4. 幼儿从小表现出来的同情、帮助、分享、谦让等属于（　　　　）的社会行为。

  A. 友爱　　　　　　　B. 善良　　　　　　　C. 利他　　　　　　　D. 助人

5. 婴儿出生6～10周后，人脸可以引发其微笑。这种微笑称为（　　　　）。

  A. 生理性微笑　　　　　　　　　　　　　B. 自然微笑

  C. 社会性微笑　　　　　　　　　　　　　D. 本能微笑

6. 遇到重大活动或事件时，教师总是组织全班幼儿一起讨论、制订计划，这样做主要是为了培养幼儿（　　　　）。

  A. 遵守基本的行为规范　　　　　　　　　B. 具有初步的归属感

  C. 喜欢并适应群体生活　　　　　　　　　D. 能与同伴友好相处

7. 下列哪种方法不利于缓解或调整幼儿激动的情绪？（　　　　）

  A. 安抚　　　　　　　　　　　　　　　　B. 转移注意力

  C. 冷处理　　　　　　　　　　　　　　　D. 斥责

8. 豆豆摔跤刚要大哭时，妈妈立即说："我们豆豆很勇敢，摔跤从来不哭！"豆豆听了妈妈的话，一骨碌就爬了起来。豆豆妈妈运用了（　　　　）的方式调控幼儿的情绪。

  A. 耐心倾听　　　　　　　　　　　　　　B. 理解幼儿情绪

  C. 接纳幼儿情绪　　　　　　　　　　　　D. 积极暗示

9. 减缓和消除幼儿紧张情绪的方法有（　　　　）。

  ①减轻外界环境的压力　　　　　　　　　②减轻内在的压力

  ③增强身体素质　　　　　　　　　　　　④增强心理强度

  A. ①②③　　　　　　　　　　　　　　　B. ②③④

  C. ①②④　　　　　　　　　　　　　　　D. ①③④

10. 美感、（　　　　）和理智感一起并称为高级情感。

  A. 羞耻感　　　　　　　　　　　　　　　B. 道德感

  C. 兴奋感　　　　　　　　　　　　　　　D. 快乐感

二、判断题

1. 幼儿的社会化是指幼儿从一个生物个体到逐渐掌握社会的道德行为规范与社会行为技能，即从自然人转化为社会人的进程。　　　　　　　　　　　　　　　　　　　（　　　）

2. 幼儿亲社会行为的萌芽出现在2岁左右。　　　　　　　　　　　　　　　　（　　　）

3. 3～4岁是亲子依恋形成的关键期。　　　　　　　　　　　　　　　　　　（　　　）

4. 情绪的外部表现叫表情。幼儿在掌握语言之前，主要是以表情作为交际工具的。（　　　）

5. 在德育实施过程中，首先要尊重幼儿的人格和自尊心。　　　　　　　　　　（　　　）

三、简答题

1. 简述幼儿园社会性教育的作用。

2. 为保持幼儿健康的情绪，应注意哪些问题？

3. 作为保教人员，如何在保教活动中营造良好的心理氛围？

四、实训题

幼儿在刚入园时容易出现哭闹现象，请分析原因并提出解决策略。

💡 岗课赛证

一、单项选择题

1. 幼儿看见同伴欺负别人会生气，看见同伴帮助别人会赞同，这种体验是（   ）①。
   A. 理智感　　　　　　　B. 道德感　　　　　　C. 美感　　　　　　D. 自主感

2. 在角色游戏中，教师观察幼儿能否主动协商处理玩伴关系，主要考察的是（   ）②。
   A. 幼儿的情绪表达能力　　　　　　　　B. 幼儿的社会交往能力
   C. 幼儿的规则意识　　　　　　　　　　D. 幼儿的思维发展水平

3. 初入幼儿园的幼儿常常有哭闹、不安等不愉快的情绪，说明这些幼儿表现出了（   ）③。
   A. 回避型状态　　　　B. 抗拒性格　　　　C. 分离焦虑　　　　D. 黏液质气质

4. 有时一名幼儿哭会惹得周围的幼儿跟着一起哭，这表明幼儿的情绪具有（   ）④。
   A. 冲动性　　　　　　B. 易感染性　　　　C. 外露性　　　　D. 不稳定性

5. 幼儿对自己消极情绪的掩饰，说明其情绪的发展已经开始（   ）⑤。
   A. 深刻化　　　　　　B. 丰富化　　　　　C. 内隐化　　　　D. 精细化

6. 个体从一个自然人发展为一个社会人的过程，即（   ）的过程。
   A. 成长　　　　　　　B. 自然发育　　　　C. 社会化　　　　D. 互动性

7. 幼儿的社会关系主要表现在两个方面，（   ）和与成人的关系⑥。
   A. 与老师的关系　　　　　　　　　　　B. 与父母的关系
   C. 与邻里的关系　　　　　　　　　　　D. 与同龄伙伴的关系

8. 保育员在新生入园前的家访工作主要是为了了解孩子的特点、脾气秉性和生活习惯，孩子生活的家庭背景和（   ）等情况。
   A. 父母的教养方式　　　　　　　　　　B. 父母的经济状况
   C. 孩子的智力发展　　　　　　　　　　D. 孩子的心理素质

9. 儿童因为长期精神压抑或紧张而导致厌食、自闭等症状，这是由于（   ）。
   A. 学校与家庭教育不一致所致
   B. 幼儿园教育条件不够好所致
   C. 现在的医疗条件不够好所致
   D. 儿童心理上积聚的能量得不到及时发泄所致

10. 保育员要教育孩子学会宽容，（   ），学会与别人一起游戏。
    A. 发现别人的长处　　　　　　　　　　B. 发现别人的缺点
    C. 学会保护自己的利益　　　　　　　　D. 学会工作

11. 造成孩子缺乏（   ）的主要原因是家长和教师平时对孩子的事情包办过多，不给孩子独立完成某种任务的机会。
    A. 人际交往能力　　　　　　　　　　　B. 独立生活能力

---

① 2015 年上半年幼儿园教师资格考试《保教知识与能力》试题。
② 2018 年上半年幼儿园教师资格考试《保教知识与能力》试题。
③ 2017 年上半年幼儿园教师资格考试《保教知识与能力》试题。
④ 2019 年下半年幼儿园教师资格考试《保教知识与能力》试题。
⑤ 2022 年上半年幼儿园教师资格考试《保教知识与能力》试题。
⑥ 国家高级保育员资格考试题库.https://www.doc88.com/p-20716194125380.html

C.规则意识和完成规则的能力　　　　　　　　D.任务意识和完成任务的能力

二、简答题

影响在园幼儿同伴交往的因素有哪些？ [①]

三、材料分析题

李老师第一次带中班，她发现中班幼儿比小班幼儿更喜欢告状。教研活动时，大班教师告诉她："中班幼儿确实更喜欢告状，但到了大班，告状行为就会明显减少了。"

（1）请分析中班幼儿喜欢告状的可能原因。

（2）请分析大班幼儿告状行为减少的可能原因。 [②]

四、论述题

论述如何在幼儿园一日生活中实现社会领域的教育目标。 [③]

学习反思

① 2016 年上半年幼儿园教师资格考试《保教知识与能力》试题。
② 2018 年上半年幼儿园教师资格考试《保教知识与能力》试题。
③ 2017 年上半年幼儿园教师资格考试《保教知识与能力》试题。

模块七

PPT
教学课件

不同场景中的幼儿学习与支持

模块导读

　　集体教学活动、游戏活动和生活活动是幼儿在托幼机构中的三大主要活动，也是参与时间比较多的活动。在三个不同的场景中，幼儿的学习会呈现出不同的特点，保教人员需要在了解幼儿学习与发展特点的基础上，提供适宜的教育支持。

学习目标

1. 了解幼儿学习的三大场景及其意义和教育功能。
2. 掌握不同场景中幼儿学习的特点及支持策略。
3. 能够根据幼儿在不同场景中的学习特点和个体差异提供适宜的指导。

内容结构

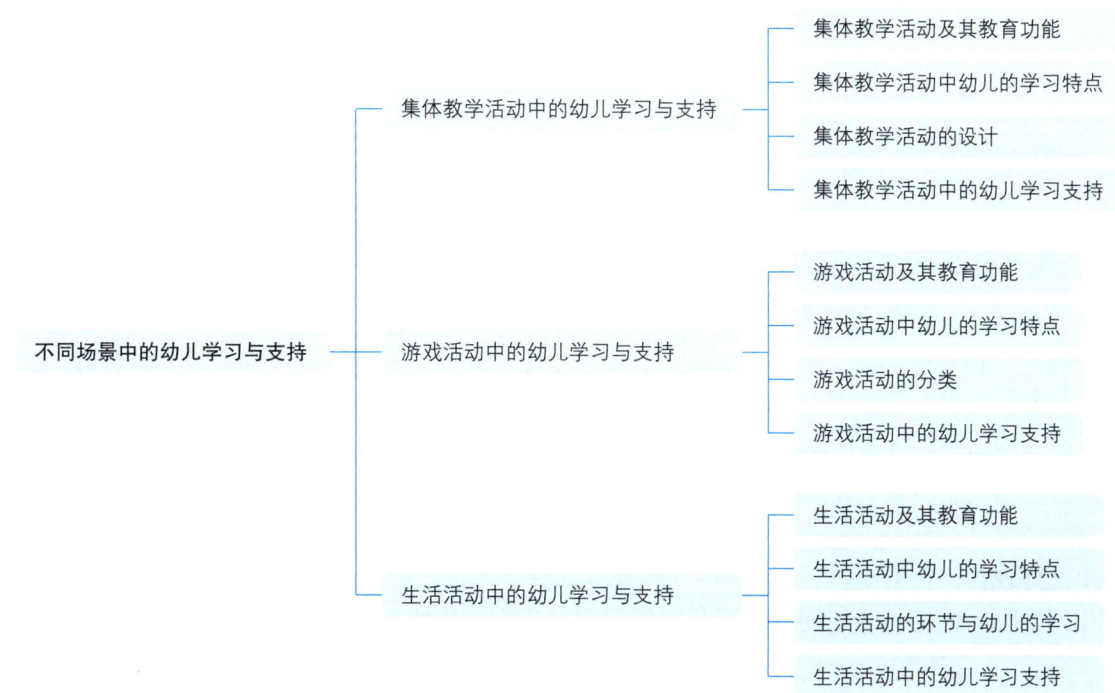

任务一　集体教学活动中的幼儿学习与支持

 **案例导入**

> 　　一次数学集体教学活动中，教师为幼儿提供了各种各样的三角形物体，让幼儿动手摸一摸，说一说这些物体有哪些异同点。教师还鼓励幼儿在班级里找一找哪些物体是三角形的，目的是帮助幼儿理解三角形的基本特征。
>
> 　　**思考**　作为保教人员，你觉得上述教师的做法能否实现其教学目标？

　　集体教学活动是保教人员设计的，以幼儿的学习与发展为目标的活动。为了实现集体教学活动的目标，保教人员需要理解幼儿的学习特点，为幼儿提供适宜的学习内容与操作材料。案例中的教师为幼儿提供了各种各样的三角形实物，鼓励幼儿通过操作、观察、比较等方法理解三角形的基本特征。可以说，该教学内容与方式是符合幼儿学习的基本特点的。本任务将介绍集体教学活动的相关概念以及幼儿在集体教学活动中的学习特点，并在此基础上介绍集体教学活动中幼儿学习的支持策略。

 **任务要求**

　　1. 了解集体教学活动的特点、功能以及幼儿的学习特点。
　　2. 掌握科学设计集体教学活动的方法。
　　3. 能够根据幼儿的学习特点，科学设计集体教学活动。

一、集体教学活动及其教育功能

（一）集体教学活动的概念与特点

　　集体教学活动是指保教人员按照教学目标与教学内容，有计划、有组织地引导全班幼儿参与并获得有益经验的一种教育活动。集体教学活动的形式多样，既包括保教人员依据教育目标预设的教学活动，也包括在幼儿兴趣和需求基础上生成的教学活动；既可以是单独的一节"课"，也可以是围绕一个主题展开的系列活动；既可以是全班一起进行的活动，也可以是分小组同时进行的活动。

　　集体教学活动是我国幼儿园的传统教学组织形式。幼儿园的集体教学活动具有以下特点。

　　1. 集中性

　　集中性体现在，在集体教学活动中，全班幼儿在保教人员的组织、指导下，围绕统一的活动目标、要求和相同的学习内容，在相同的时间与空间内进行探究。集体教学活动在一定程度上提高了教育的效率。

　　2. 计划性

　　与游戏和生活活动相比，集体教学活动有着更强的目的性和计划性，通常是教师提前设计好并备

好课的，因此也更容易发挥"教学走在发展前面、引导发展"的功能。在学期初、月初或周初，保教人员会依据《指南》《纲要》等文件精神和幼儿学习与发展特点，对集体教学活动进行有目的、有计划的设计，以支持幼儿通过集体教学活动获得有益的学习经验，促进幼儿的全面发展。

3. 生活性

《纲要》在"教育活动的组织与实施"部分指出，教育内容的选择应该"既贴近幼儿的生活，又有助于拓展幼儿的经验"。为了学会生活、通过生活来学习生活，学习与生活相互交融，学习、生活、发展三位一体是幼儿学习最大的独特之处[①]。

4. 循序性

虽然幼儿园集体教学活动的内容主要来源于幼儿生活，却是按照一定的主题或教育目标、教学计划、幼儿发展的需求等循序渐进地推进的，以便幼儿能获得相对系统的经验。这一特点决定了幼儿园集体教学活动之间是关联而非割裂的关系，并且是循序渐进开展的，当一次集体教学活动没有达成预期的效果或者需要拓展学习的广度和深度时，可以通过后续的教学活动实现教学目标。

5. 互动性

幼儿园的集体教学活动有着较强的互动性。在活动中，教师须关注、充分调动幼儿参与活动的积极性并与幼儿有效互动。这是由幼儿早期心理发展特点决定的，他们注意集中的时间短，易被外在刺激吸引，因此集体活动中要有充分的互动，才能保障幼儿积极参与活动。不管是《纲要》《指南》，还是最新颁布的《幼儿园保育教育质量评估指南》(以下简称《评估指南》)，都将积极、有效的师幼互动作为幼儿园保教质量评价的重点，认为师幼互动的质量会在很大程度上决定保教的过程质量[②]。

（二）集体教学活动的功能

集体教学活动是托幼机构对幼儿施加教育影响的主要形式之一，可以保证保教人员在有限的时间和空间内，利用有限的教育资源，提高教育教学的效率。通过集体教学活动，托幼机构的课程目标得以实现，教育计划得以实施，幼儿也能获得各种有益的学习经验。

集体教学活动在促进幼儿早期学习与发展方面有着独特的价值，具体表现为以下三方面。

1. 兼顾效率与公平

在集体教学活动中，一位保教人员可以同时组织、指导三十名左右的幼儿同时进行学习，一方面体现了教学的效率与经济，另一方面由于全班幼儿学习内容一样，从一定意义上也体现了教育的公平。

2. 确保教育内容的顺序性与系统性

集体教学活动是教师有目的、有计划地组织全体幼儿，通过幼儿自身参与活动，以特定内容掌握为主要目的的活动。其特点是事先有缜密的计划，而不是偶发和随机的，在内容上是有专门指向的，活动内容的先后顺序是按照领域内知识的逻辑顺序，由简单到复杂进行编排的。从这个意义上讲，集体教学活动不仅能够使全体幼儿掌握特定的知识、技能，而且能够保障幼儿学习的系统性。

3. 促进师幼共同成长

集体教学活动的开展，不仅能使幼儿在与材料、他人的互动中建构有益的经验，获得成长，也能使保教人员在与幼儿的互动中反思教育策略的适宜性、教育环节的有序性等问题，进而在反思中获得对教育教学的理解，提高集体教学技能，实现专业素养的提升。

二、集体教学活动中幼儿的学习特点

幼儿的学习无论是内容还是方式都有其独特之处。幼儿不是通过书本和记忆大量抽象的符号来学习的，而是通过实际操作、亲身体验去模仿、感知、探究，从而累积经验，建构自己的理解与认识。

---

① 李季湄，冯晓霞.《3—6岁儿童学习与发展指南》解读［M］.北京：人民教育出版社，2013.
② 幸福新童年编写组.《幼儿园保育教育质量评估指南》解读［M］.北京：开明出版社，2022.

相应的，幼儿在集体教学活动中的学习也具有其独特的特点。

1. 强调学习内容之间的逻辑关系

幼儿园的集体教学活动是以知识、技能传授为目的的活动。幼儿对新知识、新技能的理解与掌握，要求幼儿以前期知识、经验为基础。集体教学要能够实现目标，发挥促进幼儿学习与发展的作用，保教人员需要以幼儿的前期知识、经验为基础，设计集体教学的内容。这样学习内容对幼儿才具有意义，才能够与幼儿的原有认知结构建立关联。

2. 强调有意注意的参与

集体教学活动具有明确的学习目的，要求幼儿能够对学习内容保持高度的注意。由于学习内容的挑战性，需要幼儿调动自己的有意注意，才能在较长的一段时间内保持注意力高度集中。另外，由于集体教学活动时间较长、参与人数多，有时会出现轮流、等待的情况，这也要求幼儿有意注意的参与。因此，为了保证集体教学活动的质量，保教人员要在活动中通过丰富的材料、有趣的形式以及生动活泼的语言等吸引幼儿的持续注意。

3. 对语言能力的要求较高

动手操作、亲身体验是幼儿建构知识的主要方式。然而，幼儿在操作材料过程中获得的更多是零散的经验，集体活动则是帮助幼儿梳理经验的重要环节。保教人员在集体教学活动中，要能够根据幼儿的操作状况进行高质量的语言讲解，帮助幼儿梳理总结零散的经验。集体教学活动要达到理想的效果，需要幼儿理解保教人员的语言，并据此做出适宜的反应。另外，在集体教学活动过程中，幼儿也需要与同伴、保教人员就自己的操作过程、结果进行交流，这也要求幼儿有较强的语言表达和理解能力。

4. 学习结果的开放性

由于幼儿前期知识、经验的差异性，以及家庭背景、兴趣与需求的不同，即使是在相同的集体教学活动中，幼儿对相同知识、概念的理解也是不同的。这就决定了集体教学活动结果的开放性。

三、集体教学活动的设计

集体教学的特殊性决定了保教人员必须重视集体教学活动的设计，使其发挥应有的教育价值。进行集体教学活动设计不是照搬照抄各类教材，而是要基于幼儿以及本园的情况确定教学目标，选择教学内容，运用教学方法与策略。同时，在教学过程中，保教人员要根据幼儿的反应做出适当的调整，关注教学活动的适宜性与有效性。在进行集体教学活动设计时，保教人员要在遵循教学活动设计基本原则的基础上，关注集体教学活动各个环节的设计。

（一）集体教学活动设计的基本原则

1. 幼儿中心原则

集体教学活动的目的是促进幼儿的学习与发展。这就要求保教人员根据《纲要》《指南》的相关要求，特别是依据幼儿的生理和心理发展特点去制订科学的活动目标，创设适宜的活动环境，提供丰富的活动材料与适宜的教学指导，促进幼儿的学习与发展。

2. 发展性原则

虽然幼儿园的集体教学活动要讲究趣味性和活动性，即要充分调动幼儿的兴趣与需求，提高幼儿活动的参与性，但这并不意味着集体教学活动"热闹"就可以了，而是要在幼儿原有经验的基础上促进其经验的建构和生长，发挥集体教学活动的引导与促进作用。

具体来说，集体教学的发展性原则包括两层含义。一是教学活动的起点要以幼儿的发展为依据，活动目标指向的是幼儿在原有基础上的经验提升；另一层含义是要着眼于幼儿的未来发展，通过集体教学活动使幼儿习得一定的学习习惯、学习品质等，为其后续的学习与发展打下坚实的基础。

（二）集体教学活动各个环节的设计

一般而言，一个完整的集体教学活动需要从活动目标、重难点剖析、活动准备、活动过程和活动反思五个部分进行思考与设计。

1. 活动目标

活动目标是集体教学活动的出发点和落脚点。保教人员要有目标意识，做到心中有目标，无论是在活动设计时、教学过程中，还是教学活动后的反思，都要以目标为导向。在设计集体教学活动的目标时要注意以下四点。

（1）全面性

从全面性角度来说，集体教学活动的目标一般包括知识、情感和能力三方面，缺一不可。幼儿阶段的学习是一种启蒙性的学习，是为幼儿后续的学习与发展做准备的。因此，在设计教学目标时往往会将情感目标放在首位，以期让幼儿对学习产生浓厚的兴趣。

（2）可操作性

教学目标是对幼儿学习与发展的期待，这也决定了教学目标的设计与表述要具有可操作性，即教学目标要能够通过教学活动体现在幼儿具体的态度、情感和行为中。这要求保教人员在制订教学目标时切忌大而空，表述笼统以及"万金油"式的目标设计。例如，"通过活动提高幼儿的语言表达能力"这一目标表述就非常笼统，缺乏可操作性。缺乏可操作性的目标不仅不利于教学活动的实施，也不利于对幼儿学习效果的评价。

（3）统一性

教学活动的目标既可以从教师的角度，也可以从幼儿的角度进行表述。统一性，即要求在表述教学活动目标时要尽量避免教师与幼儿混同表述。如在大班"植物是怎么喝水的"这一科学活动中，保教人员制订了以下两条目标：目标1为"通过实验观察，知道植物是靠根部吸水、茎部输送水分的"；目标2为"培养幼儿对植物喝水现象的研究乐趣，教会幼儿照顾植物的简单方法"。两条目标存在着明显表述不统一的现象，目标1从教师角度阐述，目标2则从幼儿角度阐述。当前集体教学活动更凸显幼儿的学而非教师的教，因此，在目标表述时更提倡从幼儿的角度来表述，即通过集体教学活动，幼儿可以获得怎样的学习与发展。

（4）适宜性

适宜性是指在制订教学活动目标时，要考虑本班幼儿的实际发展水平和即将达到的发展水平。

2. 重难点剖析

活动重难点是指教学内容中比较重要、幼儿相对难以掌握的知识经验等。一般而言，一个有效的集体教学活动需要保教人员带领幼儿完成重点并突破难点，以帮助幼儿获得新的经验。

在教学目标设计、教学环节安排、教学策略推进时，保教人员要有策略地凸显教学重点，通过多种途径帮助幼儿多角度理解活动的重点，以达到相应的教学目标。

教学难点一般集中在教学重点部分，因此有些活动中的重点也是难点，如幼儿难以理解的动作、游戏规则等。保教人员要突破教学难点，除了要结合幼儿的认知发展水平，由浅入深、化难为简、变枯燥为生动外，适当地运用教学策略也是至关重要的。例如，保教人员可以将教学难点前置，通过提前展示活动中的难点并通过某些辅助手段引导幼儿主动发现、探索与交流难点，引发其对难点的关注和理解。以集体活动"探戈精灵"为例，活动之初保教人员将幼儿分成两组，每组佩戴不同颜色的花，这种做法就是为活动中幼儿理解游戏规则、相互交换舞伴这些难点做了准备。

3. 活动准备

活动准备是指为了集体教学活动顺利开展而进行的物质准备和经验准备。物质准备一般包括教具、学具以及多媒体设备等。经验准备是指需幼儿具有相关的经验，以便通过活动的推进实现经验的拓展。相较于物质准备，保教人员容易在教学活动设计时忽视幼儿的经验准备。在日常的教学活动设计中，保教人员可以通过谈话、幼儿绘画等途径了解幼儿是否具备了相关的活动经验，以保证设计的教学活

动能够建立在幼儿已有经验的基础之上。

4. 活动过程

活动过程是集体教学活动的主体部分，又可分导入、基本部分和活动小结三个部分。导入是活动的开始部分，一般可以通过情境创设、游戏、谈话、提问、经验回顾等方式激发幼儿对活动的兴趣，为后续的活动环节做铺垫。导入环节不需要占用太长的时间，以一个活动时长为三十分钟的大班集体教学活动为例，导入环节一般控制在五分钟以内。具体需按幼儿年龄段以及教学活动本身的特点来调整。

活动的基本部分要实现重点的达成和难点的突破，安排的活动时间最长，对教学方法的使用以及师幼互动的质量要求很高。在集体活动的基本部分中，第一，保教人员要有目标意识，所有的环节、互动和提问都要紧紧围绕教学目标展开，切勿随意生发，否则很容易出现"活动很热闹而幼儿一无所获"的现象。第二，在环节设计时要条理清晰，层层深入，体现出学习内容由浅入深以及在广度和深度上的拓展。第三，要关注师幼互动的质量，集体教学活动需要通过保教人员的启发与引导，支持幼儿通过多样化的活动获得有益的学习经验。第四，要关注幼儿获得多种经验的可能性，而不只是达成既定的目标。第五，要关注活动中幼儿积极主动的态度、坚持性等重要的学习品质，这对于实现教学活动的效果意义重大。

小结是活动的结束部分，既可以是对幼儿在活动中表现的简单评价，也可以再次帮助幼儿回顾本次活动的主题，使其对活动内容有进一步的理解，还可以通过设问的方式引发幼儿的思考，对活动做一些适当的延伸。如在有关镜子的活动中，保教人员可以向幼儿提问："这些镜子会出现在生活中的哪些地方呢？和爸爸妈妈一起找一找，我们明天来分享。"

5. 活动反思

反思不仅是为了了解教学活动的适宜性、有效性，而且是为了调整和改进教学活动目标与方法，以更好地促进幼儿的学习与发展。另外，通过对集体教学活动的反思，保教人员还可以在发现问题、分析问题、研究和解决问题的过程中，实现自身的专业发展。

在反思过程中，保教人员可以关注以下八方面。

① 教学目标是否具体、明确、全面、切合实际；

② 活动重难点是否准确，是否符合幼儿实际水平且能让其有所提升；

③ 教学内容的选择是否适合幼儿的发展需求；

④ 准备的教具是否形象生动，数量适当，运用合理；

⑤ 教学环节的设计是否紧凑、清晰且层层递进，发挥了幼儿的主动性和参与性，教学效果良好；

⑥ 教学方法的选择是否灵活、新颖、使用得当；

⑦ 教学过程是否面向全体幼儿，关注每一名幼儿；

⑧ 教态是否自然大方，语言是否生动形象、有启发性等。

下面以中班社会活动"劳动王国大闯关"为例，对集体教学活动各环节的设计做整体呈现与分析。

案例：中班社会活动"劳动王国大闯关"

【活动目标】

1. 在游戏情境中，了解折叠的基本步骤，感知收纳整理的过程及在生活中的运用。

2. 借助闯关情境，掌握收纳的方法，尝试与同伴合作协商，分工、分类完成整理任务。

3. 了解劳动与人们生活的密切关系，懂得劳动的重要性，养成爱劳动的习惯。

目标分析：三条目标都指向幼儿的学习。目标1涉及认知，目标2涉及能力，目标3涉及情感，三条目标依托游戏这一载体层层递进，操作性强，便于教师具体了解幼儿是否有了认识、经验上的提升，是否对劳动有了新的感知。

【重难点剖析】

重点：了解折叠的基本步骤，感知收纳整理的过程及在生活中的运用。

难点：掌握收纳的方法，尝试与同伴合作协商，分工、分类完成整理任务。

重难点分析：活动重点指向幼儿对"折"的技能掌握和对收纳整理的感知，这不仅为后续活动的展开做了能力和认知上的铺垫，也指明了大多数幼儿通过此次活动需要掌握的内容；难点目标在重点目标上有能力和难度上的递进，需要幼儿掌握收纳的方法，并能与同伴进行合作等，这是基于幼儿的发展需求提出来的，中班幼儿已经有了合作的意识，教师要为幼儿之间的合作搭建平台。

【活动准备】

多媒体课件、毛巾、衣服、行李箱、小达人徽章等。

活动准备分析：此次活动主要涉及物质准备，让幼儿在保教人员创设的氛围中进行互动，从而学会折叠的步骤和收纳的方法。

【活动过程】

（一）走进王国，发现寻宝之秘

1. 情境引入

师：小朋友们，看，这是美丽的劳动王国。我刚刚收到消息，劳动王国的劳动徽章被小怪兽偷走了，国王可着急了，他需要我们的帮助。我们需要闯过小怪兽设置的两个关卡，才能找回劳动徽章。你们愿意接受挑战吗？

2. 接受挑战

播放课件中的怪兽语音：哈哈，就凭你们，想要打败我可是很费力的呢。如果你们想打败我，必须先完成两项挑战，现在开始接受我的挑战吧！

（二）解锁技能，体验闯关之趣

1. 挑战一：叠毛巾

播放怪兽语音：请在十秒内又快又好地叠好毛巾。谁愿意来接受挑战？

（1）幼儿开始叠毛巾。

师：毛巾叠得非常整齐，你愿意来跟我们分享一下叠毛巾的方法吗？

师：拿出小椅子下的毛巾，我们一起来试一试吧！

（2）教师播放课件中的示意图：角对角，边对边，弯弯腰，成功了。

播放怪兽语音：恭喜你们，继续接受后面的挑战吧！

2. 挑战二：叠衣服

播放怪兽语音：请在二十秒内又快又好地叠好衣服。

（1）引导讨论。

师：你会叠衣服吗？你在叠衣服时遇到了什么困难？会的小朋友是怎么叠的？

师：我们一起来看看视频，学一学叠衣服的正确方法吧。（播放视频）

（2）出示图谱，分解叠衣服的小方法。

师：老师为你们每人准备了一件小衣服和叠衣服的步骤图，请你来试一试吧！

（3）幼儿分组操作，教师巡回指导。

（4）闯关成功。

小结：今天小怪兽带我们闯关，让我们学到了一些简单的折叠方法。其实，生活当中的许多劳动都需要我们动动小脑筋，找一找方法，这样可以让我们劳动起来更轻松哟。

（三）关卡升级，领悟合作之力

播放怪兽语音：哈哈哈，你们以为闯过了前面两关就能拿回劳动徽章了吗？我还设计了一个神秘关卡，继续接受挑战吧！

挑战三：整理行李箱。

（1）出示图片，引发思考：小怪兽的行李箱怎么样？要怎样整理小怪兽的行李箱呢？

（2）幼儿分成两组，分别帮小怪兽整行李箱，看看哪一组整理得又好又快。

（3）教师分组指导幼儿分工合作，现场拍照记录。

（4）请两组幼儿分别围绕"分工合作"与"分类摆放"进行分享。

小结：原来，劳动不仅需要一些巧妙的方法，有些还需要互相合作来完成。

（四）庆祝胜利，感受达人之乐

播放怪兽语音：恭喜你们闯关成功。

播放国王语音：非常感谢你们为我找回了劳动徽章，为了表达我的谢意，我要分给你们每个人一个劳动小徽章，你们都是劳动小达人。

小结：劳动跟我们的生活密切相关，而且起着非常重要的作用。衣帽间、行李箱、办公室，以及整洁的桌面和房间等，都需要我们付出劳动去收纳整理。劳动在我们的生活中无处不在，希望你们回去以后能发现更多劳动小技巧，让我们的生活变得整齐有序。

活动过程分析：整个活动设计以游戏为核心层层递进。环节（一）通过游戏氛围的创设激发幼儿活动的兴趣，这一部分是整个活动的铺垫，借助谈话和多媒体课件快速引入到环节（二）。环节（二）突破了活动的重点目标，通过幼儿的直接体验和亲身感知，从其最熟悉的叠毛巾开始过渡到稍有难度的叠衣服。虽然都用到叠的方法，但对幼儿而言，要将衣服叠平整是有一定难度的。在这样一个互动环境中，借助幼儿的操作、多媒体课件的直观展示和教师的讲解以及个别化指导，能顺利地让幼儿掌握有关叠的方法。而且叠毛巾和衣服是幼儿在幼儿园生活中经常会使用到的技能，通过对这一技能的练习，可让幼儿对收纳活动有初步的感知。环节（三）突破的是此次活动的难点，从单一的个人活动递进为合作收纳整理。这一环节中不仅有幼儿的合作实践和感知，更有同伴的分享、思维碰撞和教师的经验提升，幼儿对于收纳经验的认知有了更好的拓展。环节（四）作为活动的结束，一方面以游戏结尾，让幼儿始终沉浸在游戏的氛围中进行操作和学习，感受乐趣；另一方面通过教师的梳理，点出了劳动这一主题，让幼儿知道劳动与我们生活的密切关联，从而产生爱劳动的情感。

【活动反思】

本活动围绕关键词"劳动"展开，在推进方式上不仅贴近幼儿的生活，所采用的闯关游戏形式在激发幼儿活动兴趣的同时，也符合其学习由易到难的规律。不过，幼儿在活动中虽然学习兴趣浓厚，但劳动内容的维度指向可以更清晰些。后续会对这一活动进行复盘整理，从整理房间的主题进行，由近及远、由小到大、由易到难开展，让内容更聚焦。不仅要让幼儿明白劳动的重要价值，也要使其学习观察、分类、归纳、整理的方法，并提升这些方面的能力，养成良好的劳动习惯，提升自我服务和服务他人的能力。

案例中，活动主题贴近幼儿的生活，又蕴含劳动教育这一教育热点。从目标制订到重难点的分析，再到活动的设计，保教人员凸显了幼儿这一主体。在游戏化的氛围中，支持幼儿从熟悉的叠毛巾开始，拓展至叠衣服，再到与同伴合作整理，不知不觉中学习了有关收纳的知识和方法，感受到劳动所带来的整洁，既达成了既定的目标，又让幼儿有了情感上的提升。

四、集体教学活动中的幼儿学习支持

集体教学
活动

菠菜探秘

为使集体教学活动顺利开展，除了对教学活动进行精心设计外，保教人员还需要提供适宜的教育支持，以发挥集体教学活动在促进幼儿学习与发展中的作用。

（一）环境支持

环境是幼儿园集体教学活动中非常重要的隐性资源，对幼儿的学习与发展有着潜移默化的影响。在开展集体教学活动时，保教人员需要创设适宜的环境以激发幼儿学习的兴趣，或辅助幼儿学习。

集体教学活动所需要的环境既包括创设主题墙，也包括在环境和活动中投放适宜的材料。一般而言，材料的投放要关注以下两点。

1. 层次性

层次性，即为不同发展水平的幼儿提供不同难度层次的材料，以满足幼儿学习的差异性需求。如在故事讲述活动中，可以只为幼儿提供背景图进行讲述，也可以通过添加小动物图片，让幼儿选择自己喜欢的动物角色进行讲述，等等。一般而言，材料需呈现两三个难度层次。

2. 多效性

多效性，即充分挖掘单一材料的多种用途，使幼儿可以在反复操作某一材料的过程中获得多元的学习经验。如大班数学活动"认识单双数"中，保教人员为幼儿提供了一盘花生，让幼儿猜测10以内的单数和双数后，用花生来验证自己的猜测；接着，让幼儿操作花生，用"添上"和"去掉"的方法帮助理解单双数之间的关系；最后，安排数花生比赛，让幼儿思考"有什么方法可以数得又快又正确"。幼儿通过对花生的操作理解了活动中蕴含的多个数学概念，以及概念与概念之间的关系。

（二）体态支持

体态支持，即在集体教学活动中保教人员可以用目光、表情、动作等肢体语言，发挥"此时无声胜有声"的教育效果。体态支持包括眼神支持和手势支持。

1. 眼神支持

眼神支持，即在集体教学活动中为了不影响活动的推进，保教人员可以用眼神支持的方式给予幼儿肯定和鼓励。例如，当幼儿在活动中表现很好时，保教人员一个赞许的眼神会使幼儿活动的积极性增强；当性格内向的幼儿敢举手发言时，保教人员一个鼓励的眼神会使其慢慢敢于大胆表述。眼神也是保教人员在集体教学活动中进行管理的重要手段。面对不遵守活动规则的幼儿时，严肃的眼神注视能帮助幼儿意识到自己的错误，并尽快改正。

2. 手势支持

保教人员还可以利用手势等肢体语言协助集体教学活动的顺利开展。例如，把手放在耳边提醒幼儿认真听，走过去轻轻拍拍影响同伴的幼儿，等等。借助手势，保教人员既可以让幼儿明白自己的态度和意图，又不会影响集体教学活动的顺利进行。

（三）语言支持

语言支持是集体教学活动中经常使用的一种教学支持形式，包括随机追问、交流分享、总结提升等。

1. 随机追问

在集体教学活动中，幼儿对相同的问题经常会有不同的理解和看法。这种差异的出现与幼儿前期经验有关，是非常正常的现象。同时，这种差异又具有相当大的价值。当幼儿之间出现思维碰撞时，保教人员不要急于给出正确的答案，可以通过追问的方式，对幼儿进行引导和启发，一步一步地激发幼儿思考，拓展幼儿思维的空间，使集体教学活动中的师幼互动更频繁、更深入。

2. 交流分享

交流分享是幼儿与外界进行信息交换的过程，这个过程对于幼儿的学习至关重要。一方面，语言使发生在幼儿大脑内部的思维可视化。保教人员据此可以判断幼儿对集体教学内容的思考和理解情况，进而对其中蕴含的错误概念或理解偏差进行修正。另一方面，交流分享的过程使幼儿从外界获得了更多问题解决的想法和策略，这有利于其问题解决能力的提升。为了支持幼儿积极主动地交流分享，在活动中保教人员要营造开放、民主、温馨的氛围，让幼儿想说、敢说、爱说，从而通过交流分享引发幼儿的推理与验证、问题解决、创造性与批判性思维等高阶思维发展。

3. 总结提升

幼儿在活动中获得的经验通常是零散的，从经验上升到抽象的知识需要保教人员帮助幼儿适时适当地总结提升。例如，在数学活动"比大小"中，幼儿通过操作材料了解到乒乓球比玻璃弹珠大，但比垒球小，此时保教人员可以通过"当和不同的东西比较时，比较的结果是不一样的"这一总结提升帮助幼儿理解大小的相对性。保教人员既可以在幼儿回答问题后进行总结提升，也可以结合活动后的评价展开。

在幼儿园开展集体教学活动，一方面需要强调儿童立场，尊重幼儿在学习与发展中的权利；另一方面也需要思考教育的价值，包括保教人员的专业影响力及其在立德树人中的作用。此外，教育是立足当下又面向未来的社会活动，通过集体教学活动培养幼儿的创造性与批判性思维以及合作、交流的意识与能力，也是重要的活动目标。

任务二　游戏活动中的幼儿学习与支持

 案例导入

> 户外游戏时间，宁宁和舟舟将一个大木桶翻转，然后坐在上面不断地摇晃并踢着木桶。佳佳和乐乐需要一个木桶作为攀爬的支架，就去问宁宁和舟舟要。在遭到拒绝后，两个小伙伴就告诉教师："这个木桶是做攀爬支架用的，但是宁宁和舟舟坐在上面在踢木桶……"李老师走过去看了一会儿宁宁和舟舟的行为，发现的确像佳佳说得那样，于是对他们说道："这个木桶是干什么用的？你们这样一直踢不合适吧？""可是我们在骑马啊，"舟舟答道，"我们在草原上骑马呢。"
>
> **思考**　看了这个游戏案例，你认为应如何评价幼儿在游戏中的行为，又该如何思考该保教人员的游戏指导行为呢？

游戏是幼儿的权利与天性，也是幼儿园的基本活动形式。保教人员虽认同游戏的重要性，却往往在实际的教育实践中对幼儿的游戏行为进行干涉，希望幼儿能按照既定的目标开展游戏活动。之所以出现这样的问题，可能与保教人员对游戏中幼儿的学习表现以及如何支持游戏中的幼儿学习不甚了解有关。那么，幼儿在游戏活动中的学习表现如何？在游戏中教师应该如何介入与支持幼儿的学习？本任务将围绕这两个主要问题进行论述。

任务要求

1. 了解游戏的内涵、教育功能及游戏的分类。
2. 掌握幼儿在游戏中的学习特点并进行个性化的适宜指导。
3. 尊重幼儿的游戏权利，树立游戏是幼儿基本权利的意识。

一、游戏活动及其教育功能

1989年教育部颁布的《幼儿园工作规程》明确提出，"幼儿教育要以游戏为基本活动"。在随后出台的《纲要》《指南》《幼小衔接指导意见》《评估指南》等文件中，都继续强调并深化这一理念。

相较于集体教学活动，游戏往往是幼儿发起的活动。在游戏中，幼儿可以自主选择游戏材料、同伴和玩法，在身心愉悦的同时进行知识、经验的建构。可以说，游戏是幼儿生活的重要方式，也是认识世界的途径，更是促进学习与发展的有效手段之一。在丰富多彩的游戏活动中，幼儿不仅能获得身心的健康发展，还能增长知识、发展智力，真正做到在玩中学、在学中玩。

（一）游戏的概念

关于游戏的概念，目前并没有统一的界定。最早对于游戏的阐述来自福禄贝尔，他是教育史上系统研究游戏并尝试创建游戏实践体系的第一位教育家[1]。福禄贝尔认为，"游戏是儿童的内在本能，尤其是活动本能。因而对儿童的教育，不应加以束缚、压制，也不应拔苗助长，而是应当顺应其本性，满足其本能的需要，如同园丁顺应植物的本性，给植物施以肥料，配合以合适的日照、温度"。之后，大量的学者从不同角度对游戏进行了界定。尽管界定不尽相同，但基本都认为游戏是幼儿自发产生的一种活动，同时伴随着一定的情感体验，特别是积极的情感体验。

（二）游戏的功能

虽然不同的学者对于游戏概念的界定不同，但对游戏的教育功能有着统一的认识。

1. 游戏有利于幼儿身心健康的发展

游戏能够促进幼儿身体和心理的健康发展，如以跑、跳、钻、爬等为主要内容的体育游戏能锻炼大肌肉动作；搭积木等建构游戏能发展手部小肌肉动作和手眼协调能力。同时，幼儿在进行户外运动游戏时能接触到阳光、空气等自然环境，这有利于提高身体素质并增强其对环境的适应能力。游戏又是愉悦幼儿身心的活动，在游戏中，幼儿的紧张、焦虑等负面情绪得以释放，有利于心理的健康。

2. 游戏有利于幼儿认知和语言的发展

在游戏中，幼儿不仅能加深对周围事物的认识，还能实现想象力和思维能力的发展。如在使用积木搭建建筑物时，幼儿需要对积木的形状与建筑物的特征进行比较，进而选择合适的积木进行搭建。当建筑物不断倒塌时，幼儿需要思考原因并不断进行调整，这个过程是幼儿认知发展的过程。与此同时，幼儿需要向同伴或者保教人员表达自己的想法和需求，对自己或他人的想法进行反思、比较、推理等，这个过程既是幼儿思维发展的过程，也是语言发展的过程。

3. 游戏有利于幼儿情感的发展

在游戏中，幼儿会感受成功，也会体验失败。成功和失败的经验对幼儿的情绪发展均具有重要价值。在成功的经验中，幼儿感受成功带来的积极情感，如自信、骄傲、成就感等。在失败的经验中，幼儿感受失败所带来的挫败感和沮丧等。这对于培养幼儿的抗压、抗挫折能力以及心理弹性等，都是

---

[1] 杨飞龙.学前游戏论［M］.北京：中国铁道出版社，2016.

非常重要的。另外，幼儿可以通过游戏发泄自己的负面情绪，进而达到缓解焦虑的目的。如传统游戏中的"摔泥碗"，让幼儿通过"摔"的动作宣泄自己身体与心理的压力，从而使其不良情绪得到缓解，有助于情绪健康。

4. 游戏有利于幼儿社会性的发展

在游戏中，幼儿需要与保教人员及同伴进行互动，这就为其提供了社会交往的契机。通过师幼互动以及同伴交往，幼儿不断练习、提高自己的社会交往能力。同时，在游戏过程中，幼儿逐渐理解他人与自己有着不同的兴趣、需求和观点等，这个过程有利于幼儿在掌握社会交往规则的同时，实现去自我中心化。另外，游戏本身对幼儿提出了较多的要求，如遵守游戏规则、克服游戏本身的困难等，这对于锻炼幼儿的意志力也具有重要价值。

二、游戏活动中幼儿的学习特点

《中共中央 国务院关于学前教育深化改革规范发展的若干意见》中指出："坚持以游戏为基本活动，珍视幼儿游戏活动的独特价值，保护幼儿的好奇心和学习兴趣，尊重个体差异，鼓励支持幼儿通过亲近自然、直接感知、实际操作、亲身体验等方式学习探索，促进幼儿快乐健康成长。"与其他学段的儿童相比，幼儿更多的是通过游戏进行学习，同时，幼儿在游戏中的学习有着独特的特点。

（一）学习目标的内隐性

对幼儿来说，游戏具有哪些重要的学习与发展价值并不重要，他们也很难清楚地意识到在游戏中自己要了解什么、发展什么。但是，幼儿在轻松、自由、愉悦的游戏氛围中自然而然地与环境、材料、他人进行互动，并在互动的过程中实现学习与发展。从这个角度讲，只要幼儿积极、主动地投入游戏，就会自然地实现某些发展。这就意味着保教人员需要在设计游戏、创设游戏环境、提供游戏材料的过程中将教育的目标内隐于其中。

（二）学习方式的潜移默化

游戏中，幼儿的学习往往是通过操作游戏材料、与人交往等途径自然而然地发生的。幼儿在游戏的过程中会运用先前的知识和经验，尝试进行问题解决，在此过程中也获得了新的知识和经验。可以说，幼儿对游戏中的学习是不自知的。对幼儿而言，游戏只是一种有趣的活动，好玩就是参与游戏的最大动力。

（三）内部学习动机的驱使

游戏是幼儿为了满足自身的好动、好奇、操作摆弄物体、与人交往等需求而自发开展的活动。游戏也是幼儿认识世界的重要方式，形式多样的游戏能够最大限度地调动幼儿参与活动的积极性，也能淡化教育的痕迹。因此，幼儿在游戏中的学习是由内部动机推动的，在这种内部动机的驱使下，幼儿会对新鲜事物产生强烈的好奇心与探索欲望，并积极地探索、了解客观世界。这一过程中，幼儿实现了主动性、创造性和各种能力的协同发展。

三、游戏活动的分类

幼儿的游戏世界丰富多彩，游戏种类的划分方法也是多种多样的。例如，根据幼儿认知发展，可以分为感觉运动游戏、象征游戏、结构游戏、规则游戏等；根据幼儿社会性发展，可以分为偶然的行为、旁观、独自游戏、平行游戏、联合游戏与合作游戏等；根据游戏自身的特征，又可以分为创造性游戏和规则游戏等。

在托幼机构中，一般会将游戏划分为角色游戏、结构游戏、表演游戏和规则游戏等。

（一）角色游戏

角色游戏是幼儿通过角色扮演创造性地反映现实生活的一种游戏。这一游戏在幼儿期比较普遍，很多幼儿在与活动材料的互动中会出现对物品或者动作、情景的假想，然后出现角色的扮演。角色游戏的开展需要幼儿有丰富的经验和一定的想象、模仿能力。

（二）结构游戏

结构游戏又称建构游戏，是幼儿利用积木、积塑、泥、沙等结构材料进行的创造性游戏。结构游戏的深入开展需要幼儿掌握一定的建构技能，如围合、平铺等。随着认知的丰富和技能的提升，幼儿能建构出结构复杂的作品。

（三）表演游戏

表演游戏是幼儿根据文艺作品中的情节、内容和角色，通过语言、表情和动作进行表现的一种游戏。这一游戏的深入开展有赖于保教人员为幼儿提供适当的文学作品。保教人员还要帮助幼儿理解作品的内容、情节和人物形象，以更好地开展表演游戏。

（四）规则游戏

规则游戏是幼儿依据一定规则展开的游戏活动，一般包含智力游戏、体育游戏和音乐游戏。帮助幼儿理解游戏规则是核心任务，也是影响和制约规则游戏能否顺利进行的重要因素。

四、游戏活动中的幼儿学习支持

在游戏推进与幼儿学习过程中，保教人员适宜的指导起着积极的作用。一般而言，保教人员在幼儿游戏中发挥以下三方面的作用：一是，充分认识游戏对幼儿发展的价值，将真正的游戏作为幼儿的主要活动，以这种符合幼儿天性的方式促进其自由自在地发展；二是，以活动的观察者、支持者和参与者的角色支持幼儿的游戏；三是，在游戏中为幼儿提供充足的游戏材料，进行适宜的指导，而不是干预幼儿的游戏。这意味着保教人员需要站在幼儿的立场去理解、思考、回应和支持幼儿的游戏，从而提升幼儿的游戏质量与游戏水平，进而实现游戏在促进幼儿学习与发展方面的价值。

游戏活动

我为腊肉
做支架

保教人员可参考以下五点游戏指导策略，为幼儿在游戏中的学习提供有效支持。

（一）丰富幼儿的生活经验

生活经验和前期知识是幼儿游戏的基础，没有相关的生活经验和认知，幼儿是难以顺利开展游戏活动的。保教人员可以通过带幼儿外出参观、观看视频、阅读书籍、讲故事等方式丰富幼儿的生活经验，激发其开展游戏的欲望与灵感。当然，也可以通过家园合作的方式进行。

（二）创设适宜的游戏环境

适宜的游戏环境包括适宜的游戏氛围和适宜的游戏材料。首先，保教人员应该创设一个宽松、自由、温馨的游戏环境，以更好地支持幼儿在游戏兴趣的指引下，自由自主地开展游戏。其次，提供丰富、适宜且有挑战的游戏材料。在材料的支持下，幼儿可以不断拓展游戏的广度与深度，在提升游戏质量的同时实现在游戏中的学习与发展。

在游戏环境创设和材料提供过程中，保教人员应关注以下两点：一是关注环境和材料的结构性与开放性。材料的结构性越低，开放性越强，越容易引发幼儿的思考，如选择什么材料、运用什么方法

进行探索、是个人独立操作还是与同伴共同活动等。进行思考、选择、做出决定的过程，对于幼儿大脑、双手的发育和独立人格的形成，都给予了极大的锻炼机会。二是关注幼儿的参与性和互动性。游戏环境的创设和材料的提供并不是保教人员独立完成的，保教人员可以适当放手，引导幼儿参与环境创设和材料提供，这可以大大提高幼儿的游戏参与度、自主性和创造性。

（三）提出启发性问题

保教人员及时、适宜的指导能更好地提升幼儿的游戏水平，保证游戏价值的充分发挥。适时的启发性提问是保教人员帮助幼儿推进游戏的策略之一。通过启发性问题，保教人员能够引发幼儿对游戏、材料的思考以及幼儿间的思维碰撞。保教人员可以参考以下启发性问题：这个材料还可以怎么玩？这个游戏怎么玩更有趣？……在游戏开始前、游戏中以及游戏结束后的小结或评价过程中，保教人员都可以提出启发性问题，以帮助幼儿对游戏产生更多的思考，进而提高游戏的水平和质量。

（四）适时、适当介入幼儿游戏

幼儿要掌握游戏中蕴含的学习内容并逐步提高游戏的水平，需要保教人员及时、适当地介入。保教人员介入幼儿游戏的时机和策略非常重要。一般认为，当幼儿出现以下情况时需要保教人员介入游戏：第一，游戏出现了困难，幼儿不知道如何深入或不知道应该做什么游戏。如当幼儿进行搭建时，建筑物总是倒塌，幼儿因此出现负面情绪，想要放弃搭建，此时保教人员必须介入游戏，与幼儿一起分析倒塌的原因，在帮助幼儿分析问题、解决问题的同时，维持幼儿继续游戏的意愿。第二，游戏的秩序受到威胁，不能继续深入。有时一些幼儿会出现不遵守游戏规则、影响他人游戏的情况，此时保教人员的适时介入是必要的。第三，幼儿的游戏内容、游戏方式持续不变，游戏水平原地踏步，保教人员的适时介入可以有效提升游戏的水平。

游戏介入的方式是多样的。保教人员既可以旁观者的身份介入游戏，也可以游戏者的身份介入；既可以游戏材料为媒介介入，也可以语言为媒介介入。无论是以何种方式介入幼儿的游戏，保教人员都必须注意介入的时机与方式，帮助幼儿解决游戏中问题的同时，保证游戏的顺利开展。这需要保教人员做个有心人，能多观察、思考幼儿的游戏，从而选择最佳的介入时机与方式。保教人员可参考以下三条检验标准，对自己的介入时机与方式进行评价：是否尊重幼儿的游戏意愿，是否帮助幼儿获得了新的经验，以及幼儿对介入是否积极响应。[①]

（五）进行及时、有效的评价

游戏评价是游戏指导和支持的重要组成部分。及时、有效的评价在提升游戏质量方面具有重要价值，也是拓展游戏广度与深度，促进幼儿学习与发展的重要策略，在游戏实践中不容忽视。

保教人员可以从以下两方面做好游戏的评价。

一是立足观察。观察能使保教人员对幼儿的发展情况与需求做出客观全面的分析，从而提供针对性和适宜性的支持。为了提高观察的科学性，在观察前保教人员要做好相应的观察计划，对观察什么、观察谁、观察多长时间等进行详细计划。保教人员只有做到心中有目标，才能有针对性地观察，否则可能导致观察流于形式，不能有效地分析幼儿在游戏中的表现，进而提供有针对性的支持。

二是以幼儿为评价主体。随着幼儿年龄的增长，语言能力与思维的逐步发展，其参与评价的能力也会逐渐提高。保教人员可以将幼儿纳入游戏评价当中。通过幼儿的语言讲述、作品分享等，帮助其回顾游戏的进展情况以及遇到的问题、问题解决的方法等。幼儿参与评价一方面可以提高其语言表达能力及评价能力，另一方面也可以提高其主体意识与参与意识。

---

① 李季湄，冯晓霞.《3—6岁儿童学习与发展指南》解读［M］.人民教育出版社，2013.

任务三 | 生活活动中的幼儿学习与支持

 **案例导入**

> 实习生小张在幼儿园实习期间，每天都会记录下保教人员与幼儿互动的瞬间，憧憬着自己有一天也能成为一名优秀的幼儿教师。但是，带教老师经常会让她与保育老师一起照顾班级幼儿的吃、喝、拉、撒，她有些不高兴。一天，班级里的保育老师不在，带教老师直接让小张去照顾一名幼儿上厕所，小张脱口而出："我以后是当老师的，不是做保育老师的……"
>
> **思考** 你如何理解案例中小张对幼儿教师和保育老师的看法？

生活活动是幼儿园非常重要的一种活动。《纲要》指出，"幼儿园要保教并重"，强调了生活活动在幼儿园保教实践中的重要地位。"一日生活皆课程"的大课程观也强调了生活活动是实施教育的重要途径。然而，很多人对幼儿园生活活动的认识还存在一定的误区，如案例中的实习生小张就认为生活活动只关乎幼儿的吃喝拉撒，与幼儿的学习无关。实际上，生活活动既可以培养幼儿的生活和行为习惯，又蕴含着五大领域的教育契机和价值。有效利用一日生活开展保教活动，不仅可以养成幼儿良好的生活、行为习惯，也有利于幼儿德、智、体、美、劳全面和谐的发展。

 **任务要求**

1. 了解生活活动的内涵及其教育功能。
2. 掌握生活活动中幼儿的学习特点并能进行个性化指导。
3. 树立"一日生活皆课程"的大课程观，以及寓教育于生活的意识与能力。

一、生活活动及其教育功能

（一）生活活动的内涵

生活活动是指为满足幼儿基本生活需求而开展的诸如如厕、餐饮、整理等活动，它包含多个环节，如来园、离园环节和过渡环节等。生活活动既是培养幼儿良好生活与行为习惯的主要途径，也是培养幼儿社会性的主要方式，还是对幼儿进行个别化教育的形式之一。

（二）生活活动的价值

生活活动中的教育是润物细无声的，对幼儿的学习与发展具有基础而长远的意义，其价值主要体现在以下方面。

1. 有利于幼儿身心健康发展

科学、合理安排幼儿的一日生活，做到动静交替、张弛有度、劳逸结合、减少幼儿的消极等待是幼儿园最基本的保健方法，对促进幼儿身心健康发展具有重要的价值。

2. 有利于幼儿养成良好常规

幼儿期是各种习惯养成的关键期，在生活活动中，幼儿按照一定的规则和要求，积极自觉、有条不紊地完成每天应该做的事情，会使其逐步形成良好的生活、行为和卫生习惯。

3. 蕴含大量学习与发展契机

生活活动中蕴含了大量学习的内容与契机，如幼儿在进餐过程中可以通过分发碗筷理解一一对应的概念，在分发水果的过程中进行水果数量与幼儿人数的比较等。保教人员可以根据生活活动的具体内容，将相关的内容渗透到生活活动中，促进幼儿更好的学习与发展。

二、生活活动中幼儿的学习特点

（一）学习目标的内隐性

幼儿的一日生活中蕴含了大量学习的内容与契机，如午睡环节，幼儿要控制自己说话、游戏的冲动，不影响别人，遵守班级规则，这是社会领域重要的学习内容。幼儿还要学着整理自己的衣物、床上用品等，这与健康领域的自我管理等学习内容相关。虽然保教人员有目的地将一些学习内容渗透在了一日生活之中，但幼儿对这些内容的学习是无意识的，是在生活过程中自然而然习得的。

（二）学习方式的生活化

一日生活既是幼儿学习的内容，又是幼儿学习的主要方式，幼儿的学习与生活是相互交融的。幼儿是在生活的过程中，通过各种生活活动习得其中蕴含的各种知识，练习各种技能，实现自己的学习与发展的。比如，幼儿在吃点心的过程中，需要自行取用一定数量的饼干、水果，并给自己倒牛奶、豆浆等，在这个过程中，幼儿自然而然学会了点数、对应、按数取物等数学技能。幼儿也是在日常生活中通过与成人、同伴的语言交流，慢慢地理解了词汇的含义并掌握了各种语法规则的。

三、生活活动的环节与幼儿的学习

托幼机构的一日生活中包含了诸多环节，与生活活动相关的环节包括入园、离园、进餐、午睡等。这些环节中蕴含着丰富的教育与学习契机，每个环节都可能涵盖幼儿五大领域的学习，充分识别这些教育与学习契机是实现生活活动教育价值的前提。

（一）入园环节

入园环节是一日生活的第一个环节，幼儿从这个环节能够学到如何调控自己的情绪、正确地表达自己的需求，如何与同伴和教师交往等，保教人员应学会识别教育契机并提供学习支持。如观察幼儿是否情绪安定愉快，乐意上幼儿园，引导幼儿表达自己的需求，了解自己的心情变化，这样他们将逐步学会识别自己的情绪，以及用语言表达自己的需求等。

（二）晨间活动环节

晨间活动主要由晨间户外活动和早操两部分内容组成。在这一环节，幼儿会在潜移默化中获得五大领域的知识与技能。在健康领域，晨间活动有利于幼儿动作协调发展，发展起安全意识，使幼儿知道要在活动中保护自己不受伤害。晨间活动还有利于幼儿养成良好的生活习惯，如根据运动情况及时喝水与休息，大量出汗时要主动脱衣或者请保教人员垫吸汗巾等。在社会领域，晨间活动要求幼儿根据自己的兴趣选择游戏内容，并按照计划开展游戏。在游戏中尝试与同伴合作，这有利于幼儿社会性的发展。在科学领域，晨间活动可以发展幼儿按数取物、分类等能力，幼儿可以通过拿取适当数量的游戏材料进行活动。在语言领域，晨间活动主要发展幼儿与他人交往时的语言表达能力，也促进了与他人的交流。相对而言，艺术领域能力的发展在这一环节体现较少。

（三）餐点环节

一般日托保教机构提供一餐两点，即中餐和上、下午的点心。餐点环节也蕴藏着诸多学习机会。在健康领域，幼儿学习细嚼慢咽地进餐，不挑食厌食，进而养成良好的生活习惯；饭前能主动洗手，饭后能收拾餐具并分类摆放；热爱劳动，做力所能及的事等。在社会领域，幼儿能够为班级和同伴做力所能及的事，包括打饭、分餐具等。在语言领域，幼儿可以学会清楚地表达自己的要求，如少加一些饭，再盛一些汤等。在科学领域，幼儿可以通过点数人数，从而提供相应数量的餐具等。餐点环节涉及艺术领域的能力发展不多，但有些教师会播放轻音乐，让幼儿在进行餐点准备时摆放一些装饰品等，这会在潜移默化中提升幼儿的审美感知。

（四）过渡环节

过渡环节是两个活动之间短暂的衔接活动，包括如厕、盥洗、喝水等。这一环节虽然比较零散，但也蕴含着健康、语言、社会等多个领域的教育与学习契机。如在社会领域，幼儿要学习遵守班级约定，进行准备活动和自主活动；休息时要和同伴友好相处等。在健康领域，学习在如厕后整理衣裤、及时饮水等。

（五）午睡环节

幼儿期是生长发育的关键期，幼儿园要保证幼儿的睡眠质量与时间，这对其身体健康和大脑发育有着积极的意义。午睡环节一般用时两至两个半小时。幼儿年龄越小，午睡的时间越长。这一环节也蕴含了丰富的教育与学习契机，如逐渐养成安静、独立地入睡的习惯，午睡前脱衣裤并折叠好整齐摆放的习惯等。保教人员可将一些知识内容渗透在午睡环节，如结合自主穿衣活动，使幼儿通过感知一条裤腿进一条腿，掌握数学领域——对应的概念。

（六）离园环节

离园环节主要进行离园的准备与整理活动，在这一环节，幼儿需要关注自身的仪容仪表，及时收拾整理并带好自己的个人物品等。同时，保教人员要加强幼儿的礼仪教育和安全教育，使幼儿有礼貌地和保教人员说再见，主动牵着家长的手离园，不独自走出园门等。这一环节也是让幼儿学会等待的好时机，个别幼儿会因为家长的晚到而出现情绪上的波动，特别是小班幼儿，这时需要保教人员加强对其情绪的关注和安抚。总之，保教人员切勿因为到了一日活动的最后一个环节而有所放松和忽视，要等班级幼儿全部离园后才能进行后续的收尾工作。

四、生活活动中的幼儿学习支持

（一）重视真实生活情境中的体验

微课

生活活动中幼儿的学习支持

幼儿生活中的学习，应是在真实的情境中通过动手操作和亲身体验来进行的。因此，保教人员一要重视幼儿在生活中的真实体验，二要敢于放手，让幼儿大胆动手与尝试。这样幼儿才能在亲历中建构自己的生活知识和经验，掌握和形成良好的生活习惯。

（二）悉心照料与积极培养相结合

幼儿独立生活的能力相对较差，因此，保教人员要对幼儿的生活予以全面、细心的照顾。但这并不意味着要"包办代替"，而是要敢于放手，为幼儿提供服务自己和他人的机会，从而发展其生活自理能力。

（三）创设适宜的环境

要引发、支持幼儿生活活动中的学习，适宜的环境必不可少。幼儿园的环境应该是安全、健康、丰富的，同时要配备符合幼儿年龄特点和发展需求的家具、用具、玩具等，以支持幼儿在操作具体材料的过程中建构学习的经验。比如，为幼儿提供儿童专用餐具，这样幼儿才能够独立、自主地分发和使用碗筷，倒牛奶，盛汤等，并在这个过程中发展生活自理能力。

（四）注重家园共育的一致性

家园合作共育是保证教育与学习效果的重要条件。有些幼儿在幼儿园已经学会了独立进餐、午睡，却由于家长喂饭、哄睡等导致教育效果不能很好地延续。因此，保教人员要注重家园共育的一致性。可以开展适宜的家庭教育指导工作，如帮助家长认识到生活自理能力的重要性与培养的路径，进而保证幼儿园的教育效果。

 拓展阅读

为了对幼儿园的日常保教有更加清晰的认识，建议学生在踏入工作岗位前要对目前幼儿园的一些纲领性文件，如《纲要》《指南》《评估指南》等有一定的学习与认识，从而对日常保教工作起到更好的引导作用。

《纲要》是幼儿园教育教学的指导性文件，它明确了幼儿园教育教学活动的性质、教育指导的要求及教育评价的理念。《指南》进一步明确了"幼儿园教什么，如何教，为什么这样教"等问题，引导保教人员和家长树立正确的教育观念，了解3～6岁幼儿学习与发展的基本规律和特点，建立对幼儿发展的合理期望。《幼儿园教师专业标准（试行）》明确了幼儿教师所应具备的基本素养和能力。《评估指南》则为一线保教工作的有序开展提供指引。

 模块小结

集体学习活动、游戏活动和生活活动是幼儿在托幼机构中的主要活动，在这些活动中，由于幼儿发展的差异性，需要保教人员提供适宜、个性化的指导。在集体教学活动中，既要强化幼儿立场，又要思考教育和教师的价值；既要有目标意识，又要有过程意识；既要考虑对幼儿当下发展的价值，更要考虑对幼儿未来成长的意义；既要有效也要有趣。游戏是幼儿最重要的学习与认识世界的方式，但要使游戏不断向高水平发展，保教人员的指导必不可少。保教人员要以让幼儿获得游戏体验以及促进其游戏水平的提升和全面发展为目的，在自然的状态下介入。幼儿园"保教并重"的教育特点决定了生活活动的重要性。生活活动有利于培养幼儿良好的生活、卫生习惯，为其一生的成长奠基。同时，保教人员要关注在幼儿学习、游戏和生活中显现的品德教育契机，做好幼儿的品德启蒙。

思考与实训

一、单项选择题

1. 幼儿教育区别于其他学段教育的一项特有原则是（　　　）。
   A. 综合性原则　　　　　　　　　　　　　　B. 保教结合原则
   C. 发展适宜性原则　　　　　　　　　　　　D. 独立自主原则

2. 学前教育的实质是（　　　）。
   A. 启蒙性教育　　　　B. 适宜性教育　　　　C. 综合性教育　　　　D. 义务教育

3. （　　　）、生活、发展三位一体是幼儿学习最大的独特之处。
   A. 学习　　　　　　　B. 游戏　　　　　　　C. 活动　　　　　　　D. 上课

4. 幼儿的基本活动是（　　　）。
   A. 上课　　　　　　　B. 游戏　　　　　　　C. 运动　　　　　　　D. 学习

5. 在幼儿游戏的过程中，教师介入时机不当的是（　　　）。
   A. 当幼儿在游戏中出现问题或困难时
   B. 当游戏需要给予提升时
   C. 当幼儿全身心投入游戏，兴趣正浓时
   D. 当教育目标需要在游戏中完成时

6. 在游戏中，教师要学习站在（　　　）的立场去理解、思考、回应和支持。
   A. 儿童　　　　　　　B. 教师　　　　　　　C. 家长　　　　　　　D. 成人

7. 教师可以通过（　　　）来判断幼儿是否获得经验。
   A. 纸笔考试　　　　　B. 倾听　　　　　　　C. 艰难的生活考验　　D. 危险的游戏

8. 以下哪项不是一日生活组织与保育的原则？（　　　）
   A. 坚持真实生活情境中的积累　　　　　　　B. 坚持积极的情感体验和表达
   C. 随心所欲　　　　　　　　　　　　　　　D. 坚持个性化、整合的生活教育

9. 2～6 岁幼儿自主生活能力的发展特点是（　　　）。
   A. 自我意识不断发展　　B. 动作能力不断提高　　C. 认知水平稳步提升　　D. 以上都是

10. 在幼儿园工作实践中，一些教师认为上课是传授知识、发展幼儿智力的唯一途径，组织幼儿
    进餐、睡眠等只是保育工作。这种思想有违（　　　）。
    A. 循序渐进原则　　　　　　　　　　　　　B. 发挥一日生活的整体功能原则
    C. 重视年龄特点和个体差异原则　　　　　　D. 尊重幼儿原则

二、判断题

1. 凸显幼儿的主体地位是指教师要根据幼儿的意愿安排教学活动。（　　　）
2. 幼儿园体育应以增强幼儿体质为核心。（　　　）
3. 幼儿可以在大量的操作中积累直接经验。（　　　）
4. 游戏中幼儿会出现大量的重复行为，作为教师要及时阻止，转移幼儿的注意力，尽快引导幼儿
进入新的内容中。（　　　）
5. 幼儿教育主要是教师的事，保育员主要安排好幼儿的生活就可以了。（　　　）

三、简答题

1. 简述集体教学活动中教师的支持策略。
2. 简述区域游戏创设的注意事项。
3. 简述幼儿应该具备的基本生活经验。

四、实训题

请设计一份半日活动方案，包含一个集体教学活动，以"夏天"为主题展开，领域不限。

岗课赛证

一、单项选择题

1. 制定班级幼儿生活常规的主要目的是（　　　）①。
   A. 帮助幼儿学会自我管理　　　　　　　　B. 便于教师管理
   C. 让幼儿学会服从　　　　　　　　　　　D. 维持纪律

2. 幼儿拿一根竹竿当马骑，竹竿在游戏中属于（　　　）②。
   A. 象征性符号　　　　B. 表演性符号　　　　C. 工具性符号　　　　D. 规则性符号

3. 幼儿赛跑、下棋一般属于（　　　）③。
   A. 表演游戏　　　　　B. 建构游戏　　　　　C. 角色游戏　　　　　D. 规则游戏

4. 实施幼儿园德育最基本的途径是（　　　）④。
   A. 教学活动　　　　　B. 亲子活动　　　　　C. 阅读活动　　　　　D. 日常活动

5. 教师在重阳节组织幼儿到敬老院探访老人，这反映幼儿园教育活动内容选择的什么原则？
   （　　　）⑤
   A. 兴趣性　　　　　　B. 时代性　　　　　　C. 生活性　　　　　　D. 发展性

6. 幼儿一日生活活动主要有（　　　）⑥。
   A. 学习　　　　　　　　　　　　　　　　B. 游戏
   C. 户外活动　　　　　　　　　　　　　　D. 进餐、午睡、如厕

二、论述题

从幼儿发展角度简述幼儿户外运动的价值⑦。

学习反思

---

① 2012 年下半年幼儿园教师资格考试《保教知识与能力》试题。
② 2014 年下半年幼儿园教师资格考试《保教知识与能力》试题。
③ 2020 年下半年幼儿园教师资格考试《保教知识与能力》试题。
④ 2015 年上半年幼儿园教师资格考试《保教知识与能力》试题。
⑤ 2018 年下半年幼儿园教师资格考试《保教知识与能力》试题。
⑥ 2018 年保育员考试试题。
⑦ 2016 年上半年幼儿园教师资格考试《保教知识与能力》试题。

图书在版编目(CIP)数据

幼儿早期学习支持/周晶主编.—上海:复旦大学出版社,2024.1(2024.7 重印)
ISBN 978-7-309-17026-9

Ⅰ.①幼…　Ⅱ.①周…　Ⅲ.①幼儿教育-中等专业学校-教材　Ⅳ.①G61

中国国家版本馆 CIP 数据核字(2023)第 194411 号

幼儿早期学习支持
周　晶　主编
责任编辑/赵连光

复旦大学出版社有限公司出版发行
上海市国权路 579 号　邮编:200433
网址:fupnet@ fudanpress.com　http://www.fudanpress.com
门市零售:86-21-65102580　　团体订购:86-21-65104505
出版部电话:86-21-65642845
上海丽佳制版印刷有限公司

开本 890 毫米×1240 毫米　1/16　印张 9.25　字数 287 千字
2024 年 7 月第 1 版第 2 次印刷
印数 4 101—8 200

ISBN 978-7-309-17026-9/G・2533
定价:45.00 元